U0929452

SONGSHI SANJIEMEI

陈达萌⊙著

在山河飘零的民国时光里，遇见——宋霭龄、宋庆龄、宋美龄

宋氏三姐妹

宋氏三姐妹的个人成长史、奋斗史、成功史

人民日报出版社

图书在版编目(CIP)数据

宋宋氏三姐妹 / 陈达萌著. -- 北京 : 人民日报出版社, 2018.3
ISBN 978-7-5115-5338-6

Ⅰ. ①宋… Ⅱ. ①陈… Ⅲ. ①宋庆龄(1893-1981)-生平事迹②宋蔼龄(1890-1973)-生平事迹③宋美龄(1899-2003)-生平事迹 Ⅳ. ①K827=7

中国版本图书馆 CIP 数据核字(2018)第 038836 号

书　　名: 宋氏三姐妹
作　　者: 陈达萌

出 版 人: 董　伟
责任编辑: 马苏娜
封面设计: 武晓强
版式设计: 李艳春

出版发行: 人民日报出版社
社　　址: 北京金台西路 2 号
邮政编码: 100733
发行热线: (010) 65369527 65369512 65369509 65369510
邮购热线: (010) 65369530
编辑热线: (010) 65369522
网　　址: www.peopledailypress.com
经　　销: 新华书店
印　　刷: 三河市天润建兴印务有限公司

开　　本: 1/32
字　　数: 205 千字
印　　张: 8.5
印　　次: 2018 年 6 月第 1 版　　2018 年 6 月　第 1 次印刷

书　　号: ISBN 978-7-5115-5338-6
定　　价: 48.00 元

自　序

历史上，女人留名多是因为两种原因：有才或有貌。有才的女子，譬如班婕妤、李清照、张爱玲等，为其出众的才华掩盖，少有人去评价她们的相貌。有貌的女子，譬如玉环飞燕、西施昭君等，人们常为其倾国的美貌所遮蔽，也鲜有关于她们才智方面的传言。

但历史唯独对宋霭龄、宋庆龄、宋美龄这三朵姐妹花特别偏爱，她们虽然不是明星，但围绕她们的传闻太多太多。从她们的情感绯闻，到她们的事业轨迹；从她们的身世背景，到她们的人生归宿；从她们的穿衣打扮，到她们的爱恨纠葛，登满了民国各家的花边小报，被人们口耳相传。笔者在搜集她们的资料时，常有乱石穿空、惊涛拍岸之感：民国如果卸下被时间装饰的大浓妆，用今天的眼光来看，原来是这个样子的——

宋霭龄其实不是傻大姐而是真正的女王，她信奉的就是每时每刻都要掌控局面，她赚钱的本领足以秒杀如今号称“股神”“新贵”的投资家。

宋庆龄是个气质堪比林徽因的姑娘，她做萝莉好多年直到遇上了孙中山才暗许芳心，私奔异国裸婚；她也是个最叛逆的宋家人，独自选择了一条艰辛孤独而又伟大的道路。

宋美龄小时候是个被宠坏的阳光胖女孩，她一直到30岁才迎来情感的春天把自己嫁掉；她中年时终于在好莱坞进行了一次激情演讲，圆了自己的明星梦。

随着研究的深入，宋家三姐妹就似乎变得更加神秘，也更加精彩了。她们幸运地积累了优秀的先天基因和充裕的后天环境，成为一个家族的代表，也成为一个时代的代表，更成为面向世界的中国女性的代表。这其中各种精彩的小段子，都在本书里，等待翻阅。

祝大家阅读愉快!

目录

宋氏三姐妹绝密档案

宋 霭 龄

出生日期：1889 年 7 月 15 日

出生地点：上海

星座：巨蟹座

学历：5 岁进入上海中西女塾进行启蒙教育和英文学习；

15 岁进入美国佐治亚州梅肯市威斯里安学院；

19 岁毕业回国。

工作档案：曾任孙中山秘书、孔家家庭主妇、低调的商业大亨、慈善家等。

结婚日期：1914 年（25 岁）

丈夫：孔祥熙（1880 年 9 月 11 日—1967 年 8 月 16 日，处女座）

丈夫职业：中华民国南京国民政府行政院长兼财政部部长。

逝世日期：1973 年 10 月 19 日，享年 84 岁。

宋庆龄

出生日期：1893 年 1 月 27 日

出生地点：上海

星座：水瓶座

学历：7 岁进入上海中西女塾进行启蒙教育和英文学习；

14 岁进入美国新泽西州萨密特小镇私立学校就读；

15 岁考入美国佐治亚州梅肯市威斯里安学院文学系；

20 岁毕业回国。

工作档案：曾任孙中山秘书、社会工作者、慈善家、中华人民共和国副主席等。

结婚日期：1915 年（22 岁）

丈夫：孙中山（1866 年 11 月 12 日—1925 年 3 月 12 日，天蝎座）

丈夫职业：中华民国和中国国民党创始人、中华民国临时大总统。

逝世日期：1981 年 5 月 29 日，享年 88 岁。

宋美龄

出生日期：1897 年 3 月 5 日

出生地点：上海

星座：双鱼座

学历：5 岁进入上海中西女塾进行启蒙教育和英文学习；

10 岁进入美国新泽西州萨密特小镇私立学校就读；

11 岁插班在美国佐治亚州德莫雷斯特的皮德蒙特学校读八年级；

12 岁进入美国佐治亚州梅肯市威斯里安学院；

16 岁转入美国马萨诸塞州卫斯理女子学院主修英国文学和哲学；

20 岁以杜兰荣誉学位毕业回国。

工作档案：曾任基督教女子青年会活动工作者、电影审查委员会成员、童工委员会成员、国民革命军遗族学校校长、中国航空委员会秘会长等职。

结婚日期：1927 年（30 岁）

丈夫：蒋介石（1887 年 10 月 31 日—1975 年 4 月 5 日，天蝎座）

丈夫职业：黄埔军校校长、国民革命军第 1 军军长、中华民国“总统”、国民党总裁。

逝世日期：2003 年 10 月 24 日，享年 106 岁。

宋霭龄——专宠四年的长公主

女孩要富养。这个理论认为，女孩在优渥的环境里长大，会有高贵的气质、大气的品性、稳定的心态、出色的择偶眼光等等。早在 1900 年之前，就有一位上海的牧师无意间实践了这一道理。

这个牧师本名韩嘉树，后改名为宋耀如，等他出洋镀了一层金回来，另取了一个英文名字叫查理。查理宋在国外追求过两位西洋女子，但人家家里都觉得这个中国小子出身不好，也挺穷，都不愿意让自家闺女嫁给一个中国人。于是查理宋回国后马上调整审美眼光，娶了个五官端正、严肃认真、团结活泼的上海媳妇倪桂珍，并且立誓努力赚钱，摆脱贫困。

这场婚姻让查理宋格外满意，不但因为两人之间互动的和谐，更因为倪家也是圣公会的教徒，信仰一致。而倪小姐虽然生在 19 世纪，但是却像现在的女孩一样，一直读书到 17 岁，数学成绩优异，还有一项在当时非常惊人的特长——弹钢琴。这让崇洋的查理宋找到了一些安慰。

而倪家对这个留过洋的穷姑爷也是蛮看好的，连姑娘带嫁妆，送给了查理宋一笔数额不菲的补贴。其具体数额不详，但是对于月薪不足 15 美元的查理宋来说，这简直是进入上海上流社会的敲门砖。

于是查理宋带着倪小姐，在一栋两层的瓦顶砖楼住了下来。客厅兼做饭厅，照明靠屋角的煤油炉子，保暖靠窗前糊的双层蜡纸，夜间也没有其他的娱乐活动。感情甚好的夫妻二人便在这样的小屋里有了第一个宝宝，起名宋霭龄。查理宋抱着闺女，心里乐开了花。接受西洋文化培养的他可没有什么男尊女卑的观念——妹子也是半边天啊。

多了张吃饭的嘴，家里经济顿时有点紧张。于是查理宋找到了一个文化产业的兼职——书贩子。他负责替美国《圣经》出版协会推销英文版的《圣经》和中文版的《新约全书》。

书卖了没多久，查理宋就察觉了这些售价 2~3 美元的高价《圣经》在中国很难打开市场。他凭借着在威尔明顿印刷厂当过学徒的经验，干脆用倪家陪嫁的全部金钱盘下了一家印刷厂，用最便宜的本地纸和油墨，雇用最便宜的中国劳工全天开工，印刷各地方言版的《旧约》和《新约》。老百姓一看这书，哟，真便宜！厚厚一本，真值！再一翻，只见文中写道："日头底下莫啥子新故事。"顿时一拍大腿，大叫一声："哎呀妈呀，说得真有道理，我买了！"

等到四年后，倪桂珍怀上第二个孩子的时候，查理宋已经添置了新的印刷机，并在法租界买了一个小工厂，日夜开工印刷《圣经》《赞美诗》和其他的宗教宣传册。创业的美梦终于成真，查理宋立刻辞去了牧师的工作开始创业生涯。

有了钱，车子房子也该马上鸟枪换炮了。查理宋雇了一辆崭新的黄包车和一个年轻力壮的车夫兼保镖，把家也搬到了虹口郊外的别墅里。

每天早上，查理宋让一个气喘吁吁的壮实帅小伙把自己拉到工厂，晚上，又坐在这个挥汗如雨的青年身后，穿过租界、公园和苏州河，回到自己的小王国。

穿过门口成行的从海南运来的椰子树，走进这座两层楼高的美国南方式建筑，查理宋穿过中式花厅、美式客厅、餐厅和自己的单人书房，走上了二楼。在宽敞的洗澡间里，他把水龙头里流出的冷水和从楼下厨房提上来的热水掺在一起，躺在从苏州运来的草绿色龙纹搪瓷澡盆里舒舒服服地泡起澡来。楼下怀着第二胎的倪小姐正坐在钢琴前进行着音乐胎教。查理宋感到心满意足，不自觉地哼起歌来。视线也移到窗外，欣赏起这悠闲而开阔的景致。

楼下，一个四岁的小胖妹子正在试图翻越矮堤爬到河边去嬉戏。每一次她都像一只蜗牛一样，手脚并用地爬上两步，又滑落下来。但她却是十分乐此不疲。

查理宋呵呵笑了两声，又接着闭目养神。他突然想到自从这个名叫宋霭龄的闺女出生后，家里的经济状况就突然如神七升空。再扭头去看楼下那个胖姑娘执着地重复着翻墙的游戏，他隐隐感觉，霭龄是他的幸运星，是上帝赐给他的宝贝。他开始有意要带着这个聪明淘气的姑娘在身边，发挥她幸运星的作用。

当时印刷厂时常会受到黑帮的骚扰，查理宋连忙打点钱财，和在法租界势力最大的洪帮搞好关系。洪帮的人显然也喜欢这个有钱又慷慨的小富佬，又介绍了一些革命党人给他认识。很快，法租界的厂房就成了革命秘密会社的集会场所。而宋霭龄也不再总被放在院子里翻墙，她被查理宋带去工厂，带去聚会，带到那些有许多男人参与的场合。在宋霭龄的见证下，查理宋在革命党人中的地位稳步提升。

要跟一个人搞好关系，最简单直接的办法就是跟他的孩子搞好关系。见查理宋如此宠爱自己的大女儿，经常来往的朋友们自然也把宋霭龄当作长公主一样，百般献媚。叔叔们进门就会高喊一声："小霭啊!"不时送她一点小糖果或者小零食，换她一个难得的笑容。

宋霭龄挺傲，她从小就不畏惧跟男人接触。查理宋虽然没想过要培养一个女权主义者，但是他的确经常在宋霭龄面前说其他男人的坏话。他经常抱着宋霭龄说："那个密斯特王真是个傻子，连点小本钱都不愿意拿出来，还指望能够赚大钱，真是痴心妄想。"

……小霭从小坐在父亲的膝盖上，耳濡目染地接受着学前教育。在她还没有对女人的世界有一个清晰的认识之前，她已经对男人的世界一览无余了。这让她拥有了男人那样钢铁般的神经和逻辑清晰的商业头脑。

查理宋终于有资本富养女儿了，他在毫不吝啬花钱的同时，努力挣更多的钱为子女的将来铺路。

宋霭龄——美女妹妹威胁论

拿着印刷厂赚来的第一桶金，查理宋很明白不能把鸡蛋都放在同一个篮子里，便开始考察其他的投资项目了。

一圈考察下来，他觉得民以食为天。和尚也得吃馒头啊。查理宋便把目光投向了大有前途的食品加工行业。在考察了一家面粉厂后，他很快答应出面担任经理，并入股成为第一大股东。

有了查理宋替厂子做产品策划和市场营销，面粉厂的生意很不错，查理宋的投资像滚雪球一样越滚越大。在金钱滚滚进账的同时，一个个孩子也随着叮当的钱响声，呱呱坠人查理宋的怀中。

宋霭龄在度过人生最开始无忧无虑的阶段后，马上意识到自己将面临巨大的威胁：二妹、大弟咕噜噜地从妈妈的肚子里滚出来没多久，妈妈肚子又大了。更重要的是这个二妹妹是一个千娇百媚的可人儿，很可能严重威胁到她长公主的地位。一种从来没有过的滋味涌上她的心头——对亲妹妹的喜爱和温存背后，又夹杂着嫉妒的酸楚。

不知道从哪一天起，宋霭龄突然发现，到他们家的客人不像过去那样喜欢逗她了。更受宠的是充满“萌”气质的宋庆龄。

宋庆龄少女时代很有林徽因的气质，清新、纯美。宋耀如和倪桂珍长相都普普通通，不知是怎样的排列组合，竟然生出了一个相貌足可以做明星的二女儿，这让两个大人都喜出望外，每当有客人来的时候，都会把宋庆龄带出来显摆一下。

有了这样充足的美女资源，宋霭龄的存在就显得有些多余了。她眼尾下垂，嘴唇薄，下排牙略龅，看起来有些刻薄相。

特别是那个以前很疼她的孙文叔叔，过去每次来的时候，都会要求先见见她，送她一些日本或者欧洲带回来的小玩意儿。现在一看到粉嘟嘟的小庆，便每每抱着不肯撒手，还要求做小庆的教父和干爹。

不过没关系，宋霭龄算账的才干绝对远远超过其他弟弟妹妹。

精明的小霭选择时刻紧跟老爸，让老爸认识到她才是宋家子女中的第一。只要老爸信任她和喜欢她，就算二妹再美再萌，她也是不可取代的长公主！

小霭出手了。她默默地出现在老爸的书房里、老爸的餐桌边、老爸要驶往工厂的顶级私人黄包车上。老爸一看：哟，其他小孩都在玩西洋捎回来的新奇玩具，就大闺女怎么老是黏着自己啦？真有良心，就你想着老爸！走吧走吧，老爸带你兜兜风。于是在这辆顶级黄包车上，小霭得意地笑呀，得意地笑。兼任保镖的黄包车夫卖力地奔跑着，带着年幼的宋霭龄穿梭在印刷厂、面粉加工厂、卷烟厂和纺织厂之间。

到了家外，宋耀如更舍不得让小霭离开自己半步了。当查理宋跟人谈钱、谈生意的时候，小霭就不动声色地坐在一边，表面上是在玩着布娃娃，实际上却在捉摸金钱游戏的规则。客人一走，她就会抓紧询问自己不明白的地方，就仿佛是个女版的柯南，永无止境地探索赚钱的真谛。

在发现了小霭的商业天赋后，宋耀如心花怒放：我宋家后继有人啦！他没事就抱着小霭讲他的创业史，讲上海那繁荣的经济表面之下弱肉强食的潜流。小霭瞪大她那纯真的大眼睛不断点头，心里为独霸老爸而暗爽。

刚 5 岁时，小霭就觉得光是父亲的言传身教已经不足以满足她对于知识的渴望了。她拍着桌子瞪着老爸高声喊："我要读书!"

谁见了小女孩低头瞪着双大眼睛拿着支笔的样子不会心疼爱怜啊？老爸忙说："读书读书，咱家又不是供不起。"于是拉着小霭就去著名的上海中西女塾交赞助费。

这中西女塾是由美国南方卫理公会的牧师开办的，其第一任校长海淑德是美国著名的女子学院威斯理安学院的毕业生。中西女塾当初设立，就是为了培养中国上层女孩成为有教养的淑女，故被人称为是新中国成立前上海名媛的天堂。

见到校长海伦·理查逊，宋耀如大方地赞助了丰厚的物资和金钱，校长海伦再跟小霭交谈几句，发现小霭比她实际年龄要成熟很多，于是笑容可掬地收下了这个特殊的低龄学生。

小霭终于迎来她童年时代最光荣的一天。在流着鼻涕的弟弟子文和美女妹妹庆龄羡慕的注视下，她穿着老爸为她定制的花格呢上衣和绿裤子，甩着妈妈为她扎的两条辫子，坐上了前往学校的黄包车。她左边的口袋里塞了一盒奶油香糖，右边口袋里塞了一盒巧克力，两只小手紧紧地捂着，仿佛这是她最重要的家当。

而她的生活用品和学习用品则由另一辆豪车运送——老爸另雇了一辆黄包车跟在后面。她扭过头来，对父母和那群还只会吃手的小孩子们挥挥手，骄傲快活地开始了她的新生活。

表面上看起来小霭是兴高采烈的，但是要进学校就得住宿。当她一个人搬进理查逊女士为她准备的房间时，孤单和害怕的眼泪还是忍不住掉了下来。

“哦，Nancy 宝贝，怎么了？”理查逊听见声音，推开门来看她。

“没事。”小霭迅速擦掉眼泪，装作一副无所谓的样子。由此我们可以看出，小霭的人生信条是从小就树立的：时刻要掌控住场面！

颇有心计的宋霭龄用口袋里的两盒糖“收买”了学校里的老师和同学，成为最受欢迎的孩子。经过两年的单独辅导之后，她已经能和其他学生一起上正规课程了。

宋家二妹——得宠的女人惹人爱

1897年，宋家第三个闺女也哇一声掉下地了。宋家父母或许是因为从第二个美女女儿身上得到了太多的荣耀感，也期待宋家小妹妹是个美人胚子，遂起名为“美龄”。

宋美龄出生的时候，宋家已经是标标准准的大户人家，她也是名正言顺的富二代，营养好，生下来就是胖嘟嘟的一团小粉肉。小婴儿但凡又白又胖，就格外讨人喜欢。所以家人亲友都特别宠她。

小美是个野孩子，超级淘气，一身的婴儿肥挡不住她上蹿下跳。所以家人都叫她“小灯笼”。大人一没看住她，她就拖着一身小胖肉在院子里滚来滚去，还总喜欢尝试爬上院子里的歪脖子树，虽然成功上树的次数不多，但是一身的绫罗绸缎倒总是蹭坏。

倪桂珍是个很严厉的母亲，见到小美的衣服老是弄坏，干脆给她换上了三哥宋子文的男装。宋子文大宋美龄三岁，宋美龄穿他的旧衣服倒也合适，而且男生的衣服活动起来也方便，小美竟穿上了瘾，成日里都打扮成假小子。

而小庆懂事之后，也慢慢察觉自己出众的美貌或许并不是一件好事。夸她的人太多，小庆渐渐就有些不乐意了：“谁美若天仙了？谁貌比仙子了？我才不是只有一张脸！”小庆决定发奋读书，让肚子多装些东西，不要让那么优美的一张脸孔成为绣花枕头套。

所以那时候出入宋家的客人都能看到这样一番情景：清丽苗条的宋庆龄坐在窗前的树下捧着一本线装书，蹙眉托腮静静阅读。而胖嘟嘟的宋美龄则在周围滚来滚去，抓蚂蚱，追小狗，玩得不亦乐乎。两个美女一瘦一胖，一静一动，构成了童年版的林黛玉和薛宝钗，穿越版的西施和杨玉环，真是足以让所有的文艺男青年都怦然心动啊。

转眼间小庆七岁了，也来到中西女塾读书。《宋家王朝》里对她外貌的描述是："她是真正的美人。她身材苗条，体质单薄，若有所思；她下唇略微噘起，目光温柔，时常流露着怅惋而又伤感的神情。她仿佛是个被打入冷宫的女子，郁郁寡欢，冷漠地注视着尘世间的生活。"简直就是一个爱读安妮宝贝的文艺女青年啊。

而小美在她刚满五岁的时候，也坚持要求跟着小霭去中西女塾读书。胖嘟嘟的小美一向就跟大姐比较亲。大姐让她干啥她就干啥。小霭发号施令的时候，她总是冲在第一个。而她也总是在暗中观察和模仿大姐的行为动作，简直把大姐当作人生的偶像。这次她要学大姐做个小小读书郎，家里照例给她准备了小旅行箱，还给她穿上崭新的小花棉袄。大家都很高兴，以为小美上学的问题就这么轻松解决了。

但所有人都高估了小美，她可不像小霭那样有着十分坚强的神经。白天里，她还跟同学们玩得十分高兴，但是到了晚上，她一个人躺在黑了灯的宿舍里，看着树影在窗子上晃来晃去，吓得连连做噩梦。半夜里，女塾的老师们被恐怖的尖叫声惊醒，连忙赶去看望。只见小美一个人缩在床脚，浑身都吓得起了丘疹，只得把她送回家里休养。

小美再也不愿意去学校读书了。她身上起了红疙瘩，留下了许多疤痕，不再像从前那么白嫩可人了。

女塾里常常出现的宋家姐妹就只剩下小霭和小庆了。小霭又不乐意了，自己五官扁平、身材圆胖，站在苗条清秀的小庆身边，一点都不像姐妹，倒像是小姐和丫鬟。于是不到一年，小霭赶快跑走出国，去海外闯荡一片新天地了。

亲切威风的大姐走了，难过的是胖妞小美。只剩下一个书呆子二姐，生活实在是没啥趣味。查理宋一向宠爱女儿，看到小美闷闷不乐的，特意请私塾老师来家里上课。而倪桂珍虽然严厉，但是见小美身体不好，也就分了更多的宽容和偏爱给她。有了满满的溺爱，小美越发地作威作福起来，性格也越发骄纵和外向。她张扬的个性使得她比温婉的小庆更加抢眼，成为家里新一代的公主。

别忘了在宋家几个闺女中，还夹着一个儿子——排行第三的宋子文。在这个更宠爱女孩的西式家庭中，他表现出让父母刮目相看的数学天才，因此也受到父亲的特殊培养。他对于数字有一种特别的敏感，记数和心算都十分迅速。由于上海没有像中西女塾那样的基督教男校，所以子文在家里读了几年私塾后，就进入了圣·约翰大学的少年班进行学习。

再后来出生的两个男孩子就没有这样的特殊照顾了。查理宋的事业越做越大，正在往百万富翁的方向努力。而暗地里，他又承担着革命党执行秘书的责任，和流亡海外的孙中山暗中联系。他无暇再烦心孩子的吃喝拉撒等问题。而倪桂珍对孩子也照顾疲了，她越发地变成一个不苟言笑、信仰虔诚的基督教贵妇人，每天定时做礼拜。反正家里吃的穿的都有，就按照经验和习惯把孩子们养活、养大拉倒。

在六年内连生了子文、庆龄、美龄、子良之后，查理宋和倪桂珍放缓了生育速度。七年之后，1906年，宋、倪意外地得到第六个孩子——男孩子安。这个老来子让他们感到欢喜而又害羞，子安也成为他们的最后一个孩子。

和后天的照顾一样，查理宋的商人特质也非常不公平地在先天遗传给了前四个子女。宋霭龄分到了精明，宋庆龄分到了亲和，宋子文分到了财智，宋美龄分到了野心。而带着这一父亲赠予的最好的礼物，子女们依次也遵循着父亲年轻时出洋的轨迹，踏上了留学之路。

番外——老爸老妈罗曼史

在宋家的孩子们踏上旅途之前，我们先来回顾一下查理宋的留洋经历。

12 岁的查理宋——那时候他还叫韩嘉树，是一个面孔黝黑、个矮体壮、目光明亮、挂着一根粗粗的长辫子的南海少年。韩家祖祖辈辈生活在海南，后迁往广东，靠跑船为生。1877 年 12 月，小韩起了一个最土的英文名“查理”，跟一个远房的舅舅跑到了波士顿做生意。在波士顿，查理结识了两个读书的华裔青年，温秉中和牛上周。三人年纪相仿，也聊得来。温牛两人劝查理一定要读书，将来才能有出路。但是舅舅好容易多了一个赚钱的帮手，又怎么愿意放他走？倔强的查理趁深夜偷偷溜上了一艘叫“艾伯特”的缉私船，逃离了“舅舅”的禁闭。

开船后，这个没有买票的小孩被拎到了船长面前。船长完全可以把他扔进海里，或者是丢弃在任何一个港口。但是在听完查理讲述自己如何逃出来，渴望读书以改变命运的故事后，船长注视了这个黄皮肤的孩子一会儿，做了一个艰难的决定。正是这个决定改变了韩嘉树的一生。

这位船长名叫加布里·埃尔森，是一位极端虔诚的基督教徒。他认为中国人不信教的生活方式是错误的。他不愿意看着这个机灵的孩子回到波士顿的那家中国铺子里做他舅舅的“奴隶”，于是他提出收留这个中国孩子在船上做海员。他拿着船员名册问：“你叫什么名字？”查理用带着浓重海南口音的中文回答：“嘉树。”“树”在美国人听来，特别像“宋”。船长便在船员名册上加上了一个新姓名：查理宋。

脱胎换骨的查理宋剪去了辫子，换上了干净的海员服，在船长的培养下开始了早晚祷告、读圣经、学习基督教方式的新生活。

几年之后，船长感觉到查理宋再继续做船员的话，也将一事无成。他最大的希望，就是看到查理宋能够接受系统的基督教知识的教育，再回到中国传教。抱着这个目的，他找到了乐于解囊的南方富翁——朱利安·卡尔资助查理宋。

卡尔很快就把查理接到自己在北卡罗来纳州的家中，担负起他的教育费用和生活开支。在卡尔夫妇的栽培下，查理宋成了一个穿着米色亚麻布服装和背心，系着活结领带，发型时髦、干净聪明的孩子。而对一个男孩的成长影响更大的是，他对姑娘们的兴趣已经开始超过读书了。

他越来越多地跟姑娘们一起玩。其中有卡尔先生的侄女艾拉·卡尔，牧师里考德的女儿罗莎蒙德和安妮。艾拉是个瘦弱的长腿姑娘，她的父亲是一个穷困的教授，在查理读书的学校教希腊文和德文。或许是因为同病相怜，查理和艾拉走得特别近。在许多个漫长温暖的下午，他们迎着榆林吹来的微风，憧憬着不切实际的未来。

这场青涩的初恋很快就被粗暴地打断了。艾拉的母亲突然把查理从家里撵走，并且不许他再来。而紧接着，查理宋就被送到遥远的田纳西州读大学。他突然意识到，自己还是一个外来人，一个不可能被美国接受的异乡客。一次在学校开早会时，他突然在小教堂里痛哭，觉得自己“像密西西比河中顺水漂浮的一块小木片”。

在极度孤独的日子里，唯一和他保持通信的就是善良而体弱的少女安妮·里考德。只有在给安妮的信里，他才敢大胆流露自己的感情：“安妮小姐，我必须坦白，我爱你远远超过爱达勒姆的任何女孩。”

但他也明白，安妮跟自己也没有未来。自己不会被西方家庭接受，安妮也不会跟自己去中国。于是他接受了卫斯理教会分配给他的传教任务，独自回到中国，来到当时开化程度最高的上海。

但在这片熟悉又陌生的故土上，查理宋依然感到孤独。中国人对他不土不洋的造型以及基督教的“异端邪说”感到害怕进而回避，西方传教士十分抱团，不愿意跟他来往。这时，安妮因病去世的噩耗又给了查理宋最痛的一刀——连最后一个亲切的安慰都随风消散了。

或许是上帝见查理宋太过孤苦伶仃了，要给他一个惊喜。突然一天，他在上海街头偶遇了阔别多年的老相识——牛上周。

牛上周显然还记得这个在波士顿结识的看店小弟。在听查理宋讲述了他如何逃跑、读书、失恋、回国的经历之后，他自告奋勇地说：“老弟，你也到了该成家的时候了。这回还是让大哥我给你介绍一个姑娘吧。”

查理宋不敢相信地望着牛哥，牛哥继续说：“不瞒老弟说，我跟温秉中刚刚做了连襟，分别娶了上海西郊圣公会教徒倪家的大小姐和二小姐为妻。现在他们家还有一个小妹待字闺中。我这个小姨子喜爱读书，又会弹琴，信仰虔诚。如果你有心，我愿意做这个媒人。”

查理宋十分惊喜，但又不太敢相信。如果真像牛哥所说，是大户人家的千金小姐，怎么愿意嫁给他这个穷牧师？莫非是身有残疾或者是私生活不检点？

似乎是看出了查理宋的疑惑，牛哥说：“你要是有兴趣，我安排你们礼拜天在教堂里见面吧。到时你就知道我有没有说谎了。”

在查理宋的人生中，第一次觉得时间过得如此之慢。好容易等来了礼拜天，他特意穿上中式长衫，戴着瓜皮帽，一副传统中国人的打扮，前去会面。

走进教堂，他一眼就看见唱诗班里站着个干干净净的姑娘：圆圆的脸蛋，温顺的眼眸，两道细细的眉毛干净利落，惹人喜爱。齐刘海，头发一丝不乱地向后梳着，在脑后绾一个髻，鬓角斜上方插着一支小小的珍珠发卡，大方庄重。

查理宋心里突然一暖，对这个姑娘动了心。但是他却越来越疑惑为什么这块大馅饼掉到了他的头上。他惴惴不安地向温秉中打听倪小姐是不是有什么难言之隐。

温秉中连忙解释说，倪小姐儿时生了场大病，耽误了缠足，所以是双大脚。再加上有文化，不好找婆家。

听到这里，查理宋立刻明白了，心里颇为满意：倪小姐是天足，自己是海龟；倪小姐爱读书，自己喜欢开讨论会；倪小姐是教徒，自己是牧师；倪小姐身高不足五英尺（1.5 米），自己也是个矮子，站一块儿倒很般配。这个在别人眼里条件一般的姑娘，跟自己倒是天造地设的一双呢。

倪家双亲对两个女婿介绍的查理宋也十分满意。男人稍弱一点，才懂得疼老婆啊。

幸福的婚姻都是相似的，不幸的婚姻各有各的不幸。查理宋以自身为标杆制定了幸福婚姻的标准，难免对子女有一些过高的期望。但那些翅膀逐渐长硬的小鹰们越飞越远，最终要挣脱家庭的怀抱。

宋霭龄——老练坚强的小大人

在那个年代里要送子女出国读书，除了需要小孩们胆大聪明以及家里有钱之外，也离不开托关系。

查理宋找了他的好朋友，在上海传教的美国牧师伯克询问有没有他熟识的隶属于卫斯理公会的上流女子学校。伯克牧师向他推荐了佐治亚州梅肯市卫斯理女子学院，并亲笔写了一封信，向该院院长杜邦·格利介绍了查理宋在中国的丰厚家产和地位以及子女们的出色表现。

几个月后，格利回信说对接收中国女孩入学很感兴趣。虽然宋霭龄年纪偏小，但是作为一所“为贵族服务的卓越的私立学校”，入学标准可以十分灵活。

查理宋稍稍放了些心，对现在的他来说，最大的问题是他现在这么忙，该怎么把小霭送到美国去呢？还好伯克牧师表示，自己明年 5 月会全家回佐治亚州休假，到时候可以带小霭同行。

最后一件让查理宋操心的事，就是小霭在美国的人身安全。于是他像当时最流行的那样，向葡萄牙领事馆付了一笔“特别费”，为宋霭龄买了一本护照。有了这本弄虚作假的护照的“加持”，宋霭龄就能算是澳门出生的葡萄牙公民，可以得到葡萄牙政府名义上的保护。

怀揣着这本“护身符”，13 岁的宋霭龄和伯克夫妇一起登上了邮船。因为伯克夫人感冒初愈，所以旅途中小霭还要帮忙照顾伯克夫妇的幼子小约翰。虽然在家里小霭是大小姐，但是出门在外，她很明白自己应该放下身段，讨人欢心。所以一路上，他们相处得十分融洽。

但是小霭的单飞注定有些不太平。船刚停靠在日本，就有一个坏消息传来——一个三等舱的中国旅客因急性肺炎暴毙。船上人心惶惶，大家都想要立刻上岸休息，但是日本检疫关却强烈要求所有人在下船之后立刻进行药浴消毒，同时对船进行彻底清洁和消毒。

有洁癖的日本人要求所有乘客，不论来自几等舱，都一律脱光衣服进入密室，让戴着大口罩的日本医师舀起木桶中的药水一勺勺冲洗他们全身。之后再换上干净的棉服，等待他们的衣服被消毒后送过来。

这番折腾对日本人来说是保证安全的手段，但是对身体虚弱的伯克夫人来说，简直是催命符。伯克夫人当晚就发起高烧，等船到了横滨，她已经不能下地，被送往医院抢救。伯克牧师心急如焚，要全家留在横滨。他只能拜托船上另一对传教士夫妇照顾宋霭龄。

宋霭龄一心想着要与人为善，她主动寻找那一对传教士夫妇的包房，想跟他们聊聊天。但才走到门口，就听见他们用英语交谈：“总算离开日本这个鬼地方了。又脏又丑的东方人，我一辈子都不想再看见他们了！”

宋霭龄怒气上升，她立刻扭头回到自己的房间，坐着生闷气。

从这时起，小霭才意识到作为一个中国人，在外国会受到多少排挤和歧视。只有13岁的她此刻却只能一个人孤军奋战。这不是一个普通的女孩所能承受的。而强大的小霭只是默默地生了会儿气，又走出自己的客舱。

“哈罗，你也是到旧金山吗?”

宋霭龄转过脸来，跟她打招呼的是隔壁客舱的一个美国年轻妇女。小霭连忙回答：“不，我要接着坐船去佐治亚州。”

两个人交谈起来，发现她们都是南方卫斯理公会的教徒，不由自主地也亲近了许多。有了这个名叫安娜的女人的陪伴，小霭横渡太平洋的旅程才显得不太难熬。

游船终于抵达旧金山了。小霭压抑着满心兴奋，准备好好体会踏上美国大陆的第一感觉。但是当她拿出那本“护身符”——葡萄牙护照时，美国海关官员却拦住了她，轻蔑地甩甩护照说：“小妹妹，你这招很多中国人都用过了，已经不灵了。你待在这儿，一会儿我带你去拘留所。”

拘留所？小霭根本没有想到自己会被美国人看作是中国来的偷渡客。她怔怔地望着自己的护照。这本护照虽然是花钱买的，但绝对不是伪造的，里头有葡萄牙领事馆的盖章，一切合乎手续。但是美国海关气势汹汹，毫不把她放在眼里。场面十分紧张，眼看就控制不住了，怎么办？怎么办？

但小霭没有像普通女孩那样吓得大哭，她深吸一口气，调度脑子里所能用到的英语，大喊一句：“你不能送我去拘留所，我是头等舱的旅客！”

海关官员愣住了，他没想到这个小姑娘竟然有这么大的气场。安娜也趁机帮宋霭龄说话：“你们怎么能为难这么小一个姑娘！我要陪她待在一起，避免她受到伤害。”

官员们商量之后，同意将两位女孩软禁在“高丽号”上。但是很快他们就都忘了这对小姑娘，护照的真伪查验也一直没有进行。

“高丽号”开始进行消毒和整修作业，工人们撤走了地毯、台布、垫子、家具和摆设，到处喷洒消毒药水。安娜和宋霭龄被迫从头等舱搬出，蜷缩在一个小房间里，闻着呛鼻的消毒水味，一日三餐吃着相同的土豆、面包、牛肉，食不甘味。根本没有人知道她们的困境，她们几乎是求助无门了。

三天后，快坚持不住的安娜请求下船打电话，这才联系上了宋霭龄在美国的联系人传教士里德。里德带去了一个护士接替了好心的安娜，安娜匆匆逃离了这个噩梦般的游船小屋。里德继续通过宗教渠道呼吁交涉。两周之后，在辗转了几处关押地之后，宋霭龄这才算真正踏上美国那片号称“自由”的土地。

宋霭龄依然很倔强。美国的牢狱之灾不但没有让她受到打击，反而让她更加了解到金钱和地位的重要性——如果她不是头等舱旅客，很可能现在已经被遣送回国了。

宋霭龄从里德那里得知伯克夫人艾迪已经去世，伯克带着儿子们很快就将抵达旧金山。宋霭龄等待了三天，和伯克会合，共同辗转前往佐治亚州，最后来到梅肯市的卫斯理女子学院。经过漫长的跋涉，此时的宋霭龄已经是个老练坚强的小妇人了。

宋霭龄——东方脸的“美国丽人”

按说小霭在上海时也出入过不少高档场所，但是到这所学校时，她还是惊住了：哇，好漂亮啊！

梅肯市威斯里安学院刚经过一次大装修，把主楼整成了华丽的维多利亚风格，让在虹口乡下长大的宋霭龄看得目不转睛。学生宿舍更是无比舒适，有大洗脸室和更衣室，每层楼还有一间浴室，里边有能出冷热水的浴盆和瓷制便器。

小霭想起自己家里的马桶，那是在老式的便盆上安装了一个西式的坐圈，冒充抽水马桶，每天早上佣人会把便桶送到菜地里灌溉。

设备如此齐全，环境如此清静，绿树如此成荫，费用当然也不低。小霭冷眼看去，这里的女学生们都穿着带衬裙和花边的长裙，款式新颖，头发也盘成标致的发髻，用的香水和化妆品上都标着花花绿绿的标签，一看就都是商场里卖的高级货。

小霭的眼光果然不错。能上得起这所学校的一般都是南部富裕人家的小姐，多半都娇生惯养长大的，又自负，又娇气。看到这个黑头发黑眼睛的姑娘，她们都如同在动物园看动物一般新鲜。

但是小霭从小就在大人堆里长大，精通人情世故，很快就把这群女生打点得服服帖帖。每个人都以为自己是小霭最好的朋友。小霭才不傻，她能看出谁家是世袭贵族，谁家是暴发户。那些更有钱的姑娘总能受到小霭更亲热的对待。

此外，小霭在国内已经上了几年英文的预科班，到国外交流起来完全没有问题。一身美国衣服，一口流利的美式英语，以及美国化的生活方式，让她看起来几乎像是一位有着东方脸孔的西方姑娘。

而她也正到了爱美爱俏的年纪，美国的粉底、胭脂、香水、爽身粉，全都包装得既香又艳。新式的时装一件接一件摆上商场的橱窗，只要她喜欢，就要弄到手。谁让她有个会赚钱的爹地啊。谁让她爹地相信女孩要富养啊。

宋霭龄的功课很好，一次，老师拿着她的考卷非常高兴地在班上表扬道："Nancy！你真是个优秀的美国公民。"

当时可把小霭给气坏了，她噌的一下站起来说："我是中国人！我始终为我的祖国骄傲！"

小霭如此强烈的民族情感和父亲的言传身教是分不开的。即使身在异国，小霭也经常收到父亲寄来的信，聊聊中国，聊聊革命。

查理宋不但注重家庭的物质积累，也很重视精神素养。他定期给宋霭龄写信，谈论上海发生的事件，推荐她应该读的中国图书，让她这个身在美国的姑娘依然吸收中国的养分。可是从宋霭龄寄回家的照片中，他发现自己那个曾经穿着旗袍、梳着盘头的胖闺女，还是已经变成了穿短裙露肩膀，还把头发向上梳得高高的"香蕉人"了（香蕉人指接受过多美国文化熏陶，黄皮肤，却有着白种人的生活方式的人）。但幸好小霭的心还是原来的中国心。

小霭从父亲的信里也了解到家里的经济状况越来越好，查理宋的印刷厂不但印刷政治传单和《圣经》，而且出版工程教科书和文学古籍。另一条流水线日日不断地生产着面粉。而他的一部分资金还在烟厂和纱厂滚动。除此之外，查理宋还要到美国来，利用过去的人脉为他们家的亲密同盟——孙中山的革命事业募捐资金。

查理宋的美国之行还有另外一个目的。他考虑到，孙中山的革命一旦成功，将为他们家族带来无与伦比的声誉和影响。但万一失败，犯下的可是株连九族的大罪。查理宋打算提早把几个子女都送到国外避祸。因此他要通过对美国北方几个学校的考察，选定一所能够接收其他宋家子女的学校。

刚好当时小霭的姨夫温秉中受慈禧太后的派遣，率领一个清朝教育考察团来美国考察美国的教育，途经南部前往纽约。学院特别批准小霭随行去北方，在那里同查理宋小聚。

在华盛顿，宋蔼龄作为温秉中的客人，一同出席了美国总统罗斯福为中国教育代表团举办的招待会。各国招待会所少不了的重要内容之一，就是由出席的最高领导人依次和大家握手，表示亲切慰问和关怀。当罗斯福总统握到宋霭龄的手之后，随从特意解释说她正在美国留学。罗斯福关心地向她询问对美国的印象。谁知宋霭龄并没有表现出感谢和高兴。她反而立刻剑眉倒竖，怒发冲冠地大声说："这的确是个非常美丽的国家，我在这里过得很愉快，可是你们过海关时竟然将一个13岁的小姑娘拒之门外，还把我关在空船上几个星期，你们伤害了我的民主和自由!"

宋霭龄大声申诉完毕，罗斯福总统就怔住了，他盯了一会儿这个激动的小姑娘，轻声地说句"I'm Sorry"，就连忙转身和下一位客人谈话去了。

小霭当面顶撞美国总统的举动很快在美国的华人圈里传开了，当她和父亲在纽约重逢时，查理宋很激动地说："太给我们中国人长脸了！我也去新泽西州一个学校看过，那里特别好！我想把你两个妹妹都带过来念书，你看怎么样？"

宋霭龄想起自己当时离开祖国的情形，往事还历历在目。但是如今一切都今非昔比了！她是个时髦的美国女郎，而小庆不过是个土土的虹口郊区妹，美国人哪知道欣赏静花照水弱柳扶风的美啊？她有信心，会超过小庆的。除此之外，那个胖嘟嘟的小美许久不见，不知道是不是还是那个胖乎乎的小姑娘，真是让人想念啊！

宋霭龄催着爹地快点把两个妹妹送来。查理宋带着募集到的革命经费返回国内，开始办理新的留学手续。

宋家二妹——两姑娘的西游记

1907 年，14 岁的庆龄和 10 岁的美龄跟着姨夫和姨妈一起前往美国。姨夫温秉中再次带了一个教育考察团，有了他的外交家身份的庇护，两个妹子没有受到小霭那么多的磨难，顺利地从旧金山入境。

查理宋给她们找的第一所学校是位于新泽西州萨密特小镇的一所私立学校。跟今天的中国小孩出国先上预科班一样，这所私立学校也接收少数中国学生，为他们补习功课，做好进入大学的准备。

在这里读书的孩子们见惯了中国人，两姐妹很快就融入了同学中。特别是小美，她像一个惹人喜欢的胖皮球一样，从中国咚咚地跳到了美国，成为美国学生中的“孩子王”。

她的同学埃米莉·多纳尔在作文里这样写宋美龄：“May 是一

个生性快活的小姑娘，胖乎乎像个黄油球似的，她什么都想知道——没有见过的花啦、树啦，还有房子啦、人啦……

“有一天，从中国寄来了一个给她们的包裹。里头除了一些五颜六色的小玩意儿外，还有一套给美龄做的小袄。小美穿上衣服和裤子，就跑去爬树。结果她爬得太高了，被挂在树杈上，不敢自己爬下来。”

不久后，小霭来看她们了。这个已经成人的少女在脸上涂了厚厚一层香粉，又抹上了大红的胭脂和口红，时髦的短外套、大摆裙、小短靴，像时尚杂志上的少女。她在素面朝天的小庆面前摆弄着自己新涂的指甲，又把自己已经穿不下的衣服送给她们。小美看呆了，两眼冒光地说：“姐，你好像‘麻豆’（模特）啊！”

小霭得意地偷偷看一眼小庆，见她没有太大反应，又开始讨论起自己的大学生活——富人区！课外社团！美女如云！可翘课！不熄灯！豪华卫生间！超大图书馆！

当听到最后一个关键词时，小庆的眼睛亮了。她暗暗下定决心——一定要在一年之内考上威斯里安学院！

萨密特景色优美，人际关系单纯。但是小庆和这群八九岁的孩子比起来，年纪偏大，并不合群。她最大的爱好就是在镇图书馆里，如饥似渴地阅读成年人读的小说、传记和历史等。她对政治和历史有种狂热的爱好，仿佛在她柔弱的身体里，有一团野火在燃烧。

一想到还有更大的图书馆，更多的书，她就像打了鸡血，极度澎湃了起来，成为学生中最努力用功的一个。

除了读书外，她还有一个每天必做的功课，就是把宋美龄关在屋子里，说一小时的中文。因为宋美龄年纪实在太小，中文还没学利落就到美国了。姐姐担心时间一长，小美就彻底忘掉家乡的语言了，于是就开了这个“私人补习班”。

小美当然不乐意。一个小时时间，玩都不够，哪里还有空说中文？而且两姐妹在一起，说来说去都是老一套，一点意思都没有。她总是缠着姐姐放她出去玩，但是这个严肃的姐姐却总是不留情面。

小庆和小美虽是姐妹，可是爱好却相去甚远。姐姐爱看严肃文学，小美只爱看《小兔彼得》。姐姐的朋友很少，也不喜欢跟一群人一起玩。而当小美感到寂寞的时候，就会跑去找一个叫玛格丽特的老师玩。玛格丽特很宠爱这个胖妞，总教她梳美国发型。学会后，小美每天早晨都会在自己乌黑的头发上扎两个大大的红色蝴蝶结，就像米妮一样，在学校里跑来跑去。似乎是出于少女天生的逆反心理，姐姐越让她多学中文，她越是不乐意。她甚至放言：“在我身上唯一称得上中国的东西就是我的脸！”

一年后，小庆如愿考上威斯里安的文学系。趁着大学前的假期，小庆带妹妹一起去佐治亚州附近的山城德莫雷斯特过暑假。水瓶座的小美对一切新鲜事物都感到好奇。她在这里发现：村里有些人家吃不起肉，连读书都拿不出钱，衣衫褴褛，但是却非常快乐，格外热情。小美非常喜欢这里，还交到很多好朋友。眼看快开学了，小美却不愿意离开。还好小霭的一个同学老家在德莫雷斯。小庆就把她托付给小霭同学的妈妈，让她在山城的皮德蒙特插班读八年级。

在这里的一年是小美成长最快的一年。她开始了解那些为了读书，要四处打工的大孩子的生活，也开始考虑要为他们做些什么。她把爬树跑步的精力转而用到了做好人好事上。她曾经在回忆录里这么写：

“我们（指小美和她的三个好友）共做一件善事，各尽其力，每人出二十五美分，凑足一美元，为铁路那边的一个穷苦人家买土豆、牛肉饼、苹果和橘子……我记得——因为生理学是我最喜欢的课程，因而我坚持主张买糖，而且要多买些，我认为食糖里含有大量糖类，能使那些瘦小的孩子们的身体暖和些，使母亲有足够的体力。而向这一‘伟业’捐款的另一位乐善好施的伙伴则强烈主张买土豆。她说土豆最能填饱肚子，是产生热量最多的食品。亨特先生好奇而津津有味地听着我们这一场激烈的辩论。最后，他慷慨地每样都捐赠了一点，才解决了我们的难题……在我们抱着包裹吃力地跨过栈桥时，我们都感到自己好像鲜花盛开的圣女贞德行进在执行神圣使命的途中。然而，当我们走到拟定的受礼人借以蔽身的破烂木棚子时，我们面前站着的是一位面容憔悴的母亲，她那一窝孩子紧握着她的双手，站在那里，从她的裙子后面偷看我们。我们吓呆了，谁也说不出一句话。我们把包裹丢在地上，撒腿就跑，跑出了一段距离，感到勇气又来了，我们放慢了脚步，我们中的一个人壮着胆子喊了一声‘祝你们圣诞快乐！’然后，我们又更快地跑起来。”

这次“慈善活动”的成功举办，让小美心里充满了成就感与荣耀感。她再也不是那个只知道瞎跑，爱看《小兔彼得》的小孩子了。她有了更大的心，想要做更大的事。她不愿意只做一个在温室里娇养大的富家小姐。她喜欢走出去，像个天使一样，在所有人面前发光。

但是查理宋和几个姐姐显然对小美一个人留在山村里很不放心。在小美刚满 12 岁的时候，查理宋又向威斯里安学院投递申请，希望他们破格接收小美入学。适逢上届院长退休，新任院长在了解到查理宋的财富和信用，并收到了赞助费之后，破格让小美留在学院。

三姐妹终于在威斯里安团聚了。但是这样的日子并没有持续多久，因为小霭马上就要毕业了。毕业演出上，宋霭龄扮演了《蝴蝶夫人》中的女主角巧巧桑。为了好好地出一出风头，她特意写信让父亲邮来4丈上等的紫红丝绸缎子置办戏服，让所有在场观看的人都为之惊艳。

小霭终于在妹妹们面前华丽转身了。她骄傲地昂着头奔赴下一个秀场——故乡上海。她是大姐，凡事都要走在前头。那就走自己的路，让妹子们追去吧！

宋庆龄——一颗芳心系家国

小庆似乎对于女人之间的钩心斗角不大敏感，她并没有意识到小霭想争第一的心态，也没有注意到小美的蜕变。她的一颗芳心都寄托在国内翻天覆地的革命中。和其他少女不同的是，“解放”和“自由”这样的词汇最能命中她的萌点。在其他少女还在打扮恋爱做白日梦的季节里，她已经幻想着自己是一个英姿飒爽的革命者了。

而最最让她关注的还是有关于孙中山博士的消息。当小庆还在襁褓里的时候，孙中山就和宋家的命运联系在了一起。对她来说，孙中山是“没有大事不登门”的叔叔，是让父母赞不绝口的孙博士。但长大之后，她发现叔叔还是报纸上帅气的反清志士，是流亡海外的革命鲁滨孙。孙叔叔那一颗红亮的心照亮她少女的灵魂，简直是比“亲眷还要亲”。

小庆剪下报纸上孙叔叔的照片和新闻，贴在少女秘密的笔记本里，藏在枕头下。小庆坚信，孙叔叔最后一定可以取得革命的最后胜利——只有孙中山才是中国的希望。

小庆当时只能通过报纸和爹地的来信了解革命的进程。终于，在她大三那一年，最好的消息传来了——孙中山起义成功，就任中华民国临时大总统。小庆捧着信，激动得差点儿跳了起来！

和她同宿舍的女孩们都惊讶地仰头望着她，不能理解为什么这个平日里文文静静，几乎像个不食人间烟火的“神仙姐姐”的女孩儿竟然有如此强烈的爆发力。而小庆还写信催着爹地寄来一面新的国旗，恨不得拉着旗在学校的跑道上狂奔。在她又蹦又跳到精疲力竭之后，又恋恋不舍地把共和国国旗挂在自己床铺的上方，紧紧靠着，就像靠着祖国、家人和她最亲最爱的孙叔叔一样。

小美听说家里寄来包裹，以为又是新衣服，忙跑过来看，不料看到的却是满脸潮红的姐姐和一面花花绿绿的大旗。小庆还兴高采烈地向小美解释说：“你看，这就是我们的国家新的国旗。这上面五道横条——红、黄、蓝、白、黑，代表了汉、满、蒙、回、藏五个民族，象征了我们国家的大团结。”

美龄忽闪着眼睛，对这一切似乎不是很感兴趣。对于她这个年幼的“多动症少女”，学校里能让她分心的有趣的事情太多了。对于 10 岁就出国的小美来说，“国”和“家”是童年遥远的传说，看不清，也没深刻的印象。她不能理解宋庆龄为什么不喜欢时髦的美国生活，却对遥远的中国发生的剧变那么感兴趣。

小庆开始实践她的政治家梦想。她仿照报纸上的文章，撰写随笔和评论。威斯里安女子学院院刊就登过她的一篇文章，题为《二十世纪最伟大的事件》：

在许多有名的教育家和政治家看来，中国革命是二十世纪最伟大的事件之一，是滑铁卢以后最伟大的事件。中国革命取得了极其辉煌的成就。它意味着四万万民众已经从君主专制的奴役下解放出来。这种专制制度已经存在四千多年；在它的统治下，“生活、自由以及对幸福的追求”都被剥夺了。中国革命还标志着一代王朝的覆灭。由于这一王朝的残酷压榨和自私自利，使得一度繁荣昌盛的国度变得贫穷不堪。推翻满清政府，这意味着摧毁了、废除了一个风俗极其野蛮、道德十分堕落的宫廷。

五个月前，我们做梦也想不到会实现共和。有些人甚至对可能尽早建立立宪政府的希望都持怀疑态度。但是，不管是政治家还是劳动者，每一个爱国的中国人内心深处都有反清精神。一切苦难，诸如饥荒、水灾以及生活各方面的倒行逆施，都导源于暴虐的满洲王朝及其贪官污吏。压迫是爆发这一惊人的革命的起因。正是：塞翁失马，焉知非福。我们现在已经亲眼见到正在进行改良，而这在专制统治下是怎么也不可能实现的。

革命已经在中国实现了自由和平等这两项万不可少的个人权利。为了赢得这些权利，无数先烈高尚而英勇地献出了生命。然而博爱尚待争取……博爱是人类尚未实现的理想；没有人类相爱之情，自由就失去了可靠的基础；而除非人们彼此情同手足，否则“平等”一词就仅仅是梦想而已。

在大洋彼岸的小庆兀自花痴的时候，小霭已经领先一步，进入了革命的队伍中。宋霭龄以其出色的英语水平和优雅的举止言谈，立刻成为同盟会的新成员。查理宋在他的虹口书房里给她摆了一张桌子，又在山东路印刷厂秘密政治总部为她设了一张书桌，让小霭担任自己的秘书，协助作为同盟会司库的父亲同身在海外的孙中山联系。

1911年12月25日，孙中山从海外归来，查理宋和小霭也前去欢迎。当得知面前这个身材丰腴打扮入时的女孩竟然是宋家的长女时，孙中山惊呼一声，转过头向查理说：“我有一个不情之请，回国期间能否请贵千金做我的秘书，为我处理公务呢？”查理宋呵呵一笑说：“这你得问她自己。我这大女儿性格最独立，凡事都愿意自己拿主意。”

孙中山于是向宋霭龄投去询问的目光，宋霭龄微微一笑说：“您这可是挖了我爸的墙脚，所以您还是问他吧。只要他答应，我绝对听您吩咐。”

听了宋霭龄机智的回答，周围人都大笑起来。孙中山赞许地朝她点点头，兴奋地和查理宋并肩向迎接的人群走去。

从书信里得知小霭成为孙中山的秘书，能够天天和他亲密接触，小庆更加激动和兴奋，不由得也抱着一丝幻想。她开始渴望毕业回国的早日成行。

宋霭龄——少女初恋被打枪

孙中山在上海安顿下来后，小霭就忙碌起来了。同盟会的重要人物，比如黄兴、李平书、陈其美等都一个个来向孙中山汇报情况。小霭就在一边飞快地做着速记。稍有间歇，她就去翻阅各地发来的电报，分门别类归拢好，然后摘录要点，把最重要的事情整理清楚送交孙中山过目，再按他的指示拟出回电交给人发出。虽然事务繁杂，但是宋霭龄十分善于提纲挈领，抓其大要，把工作安排得有条不紊。孙中山私下对查理宋竖起大拇指："你这个大女儿真是太给力了，可以说是美国式的高效率！"

1911年2月29日，全国17个省代表集会南京选举中华民国临时大总统。孙中山以接近全票当选。1912年1月1日，孙中山到南京就职以后，宋霭龄的工作更加繁忙。电报、函件、请示、报告像雪片一样纷纷落到她桌上，半天就堆起个小山来。事务繁重，宋霭龄不能再一肩挑了。可是她依然是孙中山最信任的首席秘书。她记性好，遇事果断，再多的事情也能处理得有条不紊。所以最重要最机密的事情她总是自己处理。

工作地位提高了，小霭把自己看作是一人之下万人之上，又像在家里那样抖起了威风。她成天板着个脸孔，昂着下巴，严肃得如同女阎罗。一些向大总统请示的函件如果她认为申述不够明确，就毫不留情地退回去。要是前来拜见孙中山的人没有预约，她也会毫不留情地请对方吃个闭门羹，而毫不在乎对方是多大的官。

此外，另一件意外的改变发生了。小霭对孙中山的感情也有了微妙的变化。她从小都不把任何男人放在眼里，但孙中山却让她无可挑剔。他是如此英姿勃勃，充满干劲，对革命充满激情，极富个人魅力。因为具备跟孙中山亲密接触的条件，她要照顾孙中山的方方面面，为他策划政治形象和政治前途。

1912年2月13日，6岁的宣统皇帝溥仪签署退位诏书的第二天，孙中山向参议院提出辞职咨文，并推荐袁世凯继任总统。小霭得到消息之后，连忙找到孙中山，气呼呼地说："孙先生，您干吗辞职啊！那袁世凯是省油的灯吗？您明知道他一定有阴谋，干吗还把位子拱手相让啊?”孙中山大度地笑笑说:“不怕他,我们已经制定了《临时约法》,一来可以利用国会的多数限制他滥用总统权力;二来我们已经公布南京为民国首都,他必须到南京就职。离开了他的老巢,到了南京这个革命大本营,他想胡作非为也没有基础了。”小霭瞪大眼睛,还想再争论几句,但是孙中山很严肃地说:“霭龄,我知道你是一片好意。但是我干革命并非为了我个人,而是为了国家。只要对这个国家有贡献的事情,我都想试一试。你也要注意自己的身份,不要涉政过多,被人诟病。”

小霭被噎了回来,闷了一肚子气。小霭在作为经纪人方面也是极有天赋的。假如孙中山乖乖听她的话,很可能会有“钱途”和“帝位”。但是孙中山想要的偏偏不是“钱途”和“帝位”。

但小霭很不服气,因为她的担心很快就被证实了。袁世凯玩弄花招,唆使曹锟在北京发动所谓“兵变”。南京方面相信了袁世凯说的“他如果到南京就职,北京就会大乱起来”的谎话,因而做出妥协,同意袁世凯通过电报进行“总统宣誓”,并在北京就任总统。

宋霭龄在无精打采中度过这一段日子,直到孙中山被袁世凯任命为全国铁路总监,月薪三万大洋。孙中山再次兴致勃勃地登门拜访,向查理宋和小霭描述如何完成修筑两万里铁路的宏图。孙中山极力邀请查理宋和小霭陪他出行,考察全国的铁路建设。

查理宋有点犹豫,小霭却红着脸,按捺住满心的激动:和暗恋对象外出考察,多么美好。她撺掇着爹地答应孙中山的邀请。不久后,查理宋被任命为国家铁道部的财务局局长,宋霭龄继续担任孙中山私人秘书。1912年4月4日,孙中山一行人从南京出发,一路南下。

在孙中山眼里,这是一条担负着民族复兴的成功之路,在宋霭龄眼里,这是一条充满了暗恋的痛苦和甜蜜的荆棘玫瑰之路,而在查理宋眼里,这条道路却打破了他不公开和孙中山表示亲密的界限，旗帜分明地把他的家族划到了孙中山的阵营里。想到袁世凯的狡猾，他越来越觉得危险，不禁一拍脑门：哎呀，小霭一向精明，怎么这一次却犯了这么大迷糊，非要让我接受这么危险的职务呢？

这一个发现，让他开始注意起女儿更多的异常举动。小霭平时待人都是不理不睬，趾高气扬的。但只要一见到孙中山，她会立刻低头含羞，肢体扭捏，流露出小女儿的娇羞作态。孙中山不理她，她就站在屋角，扯着手绢，眼神涣散，怅然所失；孙中山一叫她，她立刻会用娃娃音答应两句，扭腰拧臀，含情脉脉，毫无顾忌。查理宋判断，女儿可能已经坠入情网了。

查理宋从侧面观察，发现孙中山平时却总是有意无意躲着小霭，对她的刻意讨好也从来没有什么回应。可以确定，这段感情只是小霭的单相思。查理宋长松了一口气。因为查理宋对孙中山的家底十分熟悉，他知道孙曾娶过几位夫人。查理宋可不希望自己的心肝宝贝长公主给人做小老婆。看来女儿是到了思春的年纪了，得赶快抓紧给她找婆家了。

小霭一片少女的热忱随着铁路奔涌，但她怎么知道两个男人正在齐力掐断她不合时宜的幻想？

1913 年早春，宋家父女随孙中山东渡日本考察铁路并筹措资金的时候，从国内传来了一个令所有人振奋的消息：国民党在国会选举中大获全胜，取得多数席位。就在国民党人踌躇满志地准备到北京组织内阁与袁世凯分庭抗礼的时候，袁世凯开始了暴力的杀戮。3 月 2 日，袁世凯的刺客在上海车站向宋教仁连发两枪，这位优秀的国民党人在经历了整整两天的巨大痛苦之后含恨辞世。孙中山带着铭心刻骨的悲痛解除了铁路督办的工作，发起了“二次革命”。

宋家也遭遇了不幸。袁世凯通缉了查理宋，使得他不得不带着全家出逃。查理宋立刻找到洪帮的朋友，疏通渠道准备前往日本。

另外，他旁敲侧击地将孙中山的一些家事告诉了小霭，又告诉她现在已经有一些谣言正损害孙中山和她的名声，妨害正在进行的大业。

让我们来假设一下小霭听到这些的反应。

如果是一个普通的少女，可能会大喊一声："不，他是喜欢我的。"之后夺门而出，找到孙中山，热烈表白，残忍被拒，频频摇头，痛哭流涕，之后心如死灰……

但是，聪明果断心狠精明的小霭只是对父亲淡淡一笑，轻轻说声："别操心了。"就把这件情事翻了过去。

查理宋莫名有些愧疚——自己一直埋头事业，怎么能忽略了女儿的心事？我家小霭都 24 岁了，好男人在哪里啊？!

宋霭龄——谈钱得婿凭财结姻

从前的人比较短命，所以奉行早婚早育，以保留充足的人口资源。所以在当时的中国人看来，21 岁没有出嫁的姑娘已经是剩女了。一直以来，宋大小姐除了孙中山之外，没有对任何男子心动过。到底是什么样的人物才能入得这位大小姐的法眼呢？

抵达日本之后，查理宋没有休息几天，又开始频繁参加政治活动。一天，查理宋来到流亡分子通常聚会的中华基督教青年会，突然有人拍拍他说："宋先生，今天刚好'山西首富'也在，介绍你们认识一下吧。"

查理宋欣然答应。他整整衣服，心想称得上是山西首富的，多半是个五十多岁，又黑又土的煤老板。不过山西人的经济实力也不容小觑，结识一下，对自己以后的事业开拓一定会有帮助。

没一会儿，一个三十出头，圆脸，寸头，架一副圆片眼镜，白白胖胖的年轻男人乐呵呵地走过来，咧着嘴，眯着眼向查理宋做自我介绍："宋先生，久仰久仰，鄙人姓孔名祥熙，在山西做钱庄生意。"

查理宋一瞪眼：啥，你个小屁孩，敢自称"山西首富"？但是生意人，场面上的应酬总是需要的。他想了想，找了个话题说："密斯特孔跟孔圣人可是同家？"

孔祥熙笑了，他眉毛挑了起来："不才正是孔老夫子第 74 代传人。"

查理宋啊了一声，立刻生出了三分真正的尊敬。他手下过的钱多得数不清，对富翁并不稀罕。但是对中国传统文化，他一向觉得博大精深，奥妙无穷，却过其门而不入。查理宋立刻拍着孔祥熙的肩膀说："孔先生家学深厚，来，今天我请你吃饭，麻烦孔先生好好给我这个土人上上古典文化课啊，哈哈哈。"

两人一坐下，日本清酒一倒，话匣子就打开了。孔祥熙一副笑呵呵的面孔，让人看着就高兴。查理宋越是问话，越察觉出这个年轻人的不简单。说他是"山西首富"有一些言过其实，但是说他是"山西大少"，却是绝对的实至名归。

孔祥熙出生于山西太谷县城西的程家庄，祖父经营当铺，家业一度兴旺，后来又因为父亲好赌给败掉了。父亲在家业兴旺时曾经把孩子们送到传教士在当地办的美国教会学校读书。当时孔祥熙偷偷皈依了基督教，成了教徒。他在这所学校一直读到 1896 年，然后转到一所靠近北京的教会学校——华北协和学院。

1900年，义和团运动兴起，在北方展开了一场针对西方在华人士包括在华传教士及中国基督徒的大规模群众暴力运动。光在山西，就有159名外国人被处决。其中包括137名耶稣教传教士以及他们的子女。许多人是孔祥熙的朋友。

此时孔祥熙才向家人坦白了自己也是基督教徒，家人慌张地把他藏起来，生怕被牵连进去。

围着大红腰带的义和团开进北京城，包围了使馆区。满清政府见“剿匪”不成，转而支持义和团，向列强宣战。八国联军很快便打垮了中国人的抵抗。打下北京后，外国军队疯狂报复，屠杀抢掠，其罪行又百倍于义和团。

为了收拾残局，清廷起用庆亲王奕劻及李鸿章与外国谈判。经过谈判，1901年，清廷最终与十一国签订了丧权辱国的《辛丑条约》。

当孔祥熙终于平安躲开杀戮的时候，山西却面临着巨大的灾难。因为山西是全国仇杀外侨和平居民最多的省份，所以西方列强很可能进行疯狂报复。

这时，孔祥熙却站出来了。他一副笑脸，是天生的外交官和调解员。通过他在山西政府和联军指挥官之间牵线搭桥，进行斡旋，最终达成了一项秘密协议。山西承诺向西方开放投资市场，而外国军队也承诺不在山西进行报复式屠杀。突然间，西洋金融资本在山西大肆活跃起来。这个原本有屠城之忧的土地一夜之间变成欣欣向荣的资本乐土。

孔祥熙当然是最大的功臣。清政府为此授予他一枚龙图勋章。没等完成他在协和书院的学业，即由美国基督教会邀请、清政府公派，到美国留学。他先是在俄亥俄州的奥柏林大学攻读文学，随后进入耶鲁大学经济学攻读硕士学位。这个从小在当铺长大的孩子，很快就把自己从小的实践和书本里的理论联系起来，掌握了金钱的奥妙。

孔祥熙开始迫不及待地开发自己的经济头脑了。他还没等到毕业，就跑去跟美国人说，从前发生的外国传教士被杀事件，完全是因为中国下层人民还没有接触过基督教，灵魂得不到拯救。只要他们跟美国人拜倒在同一个神面前，世界上哪里还会有战争？美国人一听，哎，说得对呀，很快就拨出了中国庚子赔款中的 75 万元，在太谷建立了欧柏林大学分校。孔祥熙把它命名为铭贤学校，自任校长，成为联合办学的先驱。

学业结束后他回到太谷，一心一意打理自己家族的金融业务。山西省督军阎锡山非常赏识他，让他充当自己和外国人之间的买办。孔祥熙在财务问题上给他做顾问，阎锡山用枪杆保护孔家的金钱和安全。这对官商关系在山西根深蒂固，孔祥熙完全有成为首富的资本。

查理宋心动了。他在桌子底下掰了掰手指，孔祥熙年长小霭 9 岁，年龄合适，便试探地问："贤侄如此能干，夫人也一定持家有方吧?"

孔祥熙叹口气说："唉，是孔某人没有福气啊，结婚没几年，我夫人就仙逝了。这不，我出国主要就是来散散心。"

查理宋激动得几乎要跳起来说："死得好!"但是他强忍住嘴边几乎要喷出的笑声，用力抓住孔祥熙的手，摇动着说："贤侄一表人才，不愁找不到好老婆。做媒这事包在我身上了。你过几天来我家里吃饭吧。"

宋霭龄——爱让人一夜长大

查理宋一回家，就一直夸奖孔祥熙，要是能唱他一定会唱："清凌凌的水啊蓝个盈盈的天，今天的青年会我认识了人一个啊，他的名字叫孔祥熙。他会赚钱，有文化，信基督，还没老婆。青年会里都选他做总干事，人人都把他夸啊。"

小霭听在耳朵里，明白在心里。男人，男人是什么？她曾经以为自己懂得。现在突然发现又不懂了。这个孔祥熙会懂得她吗？

此时查理宋和孙中山已经开始密谋举事的旧业。她依然在给孙中山做秘书。宋庆龄也从美国回来，一直在忙于机构里琐碎的公务。不知道为什么，只要有小庆在身边，小霭就会有些焦躁：万一小庆知道她单恋孙中山被打枪，会不会嘲笑她？小庆成天看她找不到对象，会不会嘲笑她？

在小霭急切待嫁的时候，孔祥熙上门了。

一见到孔祥熙，小霭突然眼睛一亮，心头油然而生一种熟悉的感觉。这个男人虽然身材矮胖，举止谦恭，唯唯诺诺，但是跟她的身高体貌都很相配。站在孔祥熙身边，一点都显不出宋霭龄的身材缺陷，反而显得她姿态挺拔。而且，他的眼神中不停闪烁着光亮，像是在计算着什么。一开口，谈的也都是生意经。这都让宋霭龄感觉十分亲近。

孔祥熙笑着说：“宋小姐十分眼熟，我们是不是见过面？您去过纽约吗？”

宋霭龄想了一会儿说：“我那时候还在梅肯读书，随考察团去了纽约，还参加了罗斯福总统举行的宴会。孔先生当时也出席了吗？”

祥熙说：“是啊，我当时是耶鲁大学的研究生，有幸受邀。”

查理宋大笑说：“既然已经见过，就更投缘了。大家入座吧。今天我们吃中国菜，尝尝家乡的风味。”

餐桌上，查理宋安排孔祥熙和宋霭龄斜对角而坐，方便互相观察。孔祥熙并不是一个富有表现力的男人，但是在这个场合上，他深知如何把握机会，便开始绘声绘色地叙述自己的冒险经历。他看似谦卑实则炫耀地介绍了自己是孔子的直系后裔：明朝万历年间，孔子第 61 代孙孔宏开宦游三晋，曾任太谷县令。因相中太谷这块风水宝地，告老之后，未回山东，在太谷卜居下来，孔门这一支从此在那里繁衍生息，至今族谱不乱。家谱上可查是第 74 代传人。一听完这话，宋庆龄就特别尖刻地抢白了一句：“哦，您是孔圣人啊。”

宋霭龄淡淡地接了一句：“孔老夫子创立的儒家学说是对世界文明的一大贡献，在中国几千年一直处于独尊的地位。我们是个西式的家庭，对于传统文化的了解很少，以后您常来坐坐，也让我们都了解了解中国的文化。对了，您刚谈到家里经营当铺的，那现在经营状况如何？”

孔祥熙连忙迅速阐述起自己的经营之道。他能感觉到宋庆龄对他的敌意和宋霭龄的特意解围。他尤其能够感受到宋霭龄对于金融的兴趣。

查理宋如同一个成功的导演一般侧坐在一旁，欣赏这一幕由他执导的画面。他仿佛从两人投契的交谈中，听到婚礼进行曲优美的回响。

对于孔祥熙来说，在鳏居日本的苦雨凄风中，这样温暖的家庭式聚会很容易融化异乡客的心。而对于宋霭龄而言，当身边人都陶醉于自己的乌托邦计划时，唯有孔祥熙的兴趣同她一样——对看得见摸得着的金钱充满热情。一个衣食无忧的大小姐在目击了上海商界的沉浮变化，经历了在美国的独自生存以后，终于明白让查理宋从一个普通牧师变成上海实业家的魔法是金钱，而让她能够避免受到更多伤害，保全自身的也是金钱。金钱是财富，也是势力，是世界上最美妙的东西。拥有了金钱的加持，让孔祥熙也变得极富魅力。

家宴结束后，宋霭龄把孔祥熙邀到会客室继续详谈。孔祥熙是结过婚的人，同女性交往的技巧已不陌生，完全不见初次登门的腼腆。宋霭龄虽还是黄花闺女，但从美国回来 5 年，在查理宋和孙中山身边已经经历了中国近代史上的一系列大事，接触过各阶层形形色色的人物，完全没有一般姑娘单独与男子相处时的羞羞答答。所以两个人谈起话来毫不掩饰，十分坦诚。

宋霭龄暗暗在心中盘算：尽管孔祥熙比自己大了 9 岁，但毕竟还处于人生的黄金时期，比孙中山朝气蓬勃得多；孔祥熙虽没有孙中山的名声显赫，但他有财富，而且善于使用这些财富；尤其是孔祥熙既在美国受过教育，有相当的才能而又性格随和，便于驾驭，日后对自己必定是言听计从，这一点非常重要！

查理宋也十分窃喜自己的安排。他自己出身寒微，子女受的都是西洋教育，对中国传统、中国文化都缺乏了解，如果能有一位出自传统名门的乘龙快婿，宋家就会比较容易为传统的国人接受。同时，这种中西合璧的结合不仅会形成一个具有巨大优势的家庭，还会孕育出既有传统文化，又有现代观念的优秀子女，对未来的中国将产生重大影响。

夜里，当小霭独自坐在房间里，打开梳妆盒，检点自己私下攒起的珠宝首饰时，不由得一拍脑门，幡然醒悟。她这样的女人本就是为金钱而生的，怎会去追求一个把革命视为生命的男人！

1914 年的春天，离两个人初次见面没多久，孔祥熙和宋霭龄就在横滨举行了婚礼。那天早上大雨滂沱。雨水把粉红色的樱花花瓣打落到地面，冲进水沟里，又一大片一大片地打着旋儿，流进东京湾，在那溅起银白色浪花的海面上漂浮。空气中洋溢着一股潮湿的泥土气息，将前来的人都淋得狼狈不堪。但就在婚礼开始之前，天空突然放晴，宋霭龄身穿粉红色素缎短褂和绣着梅花的长裙隆重出场，她乌黑发亮的秀发上也插着同样一支传统花朵。比起那些淋成落汤鸡的来宾们，她显得从容而高贵。孔祥熙戴着小小的圆镜片的眼镜，温文尔雅，笑容可掬。宋霭龄显得有多高傲，他就显得有多谦卑。两人如同天造地设一般的般配。

在小教堂举行完婚礼仪式之后，孔家和宋家的亲戚一同乘车到镰仓游玩。孔祥熙眯着眼睛，从一簇簇的菘兰花丛间观察初晴的阳光，兴奋地说道："这是大吉大利之兆啊。"

对于心高气傲的小霭来说，这场婚礼太过简朴和寒酸。但是小霭没有怨言，因为她富有远见。她等待着，看这场般配的结合即将启动一台强劲的赚钱机器，张着大嘴，露出他们贪婪的胃口。

宋庆龄——忘年恋引发热议

结婚后，宋霭龄推荐宋庆龄接替她的工作，成为孙中山的秘书。小庆心中又喜又羞，喜的是终于可以和敬爱的革命家们朝夕相处，但羞的是这革命家是个英姿勃发的帅哥。

许多年不见，孙中山有些惊讶地看着面前这个体态柔弱、面容坚毅的少女，似乎难以相信她就是多年前，被自己抱在怀中哄逗着的小孩子。

倒是小庆落落大方地伸出手去，微笑着说："孙先生，还记得我吗？您当初还说要做我的教父呢。"

孙中山也不禁笑了。他用力握了握宋庆龄的手说："那是十多年前的事情了。真没想到一转眼你就长这么大了。这些年来我常从你父亲那里听到你的消息。欢迎你加入我们革命的行列！"

小庆心里微微一震，涌起一股暖流。她的眼中饱含着对孙中山的憧憬和爱慕，那是一个少女倾尽所有对偶像的热爱啊。

小庆对工作格外的热情，每天早到迟退，主动加班。很快就引起了孙中山的注意：呀，这个漂亮的小秘书真努力啊。还每天笑眯眯的，看着就让人心情舒畅，干活不累。

再后来，孙中山就发现，小庆不但漂亮、聪明、能干，而且跟小霭比起来，对革命有着更真诚的热情。他们的想法、爱好十分接近，有很多共同语言。更重要的是，不管他有怎样不切实际的幻想和计划，小庆都会非常虔诚和激动地附和与赞成。他能感觉到小庆对他的情感是一种真正的仰视和尊敬，这让这个反复受到挫折的男人重拾雄性的自信和尊严。

这天，孙中山刚进办公室，发现小庆正拿把小剪刀剪报纸。桌上摊着本剪报本。他笑吟吟地走过去问："一大早这偷偷摸摸的做什么哪?"

小庆一下子羞红了脸，连忙把剪报本往废纸堆里塞，嘴里说着："没有，没有。"

老孙一把抓住本子，拿在手里甩了甩，狡黠地说："借我看看。"

他灵活地躲开小庆的抢夺，随手把本子那么一翻，只见里头贴着一张张从报纸上剪下来的自己的照片。老孙抬头看了一眼小庆，她的脸更红了，背着手靠墙站着，低着头不言语。孙中山微微一笑，继续翻起来，发现里头还有许多国外关于中国变革的新闻报道和评论，甚至还有一篇小庆写的对革命的评论。

老孙看着看着笑起来，他抬头看看墙角那个美丽的少女，柔声说："写得不错。以后还要更努力，多对我们的革命进行宣传。不过这照片就不太好看了，要换上你自己的照片，不是更美。"

小庆红着脸，踩着小碎步跑走了。

这层窗户纸被捅破之后，两个人之间的关系也亲密了许多。宋庆龄的到来带来了一股新鲜活泼的朝气，驱散了多年来围绕在孙中山身边的紧张压力，让他暂时忘记了革命的困难，暗杀的凶险，改革的阻力，列强的蔑视，而沉浸在春天般的幸福中。

而对宋庆龄来说，能跟偶像在一块儿，犹如梦幻一般。在她心目中，孙中山既高大又庄重，是一棵可以倚靠的大树，一座黑夜里照亮海面的灯塔。

在梅屋庄吉夫人的家中摆放着一架钢琴。从小就在母亲的教导下练习钢琴的小庆总是会为大家表演。孙中山就站在一旁，简直是如痴如醉一般静静聆听。梅屋家有一个淘气的小女孩，总是跑来跑去。每当小庆表演的时候，孙中山就会抱起那个小女孩，轻声叫她不要出声，认真听。

工作的时候，宋庆龄每天认真记录关于孙中山和革命的所有点滴动态。她不知疲倦地翻译着每一份文件，希望给孙博士更多的帮助。而孙中山也喜欢看这个美丽娴静的少女为革命信仰兴奋得满脸通红的模样。他们走得很近，爱情的种子此刻已经悄悄种下，并且迅速地生根发芽。而宋家人除了嘲笑宋庆龄整天工作，不懂娱乐之外，没人想到这个从来没有恋爱过的少女会迷上一个比自己年长 27 岁的男人。

但是还有更大的一道障碍阻隔在宋庆龄和孙中山之间，那就是同在日本的流亡志士中，还有孙中山多年前受婚姻包办而结合的原配夫人卢慕贞。他们育有两女一子，唯一的儿子孙科已经成人，此时正在美国攻读新闻。而孙科比宋庆龄还要大两岁。

孙中山 26 岁时就结识了 31 岁的查理宋，两个人为了共同的革命理想打拼，情同兄弟。而宋庆龄恋上孙中山，近乎乱伦一般。她知道家里是不会答应她这样做的。孙中山也担心自己已婚的身份会为宋庆龄造成难堪。就在他们不知道该如何处理这段关系时，查理宋突然宣布不再流亡，全家返回上海。

他已经在法租界霞飞路买好了一栋砖瓦别墅小楼。法租界算是上海里的法国领土，中国警方不能前来搜查抓人。而掌管上海法国巡捕房的探长黄金荣是洪帮首领。多年来，查理宋帮助洪帮进行书报传单的印刷工作，帮了黄金荣大忙。有了法租界和洪帮的双重保护，他们全家在上海就算安全了，不用再受背井离乡之苦。

父母都要回去。新婚的姐姐姐夫也要回上海。宋庆龄固执地跟父母要求："让我留在东京工作吧，我还有很多事情没有完成，还有很多革命同志没有得到安全的保障，我不可以不负责任地走掉。"

查理宋说："你的工作在上海也能做。对我来说，你的安危比革命更重要。为什么非要一个人留在这里呢?"倪桂珍则挂着眼泪说："难道你就忍心看我们孤独地在上海老死?"

宋庆龄犹豫了。妹妹美龄，弟弟子文、子良、子安都还在美国读书，长姐出嫁，不常在娘家，父母身边不能没有人照顾。她偷偷溜出门去找孙中山，商量该怎么办。

孙中山站在窗口，沉思了许久。然后他转过身来，对宋庆龄说："你还是好好考虑一下吧。就算现在你留在了东京，但只要我们公开了我们的关系，就会有很多的压力，很多的误解。你还是那么纯洁天真的女孩子，而我已经快过了知天命的年纪。我怕我给不了你所应得的一切。"

小庆涨红了脸，坚持说："我不要那些虚伪的名、利。我所热爱并愿意为之奉献一生的就是我们的革命，还有你。"

孙中山摇摇头，轻声说："可是你对我的过去，了解又有多少呢?你还是先跟你的父亲回去，问问他关于我的事情，然后再做决定吧。"

看着孙中山坚定的神情，小庆也没有话反驳了。她带着对孙中山的不舍，登上了回国的轮船。

宋庆龄——孙中山的爱情史（上）

如果说在东京的时候，小庆早出晚归，都是为了工作的话，那么回到上海之后，她整日地发呆、叹气，就连查理宋也看出苗头了。有了大女儿的经验，查理宋马上想到小庆也有心上人了。可这个宋家最漂亮的姑娘，到底相中了哪家的青年才俊呢?

小庆正发着呆，突然感觉到有个人在盯着她，回头一看，特别不好意思地娇嗔道："爹地，你干吗呢？吓了我一跳!"

查理宋笑呵呵地走过去说："你干吗呢，连爹地走进来都没有察觉。有什么心事，告诉爹地，爹地给你出出主意。"

小庆红着脸说："我有什么心事啊。哦，对了，我给孙先生做这么久秘书，怎么都没见过他的太太？他跟他太太之间，到底怎么样?"

查理宋点了点小庆，笑着说："真八卦！来，我跟你从头说说。"

孙中山生于1866年，父母在广东农村务农，哥哥孙眉在美国打工。1885年4月，19岁的孙中山正在学堂读书，远在檀香山的长兄孙眉汇了一笔钱回家，除了供弟弟读书之外，希望父母尽快为弟弟找一门亲事。孙母的一个老闺蜜介绍了自己的同乡卢耀显的女儿卢慕贞。双方父母一看，两人的家世相当、年龄相仿，算得上门当户对，便极力撮合这桩婚姻。

孙中山当时虽然已经接受了西方婚姻自由的思想，但是在他心里还有一个更远大的志向，那就是从事反清革命。在他看来，婚姻之事并不像反清那么重大，也没必要在这样的小事上顶撞父母，闹得不愉快。所以在1885年5月，孙中山和卢慕贞就定亲了。

在热闹的婚礼之后，孙中山离开家乡外出求学、寻求革命支持，只有在假期才回故乡。卢慕贞十分通情达理，全力支持他在外活动。她以孝敬长辈、勤快能干而闻名乡里，尤其擅长女红。在婚后的数年中，孙中山每次回家，卢慕贞总为他缝制一套新衣服和鞋袜，婆婆杨太夫人身上的穿戴也多出自卢慕贞之手。卢慕贞与孙中山并非自由恋爱结婚，但也婚姻美满，生育下了子女孙科、孙娫和孙婉三人。

由于卢氏自幼缠足，个性内向，所以孙中山到各处进行宣传募捐时，往往不能一同相随。而卢氏也无心要出风头，公开场合总是拒不见人。

后来孙中山又结识了原籍厦门的香港人陈粹芬，两人有了深厚的感情。按传统的说法，她是孙中山的如夫人，即妾。

陈粹芬1873年生于香港，原名香菱，又名瑞芬，排行第四，故人称“陈四姑”。陈粹芬身材适中，眉清目秀，吃苦耐劳，颇具贤德，由于家贫，父母早亡，未曾读过书，又由于早年在南洋活动的时间相当长，常被误认为南洋人。但是她性格直率开放，容易接受摩登事物，懂得骑马，也会开枪，是当时少见的“摩登美少女”。

1891年的一天，18岁的陈粹芬在香港屯门基督教堂，由陈少白介绍，与孙中山相识。初次相见，孙中山即向她表示要效法洪秀全、石达开推翻清朝。出身贫困的陈粹芬一片少女芳心，深为孙中山的豪言壮语所感动，崇拜之情油然而生，也立志参加革命。1891

年，志同道合的孙中山和陈粹芬结成革命伴侣，在屯门蝴蝶湾区市政局附近的红楼租屋住下，相偕奔走革命，共同筹划反对腐朽的清政府。从此之后十余年，陈粹芬一直追随孙中山，足迹遍及日本、新马一带。

1892 年，孙中山在香港西医书院毕业后，带着陈粹芬在澳门以行医为名，宣传革命。之后又结识了查理宋等人，不断整理政治主张，希望上书李鸿章进行改革，但失败而返。

为了“实行反清复汉之义举”，孙中山于 1894 年 10 月赴檀香山向旧日亲友筹募革命经费，不久在那里成立了中国资产阶级民主革命派的第一个政治团体——兴中会。同年 3 月，香港兴中会总机关决定 10 月 26 日 (重阳节) 在广州起义。陈粹芬也帮忙藏匿武器弹药。

这次起义因为有人告密而败露。清政府出重金缉拿孙中山。孙中山当机立断，匆匆收拾行装，立即深夜化装逃出广州。临行前，孙中山派人送信到香山家乡，叫原配卢慕贞夫人带着独子孙科等速到澳门避难。次日，陈粹芬护卫着孙中山前往澳门探望了孙家老幼，再前往香港，之后亡命日本。后来孙中山经美国赴英国，陈粹芬则留在日本。

孙中山在英国时被清政府的密探发现，囚禁了起来，准备引渡回国。幸好有同情孙中山的国际友人向媒体出面说明情况。1897 年，在国际媒体的重重压力下，孙中山幸得自由，再回到日本，和陈粹芬一起继续从事反清革命活动 (那时宋庆龄才刚刚出生呢)。

这时的陈粹芬常常替革命同志洗衣做饭，传递革命密函，掩护革命同志，甚至从事运送军火等危险的地下工作。她嗓门大，举止都有点男孩子气，却总是自称是“煮饭婆”。流亡日本的革命人士，例如，胡汉民、戴季陶、陈其美、黄兴、蔡锷等人都很喜欢她，人人都亲热地唤她“四姑”。曾追随孙中山到南洋参加革命担任英文秘书的池亨吉在1908年所写的《支那革命实见记》中写道：“陈粹芬工作非常忙碌，性格刚强，颇有‘女中丈夫’的气概。”

此时的卢慕贞带着婆婆和两个女儿孙娫、孙婉，到香港九龙与孙中山的大哥孙眉一起居住。陈粹芬就常被误认作孙中山的原配。

1906年，陈粹芬随孙中山一起住在新加坡槟榔屿的晚晴园，并在这里策划了多次革命。不久后，卢慕贞和女儿也住到了槟榔屿。卢慕贞和陈粹芬以姐妹相称，十分亲热。1911年10月，武昌起义爆发，各省纷纷响应独立。孙中山从美国回国，同年12月14日在槟榔屿与卢慕贞、陈粹芬及女儿孙娫、孙婉相见后，于25日抵上海。次年1月1日，孙中山在南京就任中华民国临时大总统。

1912年2月，卢慕贞和两个女儿到南京同孙中山团聚，重新以孙中山夫人的身份和公众见面。而陈粹芬则低调回到广州。她从来都不责备孙中山，反而说自己“知识有限，自愿离开”。

孙家人都承认陈粹芬是孙家的一员。孙中山的哥哥孙眉特意在澳门给她买了套房子，将她视作家庭成员之一。因为她和孙中山没有生育，便在南洋领养了一个女儿起名孙容（后改名苏仲英。后来，孙容和孙眉的次孙孙乾相爱，两人赴意大利结婚，有情人终成眷属）。

查理宋讲起八卦来也是十分兴奋，不时地感慨：“孙先生的个人魅力真是无穷，怎么每个女人都对他死心塌地，毫无怨言呢？”

宋庆龄听到这里，默默不语，脸上闷着一层红晕，像是闷着一肚子的话说不出来。宋查理没有察觉女儿的异状，兴致勃勃地说：“还有呢，卢慕贞和陈粹芬这还不算什么，孙先生在日本，还有一位秘密的情人呢。”

宋庆龄——孙中山的爱情史（下）

查理宋讲到这里，停下来喝了口茶，像是欲言又止的样子。小庆正听得忐忑，看爹地不说话了，连忙焦急地追着他问："然后呢?"

查理宋微微一笑说："你一个女孩，知道这些有什么用?"

小庆急得涨红了脸，要说，却又不好意思说。查理宋越发感到奇怪。突然，他心里电光石火地冒出了一个念头，噌的一下站起来，指着小庆说："你你你，和孙博士他……"

小庆冲动地站了起来，表情倔强地点了点头。她咬着嘴唇，昂着头，像做了一个最艰难的决定。

啪的一声，查理宋手中的茶杯跌落到地上。他的双手颤抖起来，并且越来越剧烈。最后他一跺脚，气愤地说："简直是胡闹！我不答应！"

小庆正被相思的火焰炙烤着，只顾冲动地说："我和孙博士的感情是真心的，我想要和他结婚，一起为革命事业奋斗！"

查理宋指着小庆的房间说："胡闹！你给我回房间去！没我的允许不许出来！不许跟他再联系！"

小庆没想到爹地的反应会这么大，她吃惊地望着他愣了几秒钟，然后一噘嘴，扭身跑上楼去。

查理宋坐下来，胸膛还在起伏不定。大月薰的经历又在他眼前闪过。

1898年，孙中山在日本避难的那段日子，陈粹芬因为得了很难治愈的肺病（一说是肺结核），前往香港看病。孙中山在香港结识的一个日本商人名叫大月素堂，因为家中发生火灾，全家搬到了孙中山寓所楼上。大月家中还有一个11岁的女孩，名叫大月薰。此时正是淘气的年纪。有一天，她在房中打破了一个花瓶，水流到了一楼。大月薰不敢告诉父亲。还是孙中山委托同住的友人温炳臣上楼了解原委。大月薰的父亲大月素堂立刻让大月薰亲自下楼道歉。

这是孙中山第一次见到大月薰，小姑娘的娇嫩活泼天真单纯将他心中莫名的情愫勾起。

在日本最著名的古典文学名著《源氏物语》里就写到一个叫作光源氏的男人很喜欢一个名叫紫姬的少女，便将她认作养女，朝夕相伴。几年后，紫姬出落得亭亭玉立，十分可人，光源氏便将她占为己有。晚年还将她扶为正夫人。

而如今的孙中山也感觉到了光源氏的迷恋与纠结。这么美这么好的一个小女孩，错过太可惜，要在一起又相差过大。孙中山也纠结了。

孙中山忍住心中的欲念，一直等到了1902年，生于1888年的大月薰按虚岁算也是15岁了。孙中山立刻通过温炳臣向大月素堂提亲，但大月素堂愤怒地拒绝了。你都36岁的老男人了，无房无车，凭什么娶我闺女呀？可是孙中山却天生有着迷倒女性的魅力。一年后，他说服正在横滨高等女子学校读三年级的大月薰同自己一起私奔，在横滨结婚。

但是孙中山也不可能为了一个日本女人停下革命的脚步。据说和大月薰结婚时，孙中山还跟另一个日本女人浅田春打得火热。不久后，孙中山独自前往东南亚及美国，1905年回到日本看望大月薰一趟，就又离开了。1906年他们的女儿出生了，取名叫作富美子。但孙中山始终没有见过女儿一面。

查理宋和孙中山虽然是结识多年的革命同志，但是工作是工作，个人作风是个人作风，本来就不能混为一谈。

查理宋迟迟不能从惊讶和气愤中平静下来。他越想越气，一是气这两个女儿目光短浅。三条腿的蛤蟆不好找，两条腿的男人满街都是，为什么她们都看上了父辈的大叔？二是气孙中山兔子吃窝边草。你看上谁不好，为什么非要纠缠我的女儿？三是担心宋庆龄会成为第二个大月薰。孙中山有妻有妾，众人皆知，女儿若没有正式的名分，很可能会像块抹布一样，用完就被随手丢弃。这是绝不能在宋家发生的丑闻。

但查理宋当时还不知道大月薰和子女之后的遭遇。在富美子5岁的时候，大月薰的生活已经十分拮据。她多年联系不上孙中山，又没有经济支柱，只能将5岁的富美子寄托给在横滨保土谷区做酒业生意的宫川梅吉家当童养媳，并卖掉孙文送给她的订婚戒指。随后又经人劝说，改嫁给静冈银行总裁三轮新五郎之弟三轮秀司。但这场婚姻也没有持久。大月薰因为私藏孙中山的书信被发现而离婚。之后，大月薰便完全隐瞒了这件事，远嫁到栃木县足利市的东光寺，与该寺院住持实方元心结婚。1929年11月生下儿子实方元信。

宫川富美子和亲生父母失去联络后，也长大成人，结婚生子。直到1951年，外公大月素堂思念孩子，前来认亲，她这才知道自己的亲生父亲是著名的中国革命家孙文。富美子十分惊讶。1956年，她在儿子宫川东一的陪同下，到东光寺拜会大月薰。大月薰详尽地讲述了事情的经过后，对女儿说：“富美的读音ふみ就是汉字的文，取名富美子，就是表明你是孙文的女儿。” 终于确定自己身世的富美子又喜又悲。这段历史也就从孙中山的密友们才知道的秘密，变成了公开的历史。

不用知道后面的故事，查理宋已经觉得心慌、胸闷、喘不上气。年纪大了，受不了这样的折腾，一着急脑子就犯懵。他打电话叫来宋霭龄，要她帮着出出主意。

番外二——民国名人婚变录

宋老先生为什么这么焦虑？这跟当时的风气有关。在中国过去是没有离婚这个概念的。男人看上了心爱的女子，尽可以娶回家摆着。哪个女人惹老公生了气，就会被“打入冷宫”，施以冷暴力。如果女人再不收敛，就会收到一纸休书，被移送回娘家。

而随着西方民主思想的推广，一夫一妻制就成为公认的“更科学”的家庭模式。一个男人一辈子跟一个女人过，靠谱稳定，节约资源，还降低家庭生活的成本。最重要的是，在三妻四妾的传统中脱颖而出的坚贞不渝的男人一定会得到社会舆论的高度褒扬，维持住极品好男人的形象。

既然只找一个女人，这个女人就应该足够聪明，足够美丽，能够达到灵魂和肉体的高度交集。但这对于往往在青春懵懂的年代里就陷入包办婚姻的男人来说，却是极度困难的。他们总是在没有过多挑选的机会的情况下，把初婚给了一个大龄小脚的农村女青年。等到醒悟过来，孩子都抱上了。父母妻儿邻里乡亲都陶醉于美满的假象中。要亲手毁掉这一切，重新寻找灵魂伴侣，需要付出太多代价。

所以虽然找个最爱的深爱的想爱的亲爱的人来一夫一妻更科学，但是想要“走进科学”的民国名人却要顶着极大的艰难，这些多情的痴情的绝情的无情的人使出各种手段，想要逼迫原配同自己离婚。

话说回来，虽然小庆谈及婚嫁的时候胡适还没有闹出离婚案，但是日光之下并无新事。嫁给离婚男人的女人从来不会得到祝福。何况孙中山作为一个有声望的领导人，背负的压力和责任更重大，越是位置高的人，如果感情上出一点纰漏，越是会被打入万劫不复之境。查理宋明白这种压力，他绝不愿意自己的女儿去承受这一切。陆小曼如愿以偿和离婚后的徐志摩在一起了，那又能怎样呢？她再也不像从前那样聪慧淡定，充满灵气了，她开始酗酒、染上毒瘾，变成一个邋遢沉沦的懒婆娘。最后连徐志摩都对她失望了。查理宋不愿意自己的女儿也走上相同的道路。

最着急的时刻，他向大女儿宋霭龄求救，却忽略了站在前任情敌位置上的小霭提供的解决方式，可能会引导事态向另一方向发展。

宋霭龄——平生第一奇耻大辱

听到爹地在电话里语焉不详又着急万分的语气，小霭匆匆赶了过来。当了解了事情的始末之后，她的脸噌的一下红了，好像血一下子全涌到了脑袋里，心里翻天覆地的难受。她抓住椅子扶手定了定神，斩钉截铁地说："我绝对不能允许这样的丑闻在家里出现。二妹跟孙博士之间的关系必须断！"

人最不能容忍的，是看到别人在自己失败的领域取得成功。女性魅力是小霭最没有自信的部分，也是她唯一的弱点。追求孙中山失败，是小霭心灵深处的一个伤疤，不能碰不能提，就连在宋家内部，这都是一个秘密。但是现在，小庆竟然把孙中山勾引得五迷三道的，这不是说在孙博士眼里，自己远不如庆龄有魅力吗？

小霭从小就认为自己什么都应该得到最好的，这回被宋庆龄抢了先去，心里怎么都不是滋味。她一边替查理宋捶背，一边轻柔而坚决地说："爹地，二妹这件事真的做得糊涂，你万万不可心一软就答应她，否则我们家真是颜面无存。解铃还须系铃人。二妹的心事我也明白，我会尽快让老孔在外物色一个合适的对象和二妹成亲。只要她同意嫁人，孙博士那里自然也就不会有其他消息了。"

查理宋一听，嗯，小霭真是明白，这话说得句句在理。好，一切都交给她了。

从娘家走出来，小霭就不断地想着各种棒打鸳鸯的主意。回到家，老孔见她眉头深锁，双手攥拳，奇怪地问："出啥事了？你爹地那么着急把你找去？"小霭沉思了一下，故作神秘地说："你知道孙博士和小庆恋爱的事吗？"老孔讶异地瞪大了眼睛，边推眼镜边说："孙博士？孙文，和你二妹？这真想不到，想不到。"

小霭说："你对他们的事怎么看？"

老孔说："他们之间，也差太多了吧。而且孙博士不是还有妻儿吗？"

小霭又说："是啊，你我都是她的家人，还会有这么多的顾虑。万一我们两家的朋友，还有社会上的人知道了孙博士又要结婚的消息，我们该怎么面对那么多的流言蜚语啊？"

老孔滴溜溜的小眼睛转了会儿说："那这事千万不能传开。"

小霭气恼地拍了他一下说："你怎么这么笨啊！说半天你还不懂？"

老孔傻愣愣地看着自己聪明绝顶的娇妻，焦急地说："那到底该怎么办啊？"

小霭胸有成竹地一手叉腰，一手指点着："这事就是得传开。越多人知道，这事就越成不了。我就不信孙博士在现在的革命形势下，还能做出休妻再娶的丑事。"

老孔好奇地打量着妻子的表情，小心翼翼地问："那么你二妹的声誉不就也毁了吗？"

小霭说："一旦二妹和孙博士结婚，那就等于把我们孔宋两家和中国革命绑在一起了。一损俱损，一荣俱荣。我可不能拿全家的性命去冒这百分之五十的风险。"

老孔的眼珠转了转，点点头说："有道理。那么，我这就跟工会的朋友聊聊去。"

那厢流言蜚语四起，这厢宋家也闹起了革命。爹地和妈咪天天苦口婆心地劝小庆跟孙中山分开。小庆则天天抗议，说父亲是假革命，假民主，假自由，还以绝食相要挟。倪桂珍天天以泪洗面，家里也是战火纷飞。

而宋老头出门之后也不太平，到处都有人对他指指点点，唾沫星子都能淹死他。幸好这时，他还有小霭可以依靠。

小霭办事雷厉风行，没过几天，她和老孔就从基督教会领回来一个年轻人，并且暗示父亲：这人跟二妹年纪相当，家境也好，很有前途。查理宋像抓住一根救命稻草一样，立刻办了一场家宴，期望小庆能够像小霭一样，相中合适的夫婿，立刻订婚。

但是小庆竟然不买账。她一不打扮，二不下楼，三不出门，从头到尾就不肯见相亲对象一面。家里哪里管她情不情愿，当即向外宣布：我们家庆龄已经订婚啦！

小庆心急如焚，她没有想到自己冲动地坦诚恋情，竟然演变成一场要绑架她出嫁的阴谋。她连忙央求看管自己的女仆帮她寄一封电报给孙中山。

孙中山在日本也是心急如焚。一个月以来，小庆没有任何音信，查理宋对他的去信也是不理不睬。这让他敏感地察觉到自己和庆龄的事已经成了半公开的消息。这些日子，他住在日本支持革命的友人梅屋先生和夫人家里，心却飞到了上海。

梅屋夫人感觉到孙中山不对劲。在她的一再询问下，孙中山终于坦承了："我忘记不了庆龄，遇见她，是我有生以来第一次感受到了爱情，体会到了相思的痛苦以及恋爱的喜悦。我非常希望能够跟她结婚。但是我还有一个结发妻子卢夫人，她为我生了三个孩子，并且替我赡养父母，这是中山不能忘记也无法报答的。包括孩子的养育费、生活费等，我已经亏欠她太多，我自己也知道发生这种事绝不应该，但无论如何，我都克制不住心中的想法。”

梅屋夫人点点头说：“那你怎么打算的呢?”

孙中山说：“我是革命者，就不能做出纳妾的丑事。我已经决定和卢夫人协议离婚，要和庆龄堂堂正正地结合。”

梅屋夫人皱着眉头说：“宋庆龄小姐的年龄与您的子女差不多，如果你要与宋庆龄结婚的话，那可是要折寿的呀。”

孙中山坚持说：“不要紧，如果我能与宋庆龄小姐结婚的话，哪怕我结婚后第二天就死去，我也不会觉得后悔。”

孙中山深情的表白宛若偶像剧中的男主角。梅屋夫人几乎要眼角含泪了。她沉思了片刻，一击掌说：“我明白了，孙先生不必再烦恼了。如果你愿意，我可以帮助你在日本申请手续办婚礼。你也尽快办妥离婚手续，把庆龄接过来吧。”

孙中山大喜，连声道谢。

孙中山立即派贴身秘书朱卓文前往原配夫人卢慕贞那里协议离婚。在信上，他告知夫人要同宋庆龄结合是出于爱情和革命的双重目的，希望夫人理解。孙中山担心读信的人解释不清楚，又把卢慕贞接到日本，当面向她说明、请求。

出人意料的是，卢慕贞竟然非常爽快地答应了，她甚至长松了一口气，颇有一种终于解脱了的感觉。卢慕贞是一个裹着小脚，没读过书的农村妇女，一生最大的心愿就是平平淡淡地过日子。但是嫁给孙中山后，她的生活就没消停过。孙中山一起义，她就得流亡；孙中山一被通缉，她就要搬家。所以每当听说孙中山纳妾的消息，她反而心生庆幸，高兴自己不用抛头露面，四处颠簸了。这次听说孙中山要再婚，她更是举双手赞成。孙中山也很惊讶她是这么的通情达理。在融洽的笑声中，她答应了这个唐突的要求。

此事刚刚办妥，孙中山就接到了宋庆龄从上海发来的急函，简述了自己被软禁的经过和订婚的详情，要求孙想办法搭救。

神啊，赐予我力量吧！

宋庆龄——追爱女郎东渡私奔

热恋的激情是压抑不住的。越是漠视，它越会在孤独的午夜疯长。爱情是不会被年龄、贵贱、贫富、种族、肤色隔绝的。真正的爱情是心灵的沟通，是超越一切利害关系的精神的吸引。

孙中山心急火燎地给查理宋写了一封挂号信。在寄出之后他仍不放心，还是派朱卓文前往上海迎接宋庆龄。

许多电视剧或书本在提到这段历史时，常会演绎成宋庆龄收到朱卓文女儿的密信之后，半夜用床单撕成长条，从窗口偷爬出去，出门搭车赶往码头，前往日本同孙中山会合。

但是在宋庆龄晚年时曾亲自辟谣。她听完这样的传言，很生气地对身边的工作人员说：“并没有把我锁在家里的事。我父母不是那么愚蠢、保守的人。他们本身就反对包办婚姻，怎么可能把我关在家里，不让我出门？”

据宋庆龄说，当时的情况是这样的。

当朱卓文带着女儿回到上海后，找到宋家，请宋庆龄做女儿的英文辅导老师。宋庆龄表示很愿意，倪桂珍得知后也没有反对。孙中山指示朱卓文工作的地方要躲开宋家母亲的疑眼。于是朱卓文在自己家隔壁布置了一间屋子，让宋庆龄在那里教女儿读书。宋家人也就都放了心。于是每周一、三、五，宋庆龄都会名正言顺地独自出门，到朱家“上班”。

“私奔”那天，其实也并没有什么翻墙的事情发生。那天早上刚6点，小庆的父母都还在休息。宋庆龄像往常一样去上班。她独自走过家门前的草坪，回头看了一眼，看见母亲拉开窗帘，看着她。船票已经买好，小庆忍住眼泪，不敢再停留，生怕母亲看出端倪。“私奔”进行得非常顺利，小庆没有受到任何阻拦就平安去往日本。

等到宋家人发现小庆失踪的时候，木已成舟。查理宋再多的后悔，倪桂珍再多的眼泪也不能挽回女儿出走的局面。

轮船起航后，小庆像从笼中挣脱的小鸟，站在甲板上尽情呼吸海的味道。她理了理被吹乱的秀发，又望向大海彼岸，从忧伤的神情里流露出一丝平静的喜悦。

1915年10月24日下午，宋庆龄转乘火车到达东京火车站，孙中山驱车前往接她。他们终于以自由之身在异国重逢了。

抚摸着彼此消瘦的面庞，他们相视微笑。孙中山问她：“为了我和你的家庭闹翻，值得吗?”

宋庆龄莞尔而笑，说：“在船上，朱先生已经把你离婚的事情告诉我了。我还能有什么不知足的呢？一切都是值得的。”

孙中山点点头，说：“没有你在身边，我做什么都好像没有了干劲。我希望能够和你堂堂正正地在一起，名正言顺地做夫妻，一起为我们的事业奋斗。”

宋庆龄点点头，她心里已经没有任何后悔和愧疚。

这是他们在革命低潮中，倍感幸福的时刻。

几天后，报纸上的结婚启事可把宋霭龄给气坏了。她怎么都没想到外表柔弱的二妹竟然有那么坚毅的信念和反抗的精神，她更没想到孙中山竟然会为了自己的二妹毅然离婚，再结秦晋。小霭像个被戳破的大气球，气得上蹿下跳。她几乎要把小庆视作最大的敌人和威胁，不能原谅。她甚至想要说服查理宋和小庆断绝父女关系，把她逐出家门。

但是看着盛怒的小霭，查理宋反而冷静下来。他意识到小霭的愤怒不只是出于对他们家族的维护，更是出于女人的嫉妒心。扪心而论，他真能割舍掉父女间血浓于水的亲情？他真能因为自己做了孙中山的泰山就放弃这份眼看快成功的革命事业？更何况孙中山已经离了婚，这就意味着宋庆龄不会成为第二个大月薰。做父母的对女儿最大的祝福，不就是接受她选择的爱人吗？

查理宋让步了，小霭却没有。看到小庆的婚事以风波起，以幸福平息，这恐怕是宋霭龄的人生中遇到的第一个令她难以释怀的难堪。但除了默默隐忍之外，她也没有别的办法。孔祥熙见她整日闷闷不乐，和她商量回太谷老家省亲，换换环境，放松一下心情。他向宋霭龄描述了自己在山西是如何成功，如何受人尊重。宋霭龄的心思也活动了起来——自己虽然没有像宋庆龄那样俘获孙中山的心，但是自己的丈夫未必就比不过孙中山，尤其是在赚钱方面，孔祥熙是绝对的潜力股。她很快又变得兴致勃勃起来。蜜月旅行永远会让女人忘记眼前的烦心事，转而憧憬梦一般的未来。

宋庆龄——别样的婚姻誓约

孙中山和小庆重聚之后，便在廖仲恺、山田纯郎等人的陪同下，前往日本著名律师和田瑞家中办理结婚手续，并由这位律师主持签订了婚姻《誓约书》。签字后，和田瑞律师在家中举办了简单的宴会，表示庆祝。下午 4 点半，他们回到梅屋夫人家举行结婚典礼。

车子在路上疾驰，小庆向窗外看去，有些好奇地问：“怎么满街都是花车？今天是什么日子？”

孙中山的表情有些凝重，他郑重地说：“那是日本人正在庆祝占领中国青岛。”

宋庆龄听到这个消息，脸上露出低落的神色。孙中山微微一笑，拍拍她说：“我们的工作还有很多，但是都放到明天吧。今天你是新娘子，该好好地休息一下。”

梅屋吉家二楼的大套间已准备完毕，原本 30 个座位的客厅里，又加了 20 个座位。正面大厅的壁龛前面，八开面的金凤屏风金碧辉煌，左右两边是中国制造的紫檀木架子，各放着一个青瓷大花瓶，里头插着盛开的菊花。颜色搭配得热烈醒目，隆重大方。

梅屋家的人已经忙碌了一整天。午后起，便不断有客人到来。这些人中有日本政界人士，有真诚同情和支持中国革命的志士，有企图通过中国革命实现各自目的的人物。

在座的人都是梅屋家的常客，他们看起来格外兴奋，迫不及待地想要喝酒庆祝。就在座位快要坐满的时候，孙中山和宋庆龄搭乘梅屋先生的车子赶到了，宾客们立刻赶到门口迎接。

孙中山穿着西装，从第一辆车子下车，向车内伸出手，扶着宋庆龄下车。美丽的新娘头戴大大的无檐帽，身着粉红色带淡绿色花朵图案的裙子，内衬白色衬裙，手中还拿着一束百合花。她的脸庞白里透红，下巴尖尖的，宛如最精致的日本人偶。座上立刻爆发出热烈的掌声。梅屋 5 岁的女儿站在旁边偷看，也几乎被小庆脱俗的美丽给惊呆了。

一对新人手挽着手进了门，并走向右手边的中庭。照相馆的摄影师不断按动相机，从不同的角度拍摄照片。客人们簇拥着二人，纷纷向他们问候。就在这时，梅屋夫人发现了偷看的小女孩，很严肃地吩咐女佣："把小姐带回房间。"

小女孩着急得满眼是泪，大声说："我要看新娘，我要看新娘。"女佣把她抱在怀里，附在耳边小声地说："孙先生同宋小姐将在二楼举办结婚仪式，我们上楼，一会儿看。"

宋庆龄似乎听到了小孩的哭闹声，循着声音找了一下，对着梅屋小姐露出一个温柔的微笑。她摘下无檐帽，被领到隔壁房间休息。

宾客们佩戴上鲜花，在铺着白布的整齐排列的台子前就座。孙中山换上黑色的外套，等待着新娘的到来。宋庆龄一身装扮简洁高雅，毫无富贵庸俗之气。她淡淡的妆将她的清秀素雅衬托得更加超凡脱俗。

梅屋先生和梅屋夫人作为此次婚礼仪式的证婚人，站在最前面。孙中山同宋庆龄互相敬酒，客人们唱起了祝福的民谣。然后孙中山同梅屋先生、宋庆龄同梅屋夫人结为义兄弟及义姐妹，在他们互相敬完酒以后，客人们愉快地互相举起酒杯，庆祝这场正式而伟大的结合。

这对革命先驱一生见证过许多伟大仪式，相比起来他们的结婚仪式可以说是极为朴素。除了欢乐的笑声外，没有喧闹的伴奏；除了幸福的笑容外，没有更华丽的装饰。但是，除了这一刻的幸福，什么都是浮云。

宋庆龄见了一轮宾客之后，察觉有些不对。但她不敢太过声张，只轻声问孙中山："除了陈其美先生，为什么不见其他跟你一起流亡的革命同志?"

话刚问完，她似乎也明白了缘由，闭上了嘴。

孙中山一看她的表情，就知道她猜出来了。这些同志们不出席，是因为他们都反对他离婚。离婚在当时的中国来说是个极其超前的观念，封建礼教认为休妻是家庭的丑闻，协议离婚更是闻所未闻。而在日本的流亡人士同孙中山的如夫人陈粹芬又都很要好。孙中山不跟陈粹芬正式结婚，却又娶了宋庆龄，让他们心中都为陈粹芬鸣不平。此次婚礼，给他们的请帖是最早一批发出的。但是看来他们已经商量好了，全体缺席，似乎在暗中抗议孙中山的先离后娶。

宋庆龄的表情又有些不自在了，但很快，一只温暖厚实的手掌握住了她略带冰冷的玉手，暖着她。她转过头去，看着那双明亮的眼睛，仿佛在说："他们不来有什么关系?这个仪式对我来说唯一的意义就是有你参加。"

宋庆龄害羞地低下头去，忽然听到屋外有一个熟悉的声音在喊着："让我进去。我是新娘的父亲，我要见孙博士!"

屋外的喧哗终于打破了屋内欢乐的气氛。梅屋夫人非常担心地看了眼丈夫和刚刚完成婚礼的一对新人，正准备到门口去看一看。

孙中山立刻站起来，拦住她，面带微笑地说：“没什么，这是我个人的问题。”说完，他再拍拍宋庆龄的手，缓缓地大阔步走向门口。

查理宋从上海赶来，没想到紧赶慢赶，还是错过了婚礼。他正来回走着，忽然看到孙中山。他平静而坚毅的面孔上洋溢着新婚的喜悦，眼神柔和而充满力量。查理宋突然就被这种力量折服了。他来之前就做好了接受这段婚姻的准备。这一刻，孙中山不但征服了宋庆龄，也征服了查理宋——他多年的挚交、未来的岳父。

查理宋和气地跟孙中山打了个招呼。孙中山请他进屋，并请梅屋夫人安排了一个单独的房间供他们谈话。

孙中山和宋庆龄并肩坐在一起，拿出两人订立的婚姻誓约给查理宋过目。上面写着：

此次孙文与宋庆龄之间缔结婚约，并订立以下诸誓约：

一、尽速办理符合中国法律的正式婚姻手续。

二、将来永远保持夫妇关系，共同努力增进相互间之幸福。

三、万一发生违反本誓约之行为，即使受到法律上、社会上的任何制裁，亦不得有任何异议；而且为了保持各自之名声，即使任何一方之亲属采取何等措施，亦不得有任何怨言。

上述诸条誓约，均系在见证人和田瑞面前各自的誓言，誓约之履行亦系和田瑞从中之协助督促。

本誓约书制成三份：誓约者各持一份，另一份存于见证人手中。

誓约人　孙　文（章）

同　上　宋庆琳（原件为琳）

见证人　一和田瑞（章）

一千九百十五年十月二十六日

查理宋沉默了一会儿，他看了看女儿，又看了看孙中山。突然他低下头去，按照日本的礼仪说了一句："我的女儿，就拜托您了，麻烦您好好照顾她。"然后起身，头也不回地离开了。

之后，查理宋又将为女儿准备的丰厚嫁妆送到了日本，包括一套古家具和百子绸缎。绸缎上按照风俗要绣上 99 朵菊花，其中 33 朵是盛开的，66 朵是蓓蕾。但是送到日本的缎子却没有完成。倪桂珍很有些赌气地附上一封短信："时间太紧，你自个儿找人绣完吧。"言辞之中，还是能听出对女儿匆忙成亲的责备和不满意。但是在公众看来，孙中山和宋家已经彻底和解了。

宋家的这场舆论公关非常成功。有了孙中山这个有面子的二女婿，宋家成了上海滩更有名望的大家族。

宋霭龄——热衷教育慈善的智慧女人

1915 年，宋霭龄第一次以孔家媳妇的身份随丈夫回故里山西太谷省亲。表面上他们是夫唱妇随，回去尽孝。但实际上，当宋霭龄的注意力转移到这场作用重大的旅行上，她倒成了策划人。她怂恿老孔到山西待一段时间，暂时离开风言风语的上海滩，到革命党人力量薄弱的北方另辟自己的发展天地，积累政治资本。

不过她也有自己的顾虑。在她想象中，太谷是个荒凉偏僻的地方。遍地都是黄土，吃的都是粗粮。她就连大米和水都恨不得从上海带过去，浩浩荡荡地扛着几车行李，宛如贵妃省亲的派头。

老孔笑眯眯地看着自家媳妇忙碌地收拾，像藏着个秘密没告诉她一样。

当他们进入太谷境内的时候，谜底终于揭开了。小霭吃惊地发现路边有一抬巨大的轿子正等着她。当老孔扶着她坐上去后，16名农民哟嘿哟嘿地喊着，抬起了轿子，晃晃悠悠地迈起了大步。

孔祥熙翻身上了一匹高头大马。他就像是个财神爷一样，胖乎乎的，满脸带笑，披红挂金地穿街过巷。而小霭端坐在轿子里，一颠一颠的，她感觉自己就像太后老佛爷一样，不由得飘飘然起来。

当艰苦的长途跋涉结束时，小霭已经晕得七荤八素了。但是一下轿，她惊讶地发现自己宛如进入了西北的桃花源，步入了一个奇幻的世界——在这个山西的县城里，竟然因为聚居了一些重要的银行家，而形成了类似于“中国的华尔街”的地方。这里豪宅大院鳞次栉比，每家每户都雕栏画栋，装饰得美轮美奂。

走进孔家大院，马上有一群奴仆拥了上来，给“老佛爷”请安，拿东西，像流水一样在屋内进进出出，说着山西口音的普通话。小霭扫了一眼，心里估计了一下，大概有70个人专门服侍她。他们殷切地询问着小霭的要求，任她像一个女王一样在自己的王国里任意布置。而孔祥熙则在一旁笑呵呵地观看，一脸欣赏和宠爱。

终于安顿下来了。老孔问：“按照我们老家的风俗，还要在这里再办一次婚礼。但我们这里是要闹洞房的。如果你不愿意，我提前让下人拦住他们?”

小霭轻蔑地笑了一下说：“我怕过什么？你倒是让他们来闹闹试试?”

孔祥熙愣了一下，便咧嘴笑了起来。

当天晚上，红布高挂，花烛高烧，乡下人蜂拥而至，争着来看这个在美国读书，从日本娶来的上海洋太太。山西的醋有名，酒也是一等的。大家喝高了，便都不怀好意地往洞房挤。刚开始他们还只是在门口笑着，挑逗小霭摘下盖头，陪他们喝酒。见小霭仍旧一动不动稳如泰山，他们便渐渐围了过来，拉拉盖头上的穗子，或者去摸她的手。谁知小霭早有准备，等到几个年轻的小伙子作势要扯她的腰带时，小霭立刻掀开头巾站起来，抽出早就准备好的手枪，假装要开枪，吓得几个小子抱头鼠窜。小霭连吓带轰把他们赶出了新房，快手闩上门，带着一脸得意的笑容回到床边自己斟上酒，吃喝起来。

老孔和小霭在太谷度过了非常愉快的蜜月生活。

有了稳定的家庭，就可以大刀阔斧地开创事业。在宋霭龄的策划与支持下，孔祥熙凭借他原有的实力，放手开展活动。他们的首要活动就是整顿和扩建孔祥熙原先创办的铭贤学校。

之前说过，铭贤学校由美国教会出资，创办于 1907 年。但原先规模很小，只有小学部。孔氏夫妇早就决定要扩大学校的规模，目标是将它升级为大学预科。为此他们在东京采购了一大批教学器材与图书资料等，又在教学方针和教学内容方面做了大幅度的改革，提出“造就德、智、体三育兼全人才”，先后设置了数学、矿物、生物、国文、史地、音乐、体育、经史、英语等课程。

这次到太谷，为弥补师资之不足，宋霭龄甚至亲自登台授课，主讲铭贤学校大学预科的英语课。小霭还学着西方教育的新派作风，主动放下架子，走到学生中去，有时还邀请部分师生到家中共进便餐。这些举动使孔氏夫妇很快赢得了学生们的爱戴。

或许旁人会感到奇怪，为什么一心赚钱的孔氏夫妇会变成热衷教育的慈善家？其实在他们心里自有一把算盘。办学可谓是有百利而无一害的事情，一则可以培养儿童，报效故乡；二则可以发现并笼络人才，培植自己的班底；三则可以扩大影响，提高声望。况且该校又是美国人掏钱，花别人的钱，培养自己的人马，既有名又有利，何乐而不为？

果然，在宋霭龄的全力策划下，铭贤学校的规模逐渐扩大，影响也随之增大，及至后来发展成为一所知名的学府。该校的许多学生日后也成为孔祥熙发迹后的重要班底。

在精心打造孔氏王国的同时，孔氏夫妇也无时无刻不在关注着国内政治局势发展的动向。1916 年年初，袁世凯在北京称帝，这一倒行逆施的行为立即遭到了全国人民和革命党人的强烈反对。隐居晋中的孔祥熙在夫人的点拨下，在报上公开发表了一篇题为《上袁世凯书》的讨袁檄文，文中大骂袁世凯复辟帝制的行为及他与日本签订的《二十一条》。该文经由孔氏夫妇共同创作，反复润色，以孔祥熙一人署名。整篇文章篇幅不长，却词锋犀利，气势不凡，很快受到世人的瞩目，并得到革命党人的好评。孔祥熙成了北方反对袁世凯的重要人物，这为他日后的发迹提供了又一“革命”的资本。

教学之余，老孔并不耽误经商。凭借出色的经济头脑，他准确地选择了销售煤油这个大有前途的投资点。以 25000 英镑的代价购得在山西全省独家经销英国亚细亚火油公司产品的特权。不出所料，这项生意在今后带给了他滚滚财源。

宋霭龄夫妇的成绩得到了当时的山西都督阎锡山的赞赏，阎锡山兴致勃勃地视察了铭贤学校后，留下歪诗两首，并邀请孔祥熙担任教育厅厅长。孔祥熙在阎锡山省政府中成绩斐然，很快就得到了阎的信任，升为阎的参议。从此，孔祥熙的仕途如步青云，不仅阎锡山，就连孙中山、张作霖、吴佩孚、王正廷等也均邀请孔祥熙担任职务，孔氏夫妇很快在政界活跃起来了。宋霭龄虽较少抛头露面，但孔祥熙的发迹、孔氏家族的发财，无不浸透着她的“智慧”。

在替孔祥熙策划政坛形象、积累政治资本的同时，宋霭龄也没有闲着。她在1915年9月生下长女孔令仪，1916年12月生长子孔令侃，1919年生次女孔令伟，1921年生次子孔令杰。在宋氏三姐妹中，只有宋霭龄在生儿育女方面一花独放，硕果累累。这四个孩子就成了宋家姐妹共同的孩子。

孔令仪的教名是罗莎蒙德（Rosamonde），和宋庆龄同名。可见宋霭龄是有意要拉近同二妹的联系。而宋美龄更是超级疼爱这些侄儿侄女。在听说了大姐生产的消息后，她简直乐坏了，迫不及待地要回国抱一抱可爱的小宝宝们。

宋美龄——早熟玫瑰含羞开

两个姐姐都各自有了恋情，在上海生根发芽。宋美龄也早习惯了一个人待在美国。她永远不会有寂寞的时候，因为她一直都深知如何吸引众人的目光，做一个万千宠爱下的公主。

其实小美一个人在美国过得还是蛮滋润的。她比其他学生都年幼许多，学校里有两个年轻教员专门辅导她。而一位老教师负责照料她的生活，为她买鞋买衣服。小美跟大姐一样，喜欢打扮。但是她不是只看牌子，而是更喜欢混搭。潮人小美有时穿着短外套、夹克衫和美国皮鞋，在脖子上绑一条中国苏州产的丝巾，有时穿一件水手领的罩衫，底下搭配一条过膝的锦缎灯笼裤，跑在学校里，就像一个品味奇特的印度学生。

上某些枯燥的课程时，老师还给了小美特别的优待，允许她随时离开课堂，去学校溜达一会儿。只要小美骄横地提出要求，似乎没有人会不同意。没人把她看作是一个出身名门的小淑女，而都把她当作是一个投错胎的野小子。

小美跟新院长的女儿埃洛伊斯年龄相仿，成了一对闺密。两个姑娘经常在走廊里追着跑。而院长的儿子们也喜欢跟小美一起玩。男生们会用手推车推着两个姑娘，在学校长长的游廊上来回跑。风一吹，小美咯咯笑着，漂亮的黑头发从头顶上滑落下来，披在身后，像是画报上的女明星。男孩子们望向她的目光渐渐和小时候不同了，但是大大咧咧的小美却似乎没有察觉，依然我行我素地挥洒着她的青春。

两个女孩也在情窦初开的阶段。她们经常躲在百叶窗外，偷看大学女生和男朋友会面的情景，然后兴奋地向埃洛伊斯的母亲汇报。每当听到有人订婚的消息，两个姑娘总是又蹦又跳，比谁都兴奋。

但是查理宋想起小美小时候一个人发疹子的经历，还是担心她一个人在佐治亚州不能受到良好的照顾。他不顾小美的反对，把她转到美国马萨诸塞州卫斯理女子学院。当时宋子文在离这儿不远的哈佛大学学习，能够常来探望。这个淘气而聪明的女孩选择主修英国文学和哲学，凭着她灵活的小脑瓜子，虽然不很用功，但每次考试都能顺利过关。

在这里，小美才真正成熟起来。她那假小子的个性很吸引人，每次她去哈佛玩，总会有很多人向宋子文打听她的情况。

不过小美也很有原则——外国男人咱不要，高鼻子深眼的，半夜醒来看到都会吓一跳。要找就找一个有才华、有本事的中国男人，最好像爹地那样，或者像大哥阿文那样也不错……

爱情来的时候就像龙卷风。过完 19 岁生日的一天，小美到哈佛找哥哥，听他的室友说他在会客室里见老同学。小美便跑去会客室找他，一走进会客室，就看到一个挺帅的中国男人跟宋子文对坐着，相谈甚欢。

小帅哥看到一个女生跑进来喊宋子文哥哥，也连忙起身，四目相交。一个是一米八〇玉树临风的英俊男子，一个是小鸟依人珠圆玉润的年轻姑娘，两人立刻天雷勾动地火，眼睛都直勾勾地盯着对方不能拐弯。

宋子文看看这边，又看看那边，立刻明白发生了什么。他连忙介绍起来："纪文，这是我家小妹美龄，她是卫斯理女子学院的高才生。小美，这是我的老朋友刘纪文。你别看他只比你大 7 岁，人家已经是中华革命党东京总事务所的骨干了。"

小美的两只手放在身前，不由得扭捏起来。听大哥介绍完，她低垂着脸，羞答答地伸出玉手去。刘纪文目不转睛地望着她，一见她伸出手，连忙上前一步，紧紧握住，饱含感情地摇了摇。

假小子小美在爱情的力量下，终于被唤醒了身体里的女性意识。从这之后，她才变成历史书里那个被大家熟知的端庄美女。

少女芳心总是春。宋美龄对自己的初恋情人越看越满意。刘纪文大她 7 岁，广东人，虽然家境贫寒，但他自幼聪慧好学，成绩优异。在中国还处于被列强瓜分的危亡岁月里，刘纪文就加入到仁人志士的队伍中，奔走呼号。他于 1909 年加入了同盟会，和邓仲元一起，受命赴孙中山故里的石岐果栏街，开了一家庆利商店，作为掩护革命工作的机关，开展秘密活动。1912 年中华民国创立后，在实业救国的思想影响下，大批青年纷纷出洋留学，学习西方技艺。1912 年夏天，刘纪文也离乡别土，东渡扶桑，就读于东京志成学校。1915 年毕业后，又考入早稻田大学，不久转入法政大学，攻读政治经济学专业。二次革命失败后，孙中山再度流亡日本，重组中华革命党，以便东山再起。正在东京读书的刘纪文参加了孙中山的改组活动，兼任中华革命党东京总事务所秘书。

在宋美龄眼中，刘纪文什么都好。就连出身贫寒这一点，都让她油然而生一种慈母般的怜悯和保护欲。而且刘纪文也是她的“阿文哥哥”，这不是命中注定吗?

1916 年暑假，宋美龄邀请刘纪文在最后一个假期里一起旅行。都说旅行是增进恋人感情最直接也最迅速的方式。他们先去游览了旧金山的唐人街，又参观了洛杉矶的电影院，游览了美国历史最为悠久、规模最为庞大的黄石公园，观赏了北美奇景尼亚加拉大瀑布。

对于少女来说，还有比这更浪漫的恋爱吗? 回到卫斯理女子学院之后，刘纪文又给了小美一个惊喜。他准备了玫瑰和戒指，当着宋子文的面单腿跪下，求小美答应做他的妻子。

小美顿时激动了，眩晕了。她感到自己就像电影里那些美丽的女主角一样，得到了王子般的爱。她答应了阿文哥的请求，两人就在宋子文的见证下口头“订婚”了。但是她并不知道父母对她这样的自作主张会有啥看法，也不敢把这事告诉家里。

1917 年，宋美龄学成回国了。她还得到了杜兰荣誉学位，这是该校颁发给最优秀的毕业生的荣誉。她已经迫不及待要投入故乡熟悉而滋润的怀抱中：蓄势待发的美女要来闯荡上海滩啦!

宋家等待这个女儿的归来也等得满心焦急。在宋庆龄的婚姻风波平息后，全家终于有一个愉快的团聚的理由了。

也就是在这年，宋家才拍摄了唯一的一张全家福。穿白色西装的查理宋和穿着传统中式马甲长衣的倪桂珍端坐在中间，一脸老实的宋子良穿着中式长衫站在父亲身后，穿着时髦的西式连衣裙的宋美龄则仰着脸，爱娇地黏在母亲身边。宋霭龄穿着和服，和穿西装的宋子文并排坐在父母身前。小弟弟宋子安一脸天真地坐在最前面的地板上，他穿的也是和宋子良类似的长衫。照片中只有宋庆龄一个人和所有的家庭成员都离得特别远。她漂亮的衬衫、长裙和脖子上的珍珠项链都显示出她富裕的生活环境，也衬托出她惊人的美貌。但是和家人始终保持着距离，似乎也成了对他们的未来的预言。

这就是在民国最出名、最风光、最传奇也最独特的家庭。从全家人的服装中就能看出在他们相近的血缘里，不同思潮的涌动。

宋美龄——“海豚”完美进化论

小美回家了，又成为家里唯一而且最受宠的三小姐。可是她每日忙碌的还是读书。如果问这个国外留学回来的“海归”要读些什么？答案是：中文。

小美出国的时候才 10 岁，只不过上了几年私塾，也是玩的时间多，读书的时间少。连汉字都没认全，就一头扎进了美利坚，开始学习一种新的语言。现在回国了，有许多的功课要补，比如：不能说“How are you”，要说“别来无恙”；不能说“How do you do”，要说“久仰久仰”。小美对于这些客套词总是一头雾水，只能硬着头皮多说多练。

对于二姐的婚姻纠纷，小美是持乐观其成的态度。她甚至受邀去广州大总统府住过一段时间，分享姐姐的新婚之乐。

宋家三女儿、孙中山的小姨子学成归国的消息一传开，就成为上海社交场上的新闻。关于孙中山和宋庆龄的传闻已经平息下去，现在又到了广泛制造正面新闻的时候了。

许多适婚青年都蠢蠢欲动。每天路过、拜访、送大米、送秋波的年轻人是络绎不绝。小美仿佛撞进了一个桃花开遍的地方。她被中国帅哥们含蓄而热烈的追求捧得飘飘欲仙，似乎全然忘记了自己还有一个订过婚的男朋友——刘纪文。

刘纪文倒是时常来看望她，请她看电影或吃饭。但是小美从来不把他正式介绍给家里——这说出来得有多寒碜啊。大姐嫁了山西首富，二姐嫁了革命领袖。跟了他，自己在姐姐面前还抬得起头吗？

小美把嫁人当作了一场良性竞争。查理宋心里也憋着一股劲：大女儿二女儿的婚礼都办得不够体面，等到小美名花有主了，一定要给她热热闹闹地办一场震撼上海滩的婚礼，这才不负宋家的声望！

但他最终没有如愿。几年来的奔波让他的身体一日不如一日。宋庆龄的私奔风波更是他心里的一块伤。1918 年 5 月 3 日，查理宋终于告别了这个闹腾了 52 年的小世界，向上帝报到去了。宋家三姐妹：宋霭龄、宋庆龄、宋美龄一起聚在父亲的病榻旁，握着十字架同他道别。这个残忍的时刻也是少有的能让三姐妹走到一起的契机。丧事办完后，两个姐姐分别回到自己的丈夫身边。宋美龄则准备跟母亲一道搬到西摩路的大房子里去。这样的分别仿佛预示着她们将要踏上完全不同的人生道路。

父亲不在了，长子宋子文又是个只有经济头脑，毫无政治斗争意识的愣头青。当然只能长姐为父，由小霭接过父亲的担子，承担维护宋家的责任。此时宋家没有出嫁的小妹就成为家中最大的资本。宋家能不能飞黄腾达，主要就看这个小丫头嫁得如何。这只绩优股当然不能随便出手。

小霭冷眼观察，很快就发现刘纪文的一往情深和宋美龄的故意装傻。她不由得点点头：小妹的性格果然十分务实，颇有自己之风。这样就好办了。那就在全中国撒大网，捞大鱼吧！

回到孔府，宋霭龄铺开一张报纸，用手指点着逐行移动。老孔见她这样，好奇地问："你今天这又是唱的哪出啊？"

小霭说："你说，现在的中国政坛上，最有实力的后起之秀是谁？"

老孔沉吟了一会儿，说："这个可不好说。现在局势十分多变，各路人马逐鹿中原，光是国民党内部，有实力的就有廖仲恺、胡汉民、黄郛等人。你问这个，是有什么意图？"

小霭挨个掰着手指算了一遍，摇摇头说："都不行。这些人要么太老，要么有家室，全都配不上我家小妹。"

老孔惊奇地抬起眉毛，说："你这哪儿是给小妹找婆家，简直是召开武林大会，给梁山好汉排座次。这婚姻大事和革命能混为一谈吗？"

小霭白了他一眼，说："我就说你目光短浅脑子笨。二妹不就嫁给孙博士了吗？这感情不都是培养出来的吗？而且我家小妹一表人才，怎么不得嫁给数一数二的人物？这也是为了我们孔宋两家未来的发展嘛。”

老孔一看小霭那蓄势待发的模样，心里明白：唉，已经阻止不了她了！

同时，无法被阻挡的还包括政治斗争的惨烈局面。1915 年后，陈其美升任孙中山的国民党中央委员会主席，几乎登上革命运动顶峰。袁世凯多次密谋暗杀他。终于在 1916 年 5 月 18 日，一名刺客在法租界僻静住处将陈击毙。

国民党痛失高级党员，人事进行紧急调整。陈其美的盟弟和爱徒蒋介石开始和孙中山有了更多的接触，孙中山也把对陈其美的器重转移到蒋介石身上。再加上在军事战略等方面，蒋孙两人的见解也总是相同，孙中山大肆褒扬蒋介石忠诚有加，而军事更胜一筹。蒋介石就在这个机会下成了孙中山的高级助手，也进一步了解到宋家内部的情况。

小美现在正以上海滩名媛的身份站在相亲节目的舞台上兀自美着，每天打扮得花枝招展，以对上门来的男嘉宾们挨个灭灯取乐。虽然死伤惨烈，但是仍有前仆后继的追求者们踏着先辈的足迹前进，前进，幻想自己能够搞定这上海第一“淡定姐”。蒋介石就是其中一个。

宋庆龄——中山舰上小产风波

与小霭的“绝望主妇”和小美的“绯闻女孩”不同，小庆过的是冒险王的生活。1917 年 5 月，她陪同孙中山离开日本回到上海，又到广东筹备护法运动。1918 年 5 月，护法运动失败，两个人离开广东回到上海。1920 年 11 月，他们再度前往广东，领导二次护法运动。这次孙中山决定亲率北伐大军北上，让粤军司令陈炯明留守广州。

勇敢的小庆坚决要求和孙中山同行。但孙中山一走，广州立即陷入陈炯明部队手中。蒋介石同其他人急忙发电报给孙中山，请他先“巩固后方”，再行北伐。孙中山却没有采纳。

1922 年 5 月 25 日，孙中山觉察到情况危险，便把军队留在前方，带着小庆和随身的警卫迅速返回广州，住进山坡官邸。他眼见陈炯明部队占据了周围的有利阵地，急电在浙江的蒋介石：“十分危急，千钧一发，祈速驰援。”

6 月 15 日凌晨 2 点，孙中山接到一个电话，立刻叫醒仍在熟睡中的宋庆龄，让她立刻收拾东西一起出逃。原来他的部下接到情报，说陈炯明的军队将要来进攻山坡官邸，如今当务之急就是逃入永丰舰，在舰上指挥，进可扫平叛乱，退可逃离危险海域。

此时小庆已经怀有身孕，行动很不方便。她恳求孙中山说：

"你先走吧，跟我一起的话，肯定要拖累你。你放心，陈炯明的军队不敢对我一个妇人家做什么，他们的目标是你。只要你安全了，我也就不至于有什么危险。"

孙中山起先不肯答应，强逼着宋庆龄换上便服和便鞋。小庆再三恳求，他才答应说："我会将卫队的50名士兵全部留在府中护卫你。如果情况不对，你可以在他们的掩护下前来跟我会合。万事一定小心。"说完，他只身逃出。

小庆坐在床边，仔细听外头的动静。此时依然是一片寂静，远处传来海浪的声音，还有夏夜昆虫的鸣叫，一切都同以往的夜晚并无区别。她久久没有听到枪声，猜想孙中山可能已经平安逃出，这才把心放下些。

大约半小时之后，突然一声枪响划破了夜的沉默，随后就是一阵乱枪的扫射，屋子的玻璃破碎，墙体纷纷剥落。一个卫兵跑进卧室，低声说："孙夫人，叛军已经占据了山头，居高临下向这间屋子夹击。请您出来，我们会护卫您离开。"

小庆跟随卫兵躲到地下。她低声问："伤亡情况如何?"

卫兵说："四周漆黑，看不出敌兵。但是不知道还能撑多久。"

枪声一直延续到黎明时分。卫队开始用来复枪和机关枪同叛军对射。但是叛军却动用了野炮，向官邸疯狂进攻。一枚炮弹击毁了孙氏夫妇的澡房，碎片横飞。卫队伤亡近三分之一，但其余人仍然奋勇作战。到了8点，卫队的军火几乎用完，队长下令停止回击，保留几盒子弹等待最后的决斗。

看此情形，陈炯明是杀红了眼，一心想要置孙中山和宋庆龄于死地。再留下去会更加危险，所有卫兵都劝宋庆龄上舰和孙中山会合。两位卫兵和孙中山的侍卫姚副官长带着些零碎，保护着宋庆龄在地上循着那桥梁式的过道爬行。

这条过道两旁立起了夹板，之上有流弹的飞鸣。偶有一两枚会贴着匍匐者的头皮飞过，令人心惊胆战。等到了夹板被击毁的地方，没有了掩护，只能一鼓作气地飞奔而过。两个卫兵护着宋庆龄先闯过去了，等到姚副官前进时，一颗子弹射进了他大腿。他叫喊一声倒在地上。宋庆龄转过身看着他血流如注的伤口，连忙鼓励他坚持住。两位卫兵立刻转身去抬他。好容易走完这条危险的过道，刚进入总统府的后院不久，一枚炮弹击中了过道，顿时来路被切断，交通断绝。

姚副官被抬入屋中包扎伤腿。前去侦察的卫兵回来说："这里附近都是民屋，回击不便。但是有很多乱民，我们可以等局势平静一些后，混在人群之中溜出去。"

四人分头找了些村夫民妇的衣服换上。但是从 8 点到下午 4 点，枪弹声仍然没有停歇过。流弹从屋旁扫过，屋子不断被损坏、坍塌。直到 4 点，侦察的卫兵带来一个口信，说一向保持中立的魏邦平师长派了军官来商议停火条件。正在说话之时，突然屋前两层铁门被攻破，敌兵一轰而进。小庆心里一惊，狠下心想万一被俘之后，就举枪自尽。不料这时，那些散兵游勇却先顾着上前抢包裹，挑拣争夺各种值钱的东西。趁此机会，宋庆龄和卫兵混入人群中逃跑。幸而她头上戴着姚副官的大草帽，身上又穿着孙中山的雨衣，一时没有被人认出。

到处都是在抢劫的敌兵，逃难的居民。东曲西折的巷道两旁横列的都是死尸。小庆这才觉出这根本不是什么冒险游戏，而是真正的生死关头。她紧闭双眼，不敢多看，由两位卫兵一人抓住她一个肩膀扶着前行。

一路上不断有军队经过。三个人每隔一段都要倒在死人堆中躲避危险。艰难地跑了半个小时后，枪声渐稀，他们看见路边一村屋，便躲藏进去，暂作休息。

小庆隐隐感觉小腹作痛，她担心胎儿受惊，连忙卧床休息。刹那间，枪声又在屋外响起。一个卫兵出门还击，另一人在屋里守门。小庆侧耳倾听，一阵枪响过后，屋外又安静下来。屋里的卫兵出外查看，带回来一个悲痛的消息：她的贴身护卫已经同叛军同归于尽了。

小庆来不及伤悲，跟着卫兵再次出逃。他们总算安全抵达了一个革命同志的家中。看见小庆步履沉重，面色苍白，友人连忙把她安排进地下室躲避休息。

又是一个难熬的夜晚，通宵枪炮声不断。宋庆龄虽然已经极其疲劳，却始终没有合眼。半夜，她突然听见战舰开炮的声音，惊喜地叫来卫兵说："那是孙先生的永丰舰上的炮声。他安全了。"想到这里，宋庆龄突然又有了力气，第二天一早她仍化装成村妇，辗转了几处躲藏地，终于平安地登上了永丰舰，和孙中山先生见面。

这次分别虽然仅一天多，但却犹如死别之后的重逢，两人都感慨万千。孙中山在确定宋庆龄没有受伤之后，十分焦急地问："肚子里的孩子还好吗？"

宋庆龄脸色苍白，低下头去，按着肚子久久说不出话。

孙中山长叹一口气，紧紧搂住她说："经此大劫，你还在就足够了。"

小庆的心里又是甜蜜，又是惋惜。但也留下了永久的遗憾，从这之后，她再也没有怀过孩子。

宋庆龄——儒雅的中国第一夫人

永丰舰上暑热难当，每个人都犹如身囚蒸笼。没有净水，没有药品和充足的食物，连普通士兵都很难坚持住，何况是不幸流产的宋庆龄？她很快就消瘦下去，极度虚弱。但此刻他们已经别无出路，只能在舰上坐观以待。孙中山给蒋介石发去了数封求援电报，都是石沉大海。6 月 18 日，在绝望之余，孙中山给蒋介石又发出了一封电报："情况危急，盼你速来。"

拿着这封电报，蒋介石不怀好意地笑了。狡猾的他一直在等待。之前他不肯轻易出山，是因为想让孙中山看看陈炯明的逆反野心，炫耀自己的先知。同时，要抓住时机，在孙中山最需要他的时候出马，救他于水火。现在，时机成熟了。

滑头蒋在上海停留了几天就奔向广东，在香港租了一只小船，越过海面，进入珠江口，直奔永丰号。

6 月 29 日，蒋介石登上永丰舰。孙中山一见到他果然万分激动，紧紧地握住他的手说："蒋君一人来此足当两万援军。"

在永丰舰上的流动指挥部里，他们一直组织反击，共度了五六十天。蒋介石在其间帮助孙中山出谋划策，应付复杂局面。他还冒着危险上岸寻找食物，晚上亲自睡在甲板上担任警卫，与大家轮流清洗地板，做一些杂务的工作。除此之外，他们唯一的消遣就是阅读《福尔摩斯探案集》，消磨时间，等待援兵。

尽管孙中山一再表示对蒋介石拼死相随、谦卑恭敬的表现印象极佳，认为这位年轻的军官堪负革命大任，但是小庆却一直对滑头蒋不以为然。从蒋介石登舰以后，她就能感觉到蒋介石的眼睛总在炽热地注视着她。一个男人如果轻浮、好色、心术不正，那么他的品质也绝对不可靠。她看透了他那套伺机而动的把戏，认为他根本不是一个真诚的革命同志。

每次听到孙中山夸奖蒋介石的睿智能干时，小庆总是低声提醒孙中山不要太轻信这个滑头的男人。这段时间以来，她一直在孙中山身边照顾他的生活起居，为他打气。她已经不再是那个温柔腼腆、一脸书卷气的文艺女青年了。她骨子里女战士的特质流露出来，慢慢蜕变成了"坚强帝"。

但是滑头蒋对她却是一脸和气，毕恭毕敬的。他对美貌坚强贤淑勇敢的小庆印象不要太好哦！他暗暗想：世界上竟然有这样一个完美的女人，要是能够成为我的妻子，那真是八辈子修来的福气！

其实，当时滑头蒋身边还带着自己的三房陈洁如。比起大老婆农村妇女毛福梅，二房青楼娘姨姚冶诚来说，陈洁如简直像是从鸡窝里飞出的百灵：温柔清秀有文化，家庭背景又好。她毕业于上海爱国女子中学，比蒋介石要小 18 岁。蒋介石能追到她，可以说是动了真感情，下了狠功夫，好不容易才把自己的后宫水平拉高了不止一个层次。但是一见了宋庆龄，深感差距不是一截半截。

滑头蒋心痒痒的，正沉浸在自己的春梦中，没料到不利的消息接连传来。先是舰队内部的三大巡洋舰叛变投敌，接着是北伐军第一师又变节投敌，然后是许崇智的军队受阻，导致永丰舰上的孙中山孤立无援。

1922 年 7 月 10 日，孙中山听取蒋介石的建议，决定将舰队开往紧靠外国租界的白鹅潭水域。凌晨4时，当舰队来到车歪炮台附近时，叛军突然以猛烈的炮火袭击舰队，并集中炮击永丰舰。在激烈的炮战中，永丰舰左舷中弹起火，一门副炮被摧毁，多处中弹。官兵一面扑火，一面奋勇反击，终于冲过了叛军火力封锁线，开至白鹅潭安全水域。经过历时56天的浴血奋战，孙中山终于脱险，并回到上海。虽然没有剿灭叛军，但是全身而退，也算是不幸中的万幸。

在永丰舰赴难后，孙中山完全信任了蒋介石。这个资本成了蒋介石角逐孙中山接班人的有力砝码，在之后的权力之战中发挥了极大的作用。蒋介石的青云直上已经指日可待。

1923年1月18日，孙中山和宋庆龄在莫里哀路的寓所宴请苏联外交官越飞。越飞终于说服孙中山相信苏联对中国并无野心。苏联答应资助、指导并支持孙中山和国民党重新夺取权力，但是，孙中山必须先收复华南基地广州，以展示实力。同时，为了表示政治诚意，应当让羽毛尚未丰满的中国共产党先加入国民党。

这原本不太容易完成的任务却因为天时地利与人和而很快达成，不能不说是孙中山吉星高照：他离开华南之后，那里的形势发生了急剧变化。旧部陈炯明叛变把他逐出广州之后，孙中山立即同邻省云南、广西与陈炯明作对的军阀建立了新联盟。这两省军阀的部队，与孙中山北伐军的残部和陈炯明部下的逃兵会师，围困广州。陈炯明很识时务，他对政治已经厌倦，决定下野，顺利逃亡香港。孙中山此时可以直接回到广州，恢复大总统的职位。这意味着他已经达成了莫斯科援助的第一个条件，也是最艰难的一个条件。

这次，孙中山为了宋庆龄的安全起见，把她隐蔽在广州市外珠江下游一座岛上的旧厂房里。珠江是天然屏障，房屋结构十分坚固，经得起炮轰。这三层建筑每层外面都有阳台，棕榈和紫茉莉葱郁成荫。一楼是孙中山的办公室，楼上改成了宽敞的居室。武功高强的卫士把守门口的要道，保证不会再有危险发生。

在炎热的广东，小庆总是穿着素色的中式上衣和深色裙子，配一双方头的高跟皮鞋。少女时代那些带着四层花边和大泡泡袖的西式公主裙早就不知道哪儿去了。她现在已经是中国的第一夫人。但是她从来不感到尊贵和安逸。正相反，危险和紧张无时无刻不和她形影相随，锤炼着她的意志。

牵挂她的还有蒋介石。滑头蒋对永丰舰上小庆的倩影依然念念不忘。在打听到小庆还有一个待嫁的妹妹后，蒋介石怦然心动了。他兴致勃勃地找到孙中山，蛮有把握地请他给自己做媒。

孙中山考虑了一下，还是回绝说："这事我不好开口，你还是自己想办法吧。"

失望的蒋介石离开了。孙中山把经过告诉给宋庆龄。小庆回想起他在永丰舰上不怀好意的眼神，气呼呼地说："宁可小妹死了，也不能让她嫁这个自称离了婚的男人。"

5 月时，俄国人在确信孙中山已经在广州站稳脚跟后，发出电报说：援助物资已经发出。由此，孙中山走上了国共合作的道路。苏联人援助国民党在广州附近建立新式的军事学校，即历史上著名的黄埔军校。

宋庆龄——寡居的不幸降临了

黄埔军校进入筹备阶段，又引发了一场不见刀枪的争斗。所有抱有政治野心的人都在虎视眈眈地盯着黄埔军校校长的位子。每个人都明白，只要兵权到手了，就等于掌握了丰厚的政治资本，那么下一步也就好走得多，胜算也就更大。

滑头蒋对黄埔军校校长的位子也是垂涎三尺。为了达成目的，他临时抱佛脚，抓紧时间去苏联访问学习三个月，一回国坐镇家中，等待支持自己的保守派在上海和广州替他造声势，立威望。终于在 1923 年 12 月 26 日，他接到了一份电报，请他“全权负责”黄埔军校。电文说：军校的组成“非君大力筹划不可”。30 日，孙中山又发来电报，催他去广州“汇报情况并共商中苏合作大计”。

1924 年 1 月 24 日，孙中山委派蒋为黄埔军校筹备委员长。但老蒋估摸着孙中山不会轻易把校长的位子给他，所以一个月后,他就辞去了筹备委员长之职，回了浙江。在家中，他又像个吵了架赌气回娘家的小媳妇，盼着丈夫来接自己。见丈夫总也不动身，又写了一封长信去催。他写信提醒孙中山：1922 年孙中山在广州蒙难的时候只有他一个人誓死相随。孙中山需要的是像他这样真正忠实可靠的人。其他人都是机会主义者的谄媚之徒！

孙中山拿着信，就仿佛看到身在娘家的滑头蒋频频抛来的秋波。经过国民党右派的一番活动，再加上对蒋介石的全面考量，孙中山终于让步了。1924 年 5 月 3 日，蒋介石正式出任黄埔军校校长。他仿佛看到权力在握，日益意气风发起来。

孙中山此时的身体却一直在走下坡路。到 11 月 12 日，孙中山已满 58 岁。他患有消化系统的疾病。娇妻在侧换不回他年轻时的风华正茂。他强撑着身体，决定去一趟北京，希望同控制北方首都的军阀冯玉祥携手结成同盟，壮大势力。离开广州前，为预防不测，他任命主要助手担任了政府要职，还任命国民党执委会的高级成员、党内右派胡汉民为“代理大元帅”，以安抚上海国民党的保守派支持者。

1924 年 12 月 4 日，孙中山抵达天津，他的身体却彻底垮了。宋庆龄在他的床榻前整整服侍了三个星期。12 月 31 日，他乘列车抵达北京，却因为病得太重，不能向成群结队来欢迎他的民众发表演讲。1925 年 1 月 26 日，协和医院的专家发现他的肝部有一块恶性肿瘤。

孙中山得了不治之症的消息传开之后，他的“亲密同事”纷纷赶到他身边。只有小庆为他的身体忧心忡忡，其他人却都在私下讨论两大问题：要不要继续保持孙中山同莫斯科和中共的联盟？由谁来担任国民党新的大元帅或最高领袖？

此时，孙中山三名最重要的助手——胡汉民、廖仲恺和蒋介石留在了广州代表他处理事务。而中央政治委员会最高委员汪精卫则一直侍奉在孙中山的病榻左右。大家都急于从孙中山嘴里听到最后的答案。

1925 年 3 月 11 日，汪精卫向孙中山宣读了临终政治遗嘱和遗书的代拟稿请他签署。孙中山费尽力气说了声：“好，我完全同意。”汪精卫还宣读了一份私人遗嘱，宣布把他的书籍、文件、个人财物以及在上海莫里哀路的房产交给宋庆龄。

这三份遗嘱是这样的：

家事遗书

余尽瘁国事，不治家产。其所遗之书籍、衣物、住宅等，一切均付吾妻宋庆龄，以为纪念。余之儿女，已长成，能自立，望各自爱，以继余志。此嘱！

政治遗书 （总统遗嘱）

余致力国民革命，凡四十年，其目的在求中国之自由平等。积四十年之经验，深知欲达到此目的，必须唤起民众及联合世界上以平等待我之民族，共同奋斗。

现在革命尚未成功。凡我同志，务须依照余所著《建国方略》、《建国大纲》、《三民主义》及《第一次全国代表大会宣言》，继续努力，以求贯彻。最近主张召开国民会议及废除不平等条约，尤须于最短期间，促其实现。是所至嘱！

致苏联遗书

苏维埃社会主义共和国大联合中央执行委员会亲爱的同志：

我在此身患不治之症。我的心念，此时转向于你们，转向于我党及我国的将来。你们是自由的共和国大联合之首领，此自由的共和国大联合，是不朽的列宁遗产与被压迫民族的世界之真遗产。帝国主义下的难民，将借此以保卫其自由，从以古代奴役战争偏私为基础之国际制度中谋解放。我遗下的是国民党，我希望国民党在完成其由帝国主义制度解放中国及其他被侵略国之历史的工作中，与你们合力共作。命运使我必须放下我未竟之业，移交于彼谨守国民党主义与教训而组织我真正同志之人。故我已嘱咐国民党进行民族革命运动之工作，中国可免帝国主义加诸中国的半殖民地状况之羁缚。为达到此项目的起见，我已命国民党长此继续与你们提携。我深信你们政府亦必继续前此予我国之援助。亲爱的同志！当此与你们诀别之际，我愿表示我热烈的希望，希望不久即将破晓，斯时苏联以良友及盟国而欢迎强盛独立之中国，两国在争为世界被压迫民族自由之大战中，携手并进以取得胜利。谨以兄弟之谊祝你们平安！

宋庆龄眼含热泪，把着他的手在文件上签名。3 月 11 日星期三，孙中山吩咐人把他从舒适的床上移到行军床上。3 月 12 日星期四上午 9 点 30 分，他与世长辞了。

几乎所有的投机者都在抓紧时间利用孙中山的逝世做文章。宋霭龄宣称，孙中山认为孔祥熙已经成为一位不可缺少的人物，并且同宋庆龄建立了“永久的联系”；苏联代表宣称，孙中山神志清醒时曾说：“只要俄国人还继续帮助……”；而急于和英美搞好关系的人则肯定，孙中山上气不接下气地说过：“不要给基督徒们带来麻烦……”甚至远在千里之外的蒋介石都信誓旦旦逢人就说，孙中山屏足最后一口气叫了一声“蒋介石”的名字。

在这群野心勃勃的人中间，一个因为痛失亡夫和革命同志而倍感悲伤的女人的哭声显得那么真挚、哀伤和弱小。

第一次见面的时候，他 29 岁，她 2 岁。她还是一个婴儿，被他抱在怀里。他开玩笑地说要做她的教父，她咿咿呀呀地学语，用纯真无瑕的眼睛望着年少俊朗意气风发的他。

再见面的时候，他 47 岁，是闻名世界的革命者；她 20 岁，是热血澎湃的青年。但同时，他也是一个远离家庭、风华不再的男人，她却如初生的蓓蕾，正尽情吐露着芬芳。年龄的差距并未阻挠他们因为革命信仰而相爱的心灵。热恋的火焰在相差27岁的两颗心中燃烧。

两年后他们冲破家庭的阻挠结婚了，历尽危险，相守十年不曾分离。但这幸福而短暂的十年晃眼一过，便是生死永隔。现在，宋庆龄才32岁，正值一朵白玫瑰怒放的年纪。但她只能穿上遗孀的丧服，孤独而坚强地独自进行亡夫没有完成的事业。

这时，还有一双眼睛注视着她。这个人就是小庆的大姐宋霭龄。看着自己的丈夫生龙活虎地站在众人面前致辞，而小妹已经成了寡妇，这其中的滋味十分复杂。小霭心中这份长达十年的纠葛感情，到现在为止，终于可以放下了。

宋庆龄——新寡少妇阔别故土

1924—1927年，是宋家三姐妹逐渐适应、蜕变、成熟的三年。宋霭龄积极地学做幕后的经营者和称职的校长夫人，专心于操纵孔祥熙拓展他的仕途。宋庆龄则一日日地告别悲伤和孤独，变成一个坚强的、无所顾虑的革命者。宋美龄则满心喜悦地投入社会工作，她喜欢跳槽，先是参加基督教女子青年会活动，后来又在电影审查委员会上班，再跳到童工委员会工作。她喜欢一切新鲜的有趣的社会活动。她们的兄弟宋子文也逐渐羽翼丰满。宋子文从美国哥伦比亚大学读完经济学博士毕业后回国，仕途一帆风顺，尤其在处理财务问题方面更是中国顶级的人才。蒋介石把他找去，让他担任中央执行委员会执行委员、中央商务部部长等职，为蒋介石筹措北伐军队的经费。可以说，蒋介石越来越意识到宋家人的重要作用。

1926年12月，宋子文前往武昌赴任，担任武汉国民政府委员、常委等职。新寡的宋庆龄也到了汉口，同她的革命同志们坚决反对蒋介石的独裁统治。姐弟两人常在一起吃吃武昌鱼，逛逛江滩，聊聊人生，谈谈理想。不知不觉间，宋子文就被庆姐姐俘虏了。

软弱而聪慧的宋子文很像贾宝玉，在姐姐妹妹堆中长大（底下两个弟弟实在是年纪相差太多，玩不到一块儿去）。三个姐妹中，他尤其喜欢美貌娴静的二姐，因为二姐不会像霭大姐那样对他进行无聊的政治洗脑，天天劝说他攀附有势力的派别，又不像美妹妹那样天真无知，只顾憧憬着她自己的美好未来。只有和庆姐姐在一起，他毫无压力，可以像儿时那样单纯。

但复杂的政局却不允许这个金融才子单纯下去。蒋介石见宋子文并不热心于推广他发行的短期“公债”，便封存了他在南京政府银行中的所有财产，撤销了他的财政部部长之职。这一招让宋子文乖乖就范，回到了蒋介石的麾下。

继1927年4月蒋介石的“反革命运动”之后，7月，汪精卫公开叛变革命。中共党组织纷纷转入地下。宋庆龄在其中奔走疾呼，坚决反对“分共”，但收效甚微。蒋介石还在幻想像拉拢宋子文那样拉拢宋庆龄，他跟汪精卫都想要以孙中山的正统继承人自居，分别写亲笔信邀请宋庆龄加入他们的阵营，但都被她断然拒绝。

在大屠杀的危险局势下，宋庆龄悄悄返回上海。但她发现，反动军阀何键曾派兵搜查她的住宅。她摆脱不了跟踪、监视、恐吓。

而她更加担心的是留在上海后，蒋介石会把她软禁起来，打着她的名义继续大屠杀。她决定出国，宣告和蒋介石的决裂。而她最想去的地方，就是孙中山曾经的梦想之地——苏联。

1927 年 8 月 22 日，宋庆龄发表了《赴莫斯科前的声明》，严厉谴责国民党冒牌领袖们背叛“三大政策”后对中国革命的危害，并坚信中国革命必定胜利。

听说小庆要去苏联，宋家几乎炸开了锅。宋霭龄和宋美龄就不用说了，老太太也认为太危险，而且这明显是跟家里其他人作对。而宋子文甚至拿出支票本，请求姐姐去其他国家，一切费用由他支付。

宋家人的连番轰炸，并没有让小庆挺不住。反而她越发坚持——如果她不是这样倔强的个性，当初怎么可能嫁给孙中山？

这天晚上，宋子文又来到宋庆龄的家中。小庆有些不耐烦地说：“你回去吧，不用再说什么了。”

宋子文走到窗口看了看外面的情形，拉上窗帘，又凑近姐姐，小声说：“二姐，今天我不是来动员你的。外面风声很紧，你要出去就趁早，而且要绝对保密。”

宋庆龄惊讶地望着弟弟关心而担忧的表情，感激地点点头。她拿起电话，宋子文一个箭步上去，按下电话，对宋庆龄使了个眼色。宋庆龄立刻心有灵犀地挂了话筒，托弟弟带口信给自己的密友，美国姑娘雷娜·普罗梅。

雷娜是武汉国民政府时期英文报纸《人民论坛报》的主编。除了她，和宋庆龄一起去苏联的还有曾任武汉国民政府外交部部长的陈友仁及他的两个女儿，还有曾任武汉国民政府外交部秘书长的吴之椿。通常的情况下，在苏联大使馆办六个人的手续要费些时间，但由于宋庆龄赴莫斯科得到苏联官方允诺，所以一切进行得很顺当。

8月23日凌晨3点，上海法租界里安静下来了，白日里繁忙的街道掩映在树影下，一片漆黑。宋庆龄和雷娜都打扮成贫穷的妇女，在夜色的掩护下悄悄地来到黄浦江码头。她们的样子看上去就像两个逃难的乞丐，这在深夜的上海司空见惯。她们上了一条小舢板，摇进漂满垃圾的黄浦江中。舢板摇摇晃晃地从停泊在那里的几十个国家的军舰中穿过，擦过吱呀作响的木船，悄悄顺流漂下。经过三个小时的紧张航行，才到了吴淞口一艘锈迹斑驳的俄国货船旁边。天亮之前，陈友仁和两个女儿也上了船，货船借着清晨的潮水驶向海参崴。

这次旅行并非豪华的邮轮之旅。他们坐的船又小又旧，一遇到风雨就颠簸得厉害。七天里每个人都晕船，受了不少罪。轮船穿过朝鲜海峡，横渡日本海，于27日抵达海参崴。随后，他们转乘火车前往莫斯科。

对宋庆龄的来访，苏联政府做了周密的安排。火车是特别调拨的豪华镀金卧车专列，过去专为沙皇或者其他政要人物提供服务。途中有护送小组精心照料他们。在从泰加森林到大草原的每一个小站上，陈友仁和宋庆龄都收到接待委员会送来的花束，以表示欢迎伟大的中国同志。

这也是宋庆龄第一次独自出远门。之前在国内东奔西跑，始终有孙中山陪在身边。但这一次，斯人已去，她不得不独自坚强。虽然身体疲惫，对亡夫的思念笃深，但她仍强打起精神，面带微笑低声向人群致谢。

1927年9月6日，他们终于抵达莫斯科。到达时，外交部部长季维诺夫等人已经在车站等候她。站台上站满了工人、农庄庄员、莫斯科中山大学学生、妇女团体、共青团的代表和中国侨民的代表，欢迎人群中举着用中文写的“欢迎革命的领袖宋庆龄”等大横幅。

小庆渐渐从我们认识的那个文静、爱读书、为了爱情而倔强的小姑娘，变成了一个坚强勇敢、无惧无畏、抛头露面、四处奔波的成熟的革命者。

宋庆龄在苏联发表声明，重申了她此行的目的和背景。“我这次访问苏联，是为了向苏联人民致谢，感谢他们给予中国革命的帮助……”“目前有人背叛了革命，有人开小差，还有人完全歪曲了国民革命运动的真义。”“我今天访苏的一个主要目的，就是要让全世界知道，那些盘踞在长江流域的人，虽然自命为中国国民党的发言人，但他们并不能代表革命的国民党，也不能代表中国的革命群众。”

终于站在这片土地上了。宋庆龄长松一口气。这是她亡夫的遗愿，现在她替他完成了。

但是告别了陪伴的人们，房门一关，宋庆龄做的第一件事却是从包里拿出孙中山的照片。这是一幅装在镶金相框中的小相，无论到哪儿宋庆龄都随身携带。小庆把相框仔仔细细地擦了一遍，又端端正正地摆在床头柜上，端详了一会儿，从眼角拭去在人前从不轻易落下的泪珠。

宋美龄——你是我心中的一首歌

相亲节目告诉我们，再极品的女人只要曝光率一高，就一定会有男人来领她走。

宋美龄在上海社交场合阅男无数，渐渐有了心中的主张：她想要嫁的是英雄，是老大，是太子级别的人物。听见大姐常在耳边夸奖黄埔军校校长蒋介石，她更是对自己的未来有了朦胧的憧憬。

1926年6月的一天，蒋介石到宋霭龄的家里，探望了小霭和小美。回家之后，他在自己的日记里写道："往访大、三姊妹。美龄将回沪，心甚依依。"之后蒋介石加紧策划和宋家的联姻。1927年，武汉国民政府察觉到蒋介石背叛革命的意图，开始防范并削弱他的军权。为了增强自己的政治实力，他频繁向宋美龄抛去橄榄枝。1927年3月19日，蒋介石在写给宋美龄的信中说："……我收到你的信后，将上前线，你的态度如何？请来函详示。你可否赠我一帧最近的玉照，以使我得以经常见到你的背影……你因我仍在江西，以为不便来与我晤面（由于我的妻子），但我今已离开江西，你大可不必再存此种令你不安的疑虑。"

之后又是一段在日记里倾吐相思的日子。"今日思念美妹不已。"1927年3月21日。

"致梅林电。"1927年5月4日。

“赠梅弟相。”“晚，致梅弟信。”1927 年 5 月 11 日。

“终日想念梅林不置也。”1927 年 5 月 28 日。

而小美对这个热情的光头大哥是怎么看的呢?

1927 年 6 月 5 日上午，蒋介石的日记里写道：“接三弟信。”

小美终于给蒋介石写信啦！而老蒋不叫她美妹或梅弟，而是叫她三弟，就显得尤为亲密。可见小美在信中也是格外柔情亲昵。老蒋马上又给小美打了个电话。第二天一早起来，老蒋又忙着回信。这样的卿卿我我，显然已经进入了热恋。

很快，蒋介石给宋美龄写了一封求爱信：“余今无意政治活动，惟念关系到生平倾慕之人，厥惟女士。前在粤时，曾使人向令兄姊处示意，均未得要领。当时或因政治关系，顾余今退出为山野之人矣。举世所弃，万念囊（音囊），意为从前 7 日之百对战疆，叱咤自喜，迄今思之，所谓功业宛如幻梦。惟独对女士才华容德，恋恋终不能戽。但不知此举世所弃之下野武人，女士视之，谓如何耳?”这封信把宋美龄比为天上的女神，却把自己说得又卑微又可怜。这一招十分容易让女人同情心泛滥，于是没多久，宋美龄就答应了求婚。

热恋的甜蜜让蒋介石自我感觉已经是宋家的女婿了。但就在他满怀喜悦时，他意识到要娶宋家女儿，还有很多障碍，其中之一就是自己之前已有的三房妻妾。他的日记本里记录着他一直以来就为这些事而烦恼。

“上午我陪着姚冶诚跟孩子经汕头去广东，一想到小洁也在这里，我的心就怦怦跳得厉害。我一直在担心会不会让小洁看到我跟其他女人在一起，怕她生气，难过。唉，妻妾成群也麻烦啊。”（“上午同冶诚将经汕，心殊怦怦，恐洁如不悦也。”1925 年 11 月 27 日）

这样看来，蒋介石对小洁一直还是宠爱有加的。但是这个女孩刚中学毕业就被自己娶了，没有高深的学历，也没有显赫的家庭，肯定无助于他将来的仕途。

蒋介石又翻了翻之后的日记，看到1926年7月30日，自己曾有过送陈洁如出国的打算。他当时写了一封信给自己的好友——陈洁如的干爹张静江说："小洁现在越大越不懂事了，既不愿意学习，又不知道怎么管家，家里乱七八糟。这一次出来，她连行李都不用心收拾，什么没用的都带在身上，白白的多花雇用挑夫的钱。你能不能跟她说一声，让她不要管我的事，安心学习五年，或者去海外游学，以后回来帮我。如果像现在这样下去，一定会耽误她也耽误我的，更毁了她的一生。你看如何？"（"洁如之游心比年岁而增大，既不愿学习，又不知治家，家中事纷乱万状。此次行李应用者皆不检点，而无用者皆携来，徒增担夫之劳。请属（嘱）其不管闲事，安心学习五年，或出洋留学，将来为我之助，如现在下去，必无结果也，乃害其一生耳。如何？"）

看到这里，蒋介石心里有了主意。好，就先劝说小洁出国留学，在国内完成和宋美龄的终身大事。以后再找机会，弥补小洁。

主意已定，蒋介石赶到上海陈宅，做陈洁如及其母吴氏的工作。小洁压根没想出国，但是架不住蒋介石一直劝她说，有了学历，以后才好坐第一夫人的椅子。此时的小洁才20岁，满心的天真，哪里想到男人一旦没有老婆在身边，就如同脱缰的野马，不知道哪儿撒欢去了。她高兴地答应了，并忙着收拾行李。

滑头蒋以空前的效率，在两个月时间里就把小洁送上了出国的轮船。小洁一走，蒋介石就拿出早已写好的《启事》，交《申报》连登三天：

"民国十年，原配毛氏，与中正正式离婚。其他二氏，本无婚约，现已与中正脱离关系。现在除家有二子外，并无妻女。唯传闻失实，易滋淆惑，专此奉复。”

当轮船行驶在浩渺的太平洋上时，陈洁如听到了无线电播放的上海各报所载《蒋中正家事启事》。直到此时，陈洁如才明白了蒋介石的真实企图。她痛不欲生，几次要跳海自杀，幸为护送人员劝阻未遂。

1927 年 12 月 1 日，蒋介石如愿以偿，与宋美龄在上海举行婚礼。不久后，他便摆脱了下野的尴尬局面，高调复出，重新掌权。而次年春天，他才派出江一平律师与陈洁如洽谈离婚条件。陈洁如看木已成舟，已经是身如槁木，心如死灰，被迫同意与蒋分手，正式离婚。

番外三——蒋公那些情场往事

讲到这里，蒋介石的感情史可能已经让看客们摸不着头脑了。这篇番外就好好捋捋蒋介石是怎样追到三个老婆，又是怎么把她们甩掉的。

蒋介石的第一个老婆毛福梅可不能算是他追到的，而是他的寡母帮他包办的。蒋介石小时是个乡野闻名的淘气包，有个诨名叫“瑞元无赖”。正因为这样，附近的人家都不愿把女儿嫁给他，蒋母好不容易才托人介绍了这桩婚事，和岩头村毛家攀上了亲。毛福梅大蒋介石4岁，相貌端庄，人品正直，贤淑耐劳，当时蒋介石还不了解男女之事，毛福梅像个大姐姐一样细心照料心无定性的小丈夫，同时尽心尽力地辅助蒋母操持家务，极具孝道。

1903年，蒋介石到奉化县城新式学堂读书，毛福梅一路陪读。两人感情甚好，蒋介石也慢慢培养了和女人相处的经验。但是随着蒋介石学历提高，两人差距也越来越大，等到蒋介石第一次从日本回国后，已经完全看不上毛福梅了。一次争吵，老蒋一脚踢在媳妇的肚子上，硬生生把怀了八个月的大胖小子给踢坏了。这可气坏了婆婆。在毛福梅养好身体后，蒋母逼着蒋同媳妇圆房，毛福梅终于顺利受孕，生下了个儿子，乳名建丰，谱名经国。这年蒋介石24岁，毛福梅28岁，结婚十年终于完成了传宗接代的历史重任，一家人都十分高兴。

1911年，蒋介石在陈其美的鼓动下，从日本军队逃出，回国内参加了辛亥革命。武昌起义爆发后，蒋介石一直在上海、杭州一带协助上海的革命党首领陈其美开展地下工作，遭到了清政府的通缉。

有一天，蒋介石发现自己被人盯梢，匆忙之间，他躲入一家妓院，迎面撞见一个女人。听了蒋介石简单的几句解释后，这个女人将他藏在了床帘背后，又出面糊弄走了来抓人的探子，保住了蒋介石的命。蒋介石十分感动，仔细询问，才知道对方叫姚冶诚，苏州人，在妓院做服侍高级妓女的侍女。从这之后，蒋介石有空就会到妓院来探望姚美眉。没过多久，蒋介石和姚冶诚就从“知己”发展到了“情人”。

从照片看，姚冶诚的相貌并不出众，但她身在妓院多年，当然既解风情，又通风月。再加上她和蒋介石是自由恋爱，感情自然比毛福梅要深。姚美眉见蒋介石胸怀大志，干脆拿出自己的全部私房钱，全力支持蒋介石的革命事业。蒋介石十分感动，就替姚冶诚赎身离开妓院，并且在上海法租界蒲石路新民里 13 号租了房子，过起了秘密的同居生活。

过了热恋期后，生活总会伴随着各种实质性的问题，这样的日子一长，便因为夫妻俩都没有稳定收入，争吵越来越多。蒋介石开始嫌弃姚冶诚，常在日记里大骂她是“悍妾”“泼妇”，痛恨自己“为始不慎”。第二年，就把姚冶诚送回浙江奉化溪口老家，变相打入冷宫。

姚冶诚一直没有生育。一天，蒋介石抱回了一个 4 岁的小男孩，取名纬国，交给姚冶诚抚养。有人说这个小孩是蒋介石和日本女人的私生子，有人说是戴季陶的私生子。还有一种说法是蒋介石和戴季陶在日本期间请了一个日本的侍女，两个人都和侍女发生了关系，后来侍女生下一个孩子，却不能确定父亲是谁。而对于这些传闻，蒋介石终生也没有进行正面解释。

到了蒋纬国读书的年纪，姚冶诚带他住在上海，由蒋介石按月付给生活费。

蒋介石这时却很不安分。婚姻生活已经给了他两性知识的启蒙，而在妓院的长期观察和研究中，他又形成了自己的泡妞战术，还一次都没用上，就被儿子绑在家庭里，岂不是可惜？

蒋介石冷眼旁观，自己的富商朋友都在纷纷娶姨太太。张静江就新娶了个上海爱国女子中学的女学生。她有一个好朋友叫陈洁如，常被邀请到张家做客。两人第一次见面，蒋介石就眼前一亮：白嫩高瘦秀，好一朵无瑕的白莲花。

我们今天从照片上看，陈洁如绝不是个惊艳的大美女。但是放在当时的年代里，五官端正，打扮出众，还知书达理的女子已然可以通过美女海选了。更何况她只有 14 岁，正是一朵含苞的鲜花。

但当时蒋介石是个无业游民，二婚，年纪还比陈洁如大了 18 岁，陈家对这个送上门的女婿是一万个不满意。蒋介石狡猾地笑了：我大展拳脚的时候到了。

“恋爱 36 计”第一计：甜言蜜语。蒋介石天天写日记，文笔很不错。他给陈洁如写了一封火热的求爱信：“亲爱的璐 (陈洁如小名)：中国革命尚待完成，但是我，一个革命者，感觉心神沮丧，不能以我的全部精力贡献于我们的国家。我终日仰望你予我必需的慰藉与鼓励，以安定我的不乐之心。我只要你答允我一件事，然后我才能重新得到力量，以为革命效力……你爱我们的国家，就不会只顾一己，而吝予给国家的一位革命者些许快乐……我将我的心置于你的裙边之下。请告诉我你将宽恕我，并很快再同我谈话。让我今天就看到你吧！”

“恋爱 36 计”第二计：收买人心。1921 年，陈洁如的父亲病逝。陈家的生活陷入困境。蒋介石不仅前去帮忙处理丧事，而且还送钱送物。陈洁如的母亲也就对他们的事情睁一只眼闭一只眼了。

“恋爱 36 计”第三计：暴力威胁。蒋介石见陈洁如总是躲着自己，有一天便逼她见面，径直把她带到一个酒店的房间。蒋介石拿着一把刀，指着自己说：“璐妹，我对你的真心实意，唯天可鉴。你如果不答应我，我就死在你面前。”陈洁如惊恐万分，一个劲往后退。蒋介石一狠心，拿着刀在自己手上一划，顿时鲜血如注。陈洁如惊呼一声，扑上去用手帕按住伤口。蒋介石乘机一把抱住她，深情地说：“我是真的非常非常喜欢你。我希望能够和你结合，今生做一对夫妻，永生永世在一起。”

“恋爱 36 计”第四计：死缠烂打……

在蒋介石的猛烈攻势下，小洁终于缴械投降了。1921 年 12 月 5 日，34 岁的蒋介石和 16 岁的陈洁如在上海举行了公开的婚礼。

之后，小洁便以蒋夫人的身份协同他北伐，任职粤军，勇救孙中山，出任黄埔校长，直至最后领衔国民革命军总司令。

小洁不但有旺夫运，而且为人敦厚，对蒋的两个儿子视如己出，还经常接济乡下的毛福梅。

蒋介石正走到人生春风得意之时，北伐成功，大小军阀纷纷和他牵上线，身边又有娇妻相伴，真是夫复何求？孙中山去世后，他也是接班人的有力竞争者之一。但是不久之后，他感觉到自己的位置并没坐稳。

蒋介石在 1927 年 4 月 12 日突然发动针对共产党人的“清党运动”，掌握了国民党的控制权。但仅仅 4 个月过后，他便受到来自三方的巨大压力——以汪精卫为首的武汉政府中的原国民党左派势力，拥有数十万军队的冯玉祥，蒋的得力部下何应钦。分裂的国民党南京、武汉两派如果要统一，首要前提就是蒋介石下野。他没有料到会有如此大的转折，不得不黯然返回老家浙江奉化。蒋介石深知，要增加自己的政治资本，牢固政治地位，必须有一个强有力的靠山。他光有兵权在手，不足以和那些资历深人脉广的野心家们竞争。

而若想有个牢固的靠山，光靠那套拜把子拉交情是不行的。真正稳定的关系只有利益关系，必须将利益双方变成拴在一根绳子上的蚂蚱，才能保证不会出现意外。眼下，和宋家联姻是最好的出路。

天真的陈洁如没有想到，再真挚的感情在权力的欲望面前也不堪一击。她像一枚棋子一样，当棋局走到紧要关头时，轻而易举就被弃掉了。

宋美龄——一场大秀正要开幕

闲话少叙，继续来看小美是怎样告别剩女行列的。

要娶媳妇，最大的关卡就是丈母娘。丈母娘爱女婿，越看越喜欢；丈母娘厌女婿，咋看都像青蛙。宋家三姐妹的妈妈——倪老太太就不太喜欢蒋介石。什么？还不是基督徒？这只迷途的羔羊啊，咋能配得上我家姑娘？

丈母娘不点头，这桩婚事眼看要黄。但宋家的发言人并不是倪老太太，而是宋家老大宋霭龄。宋霭龄力劝老太太：最近中国政局混乱，你看看你是不是去日本吃吃寿司泡泡温泉颐养天年啊？

老太太果真上当了，很快走人。蒋介石立刻乘虚而入。

1927 年 9 月 23 日，蒋介石乘船抵达上海，迫不及待地先去探望宋美龄。这次的相聚，两人的关系有了很大的进展。回来之后，他在日记里写道："与三弟叙谈，情绪绵绵，相怜相爱，唯此稍得人生之乐也。"这一个"绵绵"说明两人的谈话气氛极其温馨，而"相怜相爱"说明老蒋已经不是单相思，高傲的小美终于有了回应。

第二天，蒋介石就忙着邀请王正廷"作伐"。午夜，又去拜访何香凝，大概也是为了请她出来当媒人。25 日，蒋介石拜访了宋美龄之后，又去找张静江做媒，之后，再次跟小美腻在了一块儿，直至 11 时才回到公寓。

26日起，蒋介石的离婚启事在《申报》上连登三天。紧接着，蒋介石就宣布与宋美龄订婚。日记云:“晚与三弟谈往事，人生之乐，以订婚之时为最也。”

27日下午，宋霭龄在家中召开记者发布会，让准夫妇前来接受媒体的拍照合影。当天晚上，两人如胶似漆地密谈到深夜1时，才按照礼数各自回家。

9月28日一早6点，蒋介石就起床了，收拾行李，准备搭船去日本。一来是要去争取日方朝野各方面的支持，二来是为了向宋母提亲。小美虽然习惯了每天赖床晚起，但这天也早早起来送别情郎。这让蒋介石都感到十分的惊讶。他在日记中写道:“情绪绵绵，何忍舍诸！不唯外人不知三弟之性情，即中亦于此方知也。”（小美对我深情款款，让我对她怎割舍得下？不光外人不知小美对我的一片深情，就连我也是到了现在才明白啊。）

蒋介石带了许多贵重物品，有杭州丝绣、宜兴茶具、长白山野山参、大珍珠项链、翡翠手镯及订婚钻戒等，和张群一起，乘坐日本轮船“上海丸”号出发赴日。到达神户后，老蒋和宋子文同车，一路赶到了神户有马温泉，下榻在有马大旅社。蒋介石私下塞了一笔小费，让老板娘把自己安排在老太太隔壁的房间。

倪老太太每天泡着温泉，吃着生鱼片，病体已经痊愈了大半，心情也很不错。原本她还不愿意见蒋介石，但听着宋霭龄和宋子文一直跟她游说小蒋多么年轻有为，懂事能干，前途无量，又看到小蒋千里迢迢来探望她，终于同意给蒋介石一次见面的机会。

一见到倪老太太，蒋介石就拿出登有《离婚启事》的报纸，向倪老太太保证自己再无妻室的拖累，并诚恳地向她保证：自己准备要改信基督教，还请老太太千万把女儿嫁给我。

倪老太太很高兴地就答应了。但是她却不同意蒋介石提出让小美来日本结婚，然后去美国度蜜月的方案。她坚持要在国内风风光光地举办婚礼。蒋介石也只好同意。

走出准丈母娘的房间，蒋介石激动不已。刚好千代子送茶到他的房间，蒋介石显露出平常所没有的兴奋神情，连声说："老板娘，成功了！成功了！婚约成功了……对了，给你写字吧！"千代子连忙送来笔墨，蒋介石乘兴挥毫，一口气写了"革命""宁静致远""千客万来"等5幅字。

午休过后，蒋介石又来跟倪老太太请安，心情愉快的倪老太太目不转睛地盯着蒋介石看，是丈母娘看女婿，越看越给力。倒把久经沙场的蒋介石弄得十分不好意思，低头脸红不语，回家后还在日记里写上:"未免令新婿为难。"

这以后的一段日子，蒋介石便留在日本陪倪老太太谈天，与大舅子宋子文谈国事、谈时局。显然他们已经相处得像一家人了。

与宋美龄的婚约达成之后，蒋介石在日本立即开始了频繁的政治活动。10月13日，蒋介石一行到达东京，拜见时年72岁的日本黑龙会首领头山满。

黑龙会是日本的军国主义团体，成立于1901年，标榜"大亚细亚主义"，极力策动侵占中国大陆。头山满和日本军政界、外国使节都有密切联系。他谙熟中国情况。在头山满的安排下，蒋介石拜访了许多日本政界官员和社会名流。

11月5日，蒋介石同当时的日本首相田中义一、陆军大臣向川义则、参谋总长金井范三等举行密谈。最终，蒋介石与田中签订《蒋·田中密约》，达成四项协议：一是蒋氏承认日本在"满洲"的特殊权益；二是蒋介石坚决反共到底；三是日本支持蒋介石的政权；四是日本借给蒋介石4000万日元，以助蒋"安定中国"。

蒋介石在对日本做出重大让步，换取日本的理解与支持的同时，又积极向美国靠拢，争取美国的援助。一天晚上，他外出回来，见头山满同一个美国人正在房里等他。这个美国人是当时的美国驻日特使。

美国特使一顿猛夸蒋介石，蒋介石与美国特使签订了一项以“保障美、日的在华利益为条件，换取支持，以实现在中国建立独裁统治”的密约。蒋介石从此开始了其与美国近半个世纪的“合作”。

11月8日，蒋介石返回上海。蒋介石此行，在日本共逗留45天，花费2.6万日元。但显然这笔钱花得很值。

宋美龄——走进婚姻的殿堂

1927年12月，离蒋介石开始追求宋美龄已经过去五年时间，而最后宋美龄终于和他走进了婚姻的礼堂。这场在上海举办的婚礼也预示着蒋介石重返权力中心之旅的开始。

对于蒋介石而言，这场婚礼就是一场演出，要先进行收视率调查，了解哪些桥段能讨得美国人的欢心。最后定下，婚礼仪式分为上半场和下半场。上半场是基督教式的婚礼，用宗教信仰的改变拉近和西方人之间的距离；下半场是中式传统的婚礼，强调自己作为中国政坛重要人物的存在感。

而对小美来说，最重要的就是挑选一身美丽的婚纱了。1927年欧美最流行的新娘装要用粉色或奶油色的绸缎缝制，搭配边缘处理成扇贝形的长头纱，用珍珠作边饰，用蜡质的花束压住并固定在头上。缎子鞋和长珍珠项链也是时髦女郎的必备。小美特意定做了一件有着绣花花边和珍珠装饰的高领长袖拖地礼服，时髦的长婚纱刚好贴合她的头型，又衬出两弯拔得细细的眉毛。

但是总有些不如意的地方。在宋家客厅举办的基督教仪式却中途传出牧师罢工的消息。婚礼原来打算邀请宋家的老朋友、卫理公会教堂牧师江长川主持，但江牧师认为蒋介石已经是四婚了，不符合基督教的教义，拒绝主持。宋家只好改请中华基督教青年会全国协会总干事余日章赶场了事。

而小美似乎是要特意验证一下自己的魅力，还把前男友刘纪文介绍给蒋介石做男傧相。刘纪文有苦说不出，但是蒋介石却要卖美人一个面子，大人有大量地许诺刘纪文将来会给他大官做，终于让刘纪文笑逐颜开地站上了婚礼的会场。

下午3时婚礼开始，证婚人余日章，介绍人谭延闿、何香凝、王正廷、李德全，主婚人蒋锡侯夫妇、孔祥熙夫妇先后到来了。前来观礼的还有美国驻上海总领事克银汉夫妇、美国审判长普台及英军总司令邓坎等。大家注视着蒋介石由刘纪文陪同率先进入礼堂。他上身是黑色燕尾服配银色领结，胸口用于装饰的珠花别致而柔美。下身穿细条纹的长裤，显得更加时髦年轻。宋美龄则挽着宋子文的手臂，在女傧相郭主珠等人前导下缓缓步入礼堂。她手捧一束用银白色缎带系着的淡红色康乃馨花，长长的头纱拖在身后，由侄女孔令俊和侄子孔令杰捧着。一出场就赢得了满堂喝彩。

两人交换了戒指，并宣读誓词：“我蒋中正/宋美龄情愿遵从上帝的意旨，娶你宋美龄为妻/嫁你蒋介石为夫。从今以后，无论安乐、患难、健康、疾病，一切与你相共，我必尽心竭力地爱敬你、保护你，终生不渝。上帝实临鉴之，这是我诚诚实实地应许你的，如今特将此戒指授予你，以坚此盟。”

在热烈的掌声过后，两人含蓄地点头而笑，并没有按照西方的仪式接吻，老蒋这个旧郎又做新郎，一整天都高兴得嘿嘿直笑，连小胡子都是翘翘的。在40岁的年纪里还能有如此艳福，他太心满意足了。

仪式过后，两人赴戈登路大华饭店出席中式婚礼。

西式婚礼是对家人和密友举办的，那么中式婚礼则是面对大众。礼堂设在大华饭店歌舞厅，为了防止不良媒体混入进行偷拍，事先发出的1300多张请柬都有编号，并盖有宋子文的私章。礼堂四周缀以鲜花，中间悬挂孙中山遗像，两旁是国民党的国旗和党旗。插满花朵的礼台上是两幅大匾，写着巨大的“喜”字和“寿”字。重量级来宾有汪精卫、吴稚晖、邵力子、陈果夫、褚民谊、缨斌、叶惠钧等，外宾有日本总领事矢田、正领事清水、美国总领事克银汉、比利时总领事汪和德、挪威总领事业尔等。宾客由陈希曾、陈立夫等殷勤招待。

下午4时许，蒋介石、宋美龄乘坐花车来到大华饭店。伴随着结婚进行曲，他们从花园洋房徐徐步入礼堂。来宾们都伸头仰颈，爬上椅子争相观看。蒋介石微笑挥手，完全不输他身边的男傧相帅哥刘纪文。而宋美龄不但很能秒杀镜头，她身边的四位女傧相也身穿桃红色绸缎的裙子，更是艳若桃花。

婚礼由司仪邵力子主持。邵力子是近代著名的教育家和政治家，也是个读书人，讲话比较有文采。他领着全体向孙中山遗像三鞠躬，然后由蔡元培宣读证婚书，文称：“盖闻宝树延辉，异彩耀玉台之镜，早梅布馥，华楣迓翟之车。两姓联欢，一堂结约。兹者蒋中正先生与宋美龄女士，举行结婚礼于春江大华礼堂，良辰吉日，六礼告成，瑟好琴耽，双心默契。所愿宗熙三径，论协十篇。喜今兹约指铃章，用证鸳鸯之牒。卜他日齐眉益算，覃敷鸾凤之祥。元培等忝作证人，乐观嘉礼，爰缀吉语，藉贡欢忱，是为证。”

接着由证婚人、主婚人、结婚人依次用章，再新郎新娘相对一鞠躬，向证婚人、主婚人及来宾各鞠一躬，婚礼在乐曲声中宣告完成。蒋介石和他的新夫人在雷鸣般的喝彩声中穿过人群夹道。成千上万的玫瑰花瓣顿时从空中飞撒而下，让喜欢浪漫的宋美龄惊喜不已。

蒋介石当天在报端发表了《我们的今日》一文。他说：“余今日得与余最敬最爱之宋美龄女士结婚，实力余有生以来最光荣之一日，自亦为余有生以来最愉快之一日。余奔走革命以来，常于积极进行之中，忽萌消极退隐之念，昔日前辈领袖常问余，汝何日始能专心致志于革命，其他厚爱余之同志，亦常讨论如何而能使介石安心尽革命之责任。凡此疑问本易解答，唯当时不能明言，至今日乃有圆满之答案。余确信余自今日与宋女士结婚以后，余之革命工作必有进步，余能安心尽革命之责任，即自今日始也。”

次日，《纽约时报》头版头条报道了这场婚礼，并注意到国民党将于星期六召开全会。报纸评论说：“如果会议成功，蒋介石将东山再起。”

在一旁观望的人们没有忽视全部领事团都出席了婚礼，也没有忽视海军上将布里斯托尔既出席了西摩路的家庭仪式，又出席了大华饭店的公开仪式，而且还带去了他的所有人马。这预示着宋家的新成员已经得到国际社会的承认和美国的认可。

宋庆龄——流亡中“被改嫁”

宋庆龄到了苏联，似乎突然有了一种“世界真奇妙”的感觉。这种感觉在她去美国时都没有那么明显。充满朝气的精神面目，艰苦但快乐的生活环境，让她充满感动。

宋庆龄受到国宾待遇，苏联政府将她安排在“糖宫”，这是过去俄国糖业巨子的宅第。

为照料宋的生活起居，苏方专门安排了教育人民委员柯伦泰夫人担任接待组组长。柯伦泰夫人是苏联有名的妇女领袖。她英语很好，与宋庆龄交流没有语言障碍。在她的陪同下，宋庆龄参观了红场和克里姆林宫，瞻仰了列宁陵墓，愉快地在苏联四处游玩。

但很快，困难也接踵而至，最难的就是没钱。她富有的娘家人似乎达成某种协议，拒绝给她资助，而孙中山留给她的不过是上海莫里哀路的一栋房子。她从武汉方面得到的微薄津贴已经用完，但她仍不愿向克里姆林宫求援。她到苏联是为了寻求中国革命的出路，并加强与社会主义苏联的联系。

斯大林和托洛茨基正在激烈的交锋之中，并无意照顾这位客人的需要。而宋庆龄的密友雷娜在长途跋涉中染上了重病，成天昏迷不醒，头疼难忍。开始还能坚持工作，后来却卧床不起。宋庆龄整日守在她的病床边，忧心忡忡。

她很快发现，自己的革命同志邓演达将军因为敦促克里姆林宫澄清对中国的含糊立场或者停止干预中国的事务，而被斯大林通缉。邓演达在俄国朋友的帮助下连夜逃出莫斯科，穿过高加索，越境前往土耳其。几个星期以来，宋庆龄始终没有得到他的消息。

宋庆龄已经筋疲力尽了。两年之中，她由第一夫人变成流亡的寡妇，还要面对亡夫的三民主义被革命叛徒的独裁梦利用的阴谋。但是她没有想到，自己很快又被莫须有的一箭射中。

这天小庆刚从高加索旅行回来，在火车站遇见一个在莫斯科工作的英国人面带笑容地向她高声说着："恭喜，你是一个好太太！"

宋庆龄有一些尴尬，有一些疑虑，但因为来不及细问，她点点头便匆匆离去。回到房间里，她越想越不对劲，便去找雷娜。

病床上的雷娜已经十分虚弱。她有一头火红的头发，原本总是像火焰一样燃烧着，现在却黯淡缺乏光泽，如同一团燃烧殆尽的炭灰。她有些为难地拉住宋庆龄的手说："你别生气，最近报纸上有对你的中伤，你要坚强起来。"

宋庆龄紧张地问："到底是怎么回事？"

雷娜把头转向抽屉，宋庆龄连忙打开最上面一层，只见里头整整齐齐地叠着几张报纸。她展开一看，其中一张是英国出版的《每日邮报》，上面登着一则她与陈友仁结婚的消息。另一张是传播最广的《纽约时报》，上面用白纸黑字清清楚楚地写着："英国驻里加记者援引一条据说是苏联官方的电讯说，前国民党外交部部长陈友仁和国民党之父孙中山的遗孀已在莫斯科结婚。此事将紧跟在蒋介石将军和宋美龄小姐在上海的罗曼史之后发生。"

宋庆龄气得浑身发抖，拿着报纸的手不自觉地使劲攥成拳头，压抑自己的愤怒。雷娜要起身安抚她，却没能坐起来。宋庆龄连忙让她躺好，刚给她掖好被子，眼泪就不能控制地掉了下来。

宋庆龄很明白，为了抬高宋家新的第一夫人的地位，有人想要利用丑闻，把过去的第一夫人踩到脚下，让不明真相的人们鄙视，继而遗忘那个失节的女人，满怀崇敬地对待中国女性的新代表——宋美龄。

但宋庆龄更愤怒的是这样的花边新闻把她和孙中山的名字割裂开来，抹掉她十分珍惜的孙夫人的身份，从而削弱她为捍卫孙中山主义和理想的战斗力量———而这正是她矢志不渝、终生为之奋斗的崇高理想。

严寒的天气加上过分紧张的精神压力，宋庆龄颈上一圈带状疱疹也很快发作，一连几个星期，她忍受高烧的折磨和莫斯科的严寒。等到身体略微有些起色时，她在报纸上读到了蒋介石和宋美龄那盛大而隆重的婚礼。美国报纸纷纷称赞这场婚姻是一场完美的“中美合作”。

她是被遗忘的那个。

1927 年 11 月 21 日，雷娜因患脑炎去世。感恩节那天，宋庆龄抱病参加了雷娜的葬礼。来自中国的流亡者们冒着暴风雪，经过数小时的跋涉，穿过莫斯科，前往新建的火葬场。宋庆龄连件厚实的冬大衣都没有，只裹着一件单薄的黑斗篷，在阴冷刺骨、冰雪粼粼的街道上缓慢地走着。苏联外交部借给她的一辆轿车，一直跟在送葬者队伍的后面。好友们都劝她上车暖和一下，她却坚决不肯。只见她两臂交叉，低垂着端庄秀丽的脸，一步一步地走过这个严寒的季节。

透过飘忽不定的薄雾，她苍白的面孔在人群中是种孤独而无声的控诉。而她没有退缩，仍然在提早降临的夜幕中，紧紧跟随她的革命同志的灵柩战栗前进。

等到身体恢复得差不多了，宋庆龄觉得是离开的时候了。

在宋庆龄流亡苏联期间，也是斯大林与托洛茨基的分歧达到白热化的阶段。斯大林开始了对托洛茨基派的清洗，宋庆龄目睹了他们内部的互相残杀，目睹了自己的朋友——越飞，在此期间不堪忍受折磨而自杀。几个月后，她才受到斯大林的接见。

1928 年春，宋庆龄和陈友仁到克里姆林宫向斯大林告别。小庆已经很了解该怎么和这些人交谈和寒暄了——先感谢再陈述最后表决心。她首先感谢苏联政府对中国同志的友好接待，再谈谈中国当前的局势和任务，最后强调一下在民族民主革命中同中国共产党合作的决心。

斯大林也笑了，问她："听说你们现在要去德国？"

宋庆龄回答："是的，也是去考察学习，借鉴别人好的东西，为我国革命所用。"

她有些疲惫，却不改坚决。她从来就不是一个盲从的革命者，却没能找到更好的出路。

宋美龄——没有自由的第一夫人

终于嫁出去了！小美成了上海拉都路 311 号的女主人，她用心地布置自己的新家，她满心喜悦地憧憬婚后的新生活。哦，别忘了，还有甜蜜的蜜月旅行，一定要回到美国，回到那片她长大的土地上，让她的朋友们都看看现在的她已完全不是过去那个淘气的

“小灯笼”了。

但嫁给蒋介石并不能让她过上浪漫的生活。当晚，他们的新婚之夜在火车上度过，蒋介石带着她以及两百名卫兵乘坐专列离开上海，前往莫干山。第二天一早 8 点，蒋介石就在庙中召开了一次重要会议，足足开到晚上 8 点。

小美带着好奇冷静观察着这一切。她虽然是新婚少妇，但 30 岁的年纪已让她绝对不是一个天真蛮横、只顾自己开心的小姑娘。她懂得嫁给蒋介石，就是嫁给了中国政治。这比单纯地去美国旅游一趟有意思得多。

当时国内的政界已经到了各个派别抓栏杆，撕床单，大打出手，抱作一团滚来滚去的荒诞局面了。冯玉祥咬着阎锡山的耳朵，阎锡山抓着冯玉祥的胡子，两人还不忘死踹抱着他们大腿要往上爬的汪精卫。原本逼着蒋介石下野的汪精卫受到多方的指责，实在是挂不住他那美男子的颜面，在 1927 年年底跑到国外去了。冯玉祥立刻换上笑容主动拍拍阎锡山，和他拉着手邀请蒋介石再回来主持局面。

几个月的静观其变，几个月的私下运作之后，1928 年年初再度出山的蒋介石才真正成了国民党党内一时无人可以取代的人物。

而宋美龄也满怀喜悦，她认为嫁给蒋介石带给她的是改变历史的机会。蒋介石可以为她提供权力的庇护，而在这庇护下，她就可以施展自己无穷无尽的精力和想象力，扭转中国的命运。

但是她的实际生活却并不像幻想中那样呼风唤雨。

当时上海滩有个不成文的规定：重要人物都要向青帮交纳保险费。如果你不交钱，那么青帮就会找你碴；如果交了钱，不但青帮不找你碴，也不允许别人找你碴。

小美在知道这条规则之后，很是愤愤不平——在美国我们都是民主、自由的，军队和警察保护人民，凭什么我要交钱给黑帮来保护自己？所以她一直怂恿蒋介石，你现在是总司令啦，大家都要拍你马屁啦，这个保护费以后可以不交啦。而且你也有军队，自己可以保卫自己，干吗要去讨好杜月笙那个流氓老大呢？

蒋介石一听，嗯，有点道理。他有意无意地停交了两个月的保护费，似乎也平安无事。

这天，蒋介石单独出去应酬。两小时后，一辆豪华的劳斯莱斯停在了西摩路宋公馆，一个整洁俏丽的侍女非常和气大方地邀请宋美龄上车，说宋霭龄正在家中等着她讨论“重要事情”。

宋美龄毫不怀疑地上了车。但是有些意外的是，车窗拉上了黑布，不能让她看到街上的景色。小美要求开窗，可爱的侍女却说：“这是为了您的安全考虑。”小美只好闷闷不乐地望着司机的后脑勺发呆。但是车子越开，她也就越发怀疑：开了这么久怎么会还没到大姐家？她气呼呼地敲着椅背说：“停车，我要下去。”

小侍女连忙安慰说：“蒋夫人，少安毋躁。您一个人太危险了，我们保证会把您送到安全的地方。”

宋美龄似乎明白了什么，她从汽车的后视镜里看到司机那一丝凶狠的眼神，乖乖地闭了嘴向后靠在位子上。

过了几个小时，蒋介石回来了，他听说爱妻被宋霭龄接走了，就打电话给大姐。在得知小美根本没过去的时候，他又气又疑，马上想到的就是杜月笙。但是他实在不愿意直接给杜月笙打电话，只能跟大舅子宋子文求救。

宋子文是宋家经济上的保护神。他很快就从蒋介石支支吾吾的表述中知道了他们夫妻的疏忽和宋美龄的遭遇。挂了电话，他拨通了一个鲜为人知的私人号码。令人紧张的拨号声过去后，电话那头出现一个熟悉而可怕的声音：“喂，我是杜月笙。”

宋美龄被豪车送到一处豪宅。一下车，她马上注意到前廊附近至少有二十来个打手和卫兵，腰里别着手枪或者木棍，有的双手叉腰，有的抱臂，都在注视着她。她连忙低下头，随着小侍女的指引步上阶梯，走进屋内。会客室里一水儿的高档红木家具，配上华丽的欧洲丝绸坐垫和靠垫，窗前的绣花布幔窗帘也全都放下，看不见屋外的景色。闪闪发亮的水晶灯照耀在陈列柜里的古董瓷器上，发出冷冷的光。

宋美龄在椅子上坐下，马上有侍女端来了咖啡，小美品尝过后，惊讶地发现竟然按照她素来的习惯，加了两份奶，不加糖。侍女笑容可掬地问："蒋夫人，还合您口味吗?"宋美龄有些尴尬地点点头，放下杯子，心里一阵阵发毛。

很快又有人来传话："蒋夫人，晚餐已经预备好了，请您去餐厅用餐。"

小美定了定神，傲气地说："不用了。"

传话人彬彬有礼地鞠了躬，准备退下。宋美龄连忙问："我能打个电话吗?"

传话人说："蒋夫人放心，您的一切都在我们保护之中。"说完便离开。

小美缓缓坐下，心里不断打鼓。

等了 20 分钟，终于屋外传来汽车的声音。她立刻站起来，仔细倾听，似乎有人出去迎接。不一会儿，两个人走进屋里，其中一个正是她亲爱的哥哥宋子文。宋美龄立刻扑过去，紧紧挽住哥哥的手臂，躲在他身边打量另一个人。她已经猜到这个人的身份——黑帮头子杜月笙。但让她意外的是，杜月笙并不是一个流里流气的老阿飞，而是戴着金丝眼镜，挂着怀表，斯斯文文的先生。如果在街上遇见，很可能让她错认为某位大学校长呢。

杜月笙缓缓开口说："我手下巡逻的时候发现蒋夫人只由一个侍女陪同着，路过上海最危险的街道。我担心夫人会遇到危险，就把她接到了安全的地方。虽然她现在是中国最受尊敬的女性，但也不能排除某些居心叵测分子会暗中搞什么阴谋。总司令在结婚之后公务繁忙，以至于疏忽了对自己和夫人的保护，实在是太大意了。杜某人对此深表遗憾。"

宋美龄一脸苦笑，宋子文也只好赔着笑脸点头说是是是。

杜月笙接着说："宋先生已经同意对这意外事件做出适当安排。我认为，宋先生还有义务督促蒋先生和夫人履行对他们安全有利的例行手续，避免下次再发生危险。万一杜某人不能及时赶到处理，那么后果不堪设想。"

小美听得一身冷汗。她感觉到浑身发痒，似乎从小落下的病根又要发作了。在告别了杜月笙之后，她匆匆坐上宋子文的汽车。从这开始她才明白，即使蒋介石已经成为中国的最高领导，她也并不是一人之下万人之上的夫人。上海滩人吃人的游戏才刚刚开始。

宋庆龄——穿越异国步步惊心

1928 年，小庆到了德国。对她来说，旅游根本不是一件"不看不知道，世界真奇妙"的事情，而是从一种孤独到另一种孤独的流浪。

这个一战的战败国除了政治和军事高度发展之外，其他都百废待兴。柏林像是一个吸食海洛因过度的瘾君子一样，几近疯狂。这里庇护了一批艺术家、作家、音乐家和政治流亡者。

但这里还有怡人的气候和美丽的建筑，以及较为发达的西医。备受皮肤炎折磨的宋庆龄低调地隐居了起来，看病休养。她连身份都是保密的，房东只知道她叫作“林太太”。亲友们写给她的信从来不直接寄到寓所，而是寄到租用的邮箱里，收信人写的也是林太太，有时也写为林泰。

表面看起来，宋庆龄对中国的革命似乎已经心灰意冷了。她太累了，女性友人们没有足够坚强的神经陪伴她经历人心的冷暖，革命的变幻，而跟男性友人走得太亲密，又会被人当作把柄编造桃色新闻。而她也不期望从德国政府得到官方的接待和照顾，她太明白被人利用的感觉了。她还尽量回避到柏林来的国民党高级政要，听说汪精卫、孙科等人到柏林访问的消息后，她提前一天离开住处，躲避在无人知道的地方。

只有一件事情是她热衷，并且乐于公开参加的。那就是参加国际反法西斯运动和反帝联盟的活动。1927 年 12 月，她被选为反帝联盟的名誉主席。而一向十分支持她的邓演达也到了柏林，他们商议要在中国建立第三种势力，贯彻并实行孙中山的三民主义，以替代蒋介石的国民党反动政府和共产党。

德国人对宋庆龄隐居在此一事，一直颇为顾虑。若欢迎她，怕激起蒋介石的反对；若驱逐她，又找不到理由和借口。最后他们决定对她在德国的行为进行监视，但是也只限于秘密盯梢。整体来说，宋庆龄在德国的行动还是自由的。她依靠亲友寄来的津贴维持生活，日子十分俭朴，甚至清苦。但即使活得毫无欲望，也避免不了各种阴谋打扰。

一天，几个美国人前来拜访小庆。小庆本来不想见他们，但是考虑到自己的情况会被报纸歪曲和夸大，于是就同意他们的会面要求。

几个美国人一见面就说：“孙夫人，美国人很想见见你，听听你对中国革命情况的高见。”

宋庆龄不禁一笑:“作为流亡人，哪有什么高论?”

“如果我们的资料没有出错的话，您在美国住了5年时间，是吗?”

小庆点头说：“不错，我的青春时期曾在美国留学。”

“美国人民没有忘记自己的朋友，我们这次来是邀请您去美国进行演讲。只要您愿意，我们可以以每晚500美元的报酬请您做30次的演讲。”

美国人露出志在必得的微笑。在他们身处的小会客室里，没有一件像样的摆设，唯一看得过去的就是待客用的茶具。宋庆龄身上没有任何一件首饰，苍白的面容显示出她的身体也没有补充充足的营养。

但是我们的小庆微微一笑：“我现在虽然比较困难，但还过得下去。我希望你们能够把钱捐给中国人民。还有90%的中国劳苦大众处在水深火热之中，他们的生活比我艰难得多。”

美国人面露喜色：“这么说，您答应去演讲了。”

小庆说：“我没有说不可以。不过，你们必须答应把钱捐给中国人民，而不是捐给南京政府。蒋介石他们是镇压人民的刽子手，捐给他们，等于为他们提供武器，屠杀人民。如果你们可以公开说明这一点，我同意去演讲。”

美国人相互看了一眼，委婉地说:“这我们得回去与公司商讨以后再告诉你。”

宋庆龄笑着起身，摆出送客的姿势：“好，我等你们的消息。”

3个月过去了，宋庆龄再也没有收到他们的消息。后来，宋庆龄对秘书章克说："美国人很聪明，他们设下陷阱让我跳。我以其人之道还治其人之身真跳时，他们反倒害怕了。"

的确，美国人的政治目的是希望小庆"能通过谈话或沉默表现出接受蒋政权的合法化"，或"至少使她对蒋的反对不那么强烈"。这并非美国人出钱，而是从蒋介石口袋里掏钱去封宋庆龄的嘴。但是小庆的心中是有那么一些英雄主义的情结，越多人想把她往沉重的泥淖里拉，她越能感到自己站在高塔上的荣耀与寂寞。

除了陷阱，也会有"糖衣炮弹"的攻陷。她父亲的老朋友，看着自己长大的司徒雷登就带着小庆最爱的巧克力来到柏林。

小庆没有见他，但是她还是给这个伯伯留了一点面子——她把一张自己亲笔签名的、与孙中山结婚的照片让人代送给这个说客，委婉地表明了自己的立场和主张。

美国作家安娜·路易斯对宋庆龄当时的处境这样描述：

"在欧洲所收容的所有流亡者中，她肯定是最奇特的一个……因为获胜的国民党人根本不是要把她赶出中国，而是软硬兼施地阻止她离开中国。即使到现在，他们还在找她，希望劝诱她回去分享他们的荣耀。但是，她即使境况拮据……却避开那些被派来请她回去过尊荣生活的使者。与此同时，流言蜚语不断。她过去的那些同事收买不了她，就想用污蔑手段把她抹黑……任何一个中国著名的革命者来找她，都被谣传说成是她的新丈夫……"

1929年春天，耗资百万、费时三年的中山陵，在南京紫金山落成了。蒋介石急于用这一招表现自己出自正统，受人认可。同时，他也希望借此诱骗宋庆龄回国，控制并利用她。

听说南京政府即将举行奉安大典，为孙中山举行国葬仪式，小庆匆匆起程，毅然回国。出发前，她发表了一篇公开声明：

为消除任何可能发生的误会，我郑重重申，我将恪守本人1927年7月14日在汉口发表的声明，即由于国民党中央执行委员会的反革命政策与活动，我宣布不再参加国民党的活动。

因此，很显然此行我参加葬礼绝不意味着，也不能被解释为我对以前的决定有任何更改或转变。只要国民党领导层仍与孙中山的基本政策背道而驰，我就绝不直接或间接参加国民党的任何活动。

这样的个性用政治的眼光来看，叫作坚持立场。但是用家庭的眼光来看，却叫作古怪、叛逆、不合群。这个水瓶座的女子总是习惯了一个人走路。

宋庆龄——最后看一眼心爱的人

1929年5月18日晚6时，小庆乘火车抵达北平。下车后，她由孙科夫人陈淑英陪同，从站台直接乘汽车前往西山碧云寺。到达孙中山灵前时，宋庆龄连话也说不出来，只是用手指着棺椁。卫士明白她的意思，连忙轻轻揭开覆盖在棺椁上的国旗，透过玻璃棺盖，那最残忍也最牵挂哀思的面容静静地泡在一层液体中，显得越发瘦小。宋庆龄再也忍不住，放声痛哭起来。下山之后，她闭门不出，谢绝任何访客。

5月20日下午2时，孙科与协和医院的史蒂芬医生来到碧云寺，在守灵人员协助下，将存放孙中山遗体的棺木内的防腐液放净(有关资料记为“保护油”)，史蒂芬将遗体揩净后用白色绷带包裹周身，然后移入覆盖玻璃隔层，可以瞻仰遗容的美式沉香木棺中，暂时重新放回石龛之内。

22日晨7时，迎榇专员指挥守灵卫士将灵榇移到金刚宝座塔前下方的普明妙觉殿。8时许，宋庆龄等人赶到，由史蒂芬医生及助手、护士将遗体以白绸裹缚，并为孙中山理发、更衣。原来是准备穿中山装的，但医生建议说人的遗体长度比生前要缩短好多，中山装需要身架雄伟，并不适用。所以，最终是仿照回教葬礼的方式，内裹白绫、外着长袍马褂。

更衣完毕，在宋庆龄等家属的守视下，孙科等人将遗体移入另一具新棺——特制的美式铜棺。

5月26日，孙中山的灵柩从北京西山碧云寺抬至前门火车站，搭乘火车前往长江北岸的浦口。在灵车专列上，宋庆龄专属的第六节车厢紧挨着停放孙中山棺木的第五节车厢，第七节之后才是孙科夫妇和其他亲属的休息之处。列车一路抵达浦口，从浦口搭乘军舰过长江，从下关中山码头用汽车运至中央党部，5月28日送往中山陵。漫长的旅途中，每次的搬运工作都要由64名杠夫完成。这场长途跋涉是蒋介石宣扬自己是正统的大秀，却是宋庆龄的煎心之旅。她已经许久没有和自己的丈夫挨得这么近，却又隔得那么远了。

5月28日到31日为公祭日。31日下午6时，宋庆龄、孙科、蒋介石、宋美龄等人依次至灵前瞻仰遗容，再由蒋介石、孙科、孔祥熙率领孙先生生前护卫盖棺、涂殡，以示封棺典礼结束（孔祥熙能获此重任，恐怕也是宋霭龄对蒋介石提要求做工作的结果。因为所能捞到的政治资本，也是明眼人都心知肚明的。从这点来说，小霭果然是贤妻啊。)。

6月1日进行正式的“奉安”仪式。凌晨3点多，来送殡的人已经纷纷赶到。4时15分，狮子山炮台开始鸣礼炮101响，灵榇移出大门，由杠夫抬上汽车。宋庆龄、陈淑英、孙婉、何香凝、宋美龄、宋霭龄等家属和女眷在特制黑色布幔内步行出中央党部，分乘马车随灵护送，其余男宾则分左右两列分别执绋步送。到达中山陵广场下车后，继续由女宾扶棺，男宾执绋恭扶，走过392级阶梯，一起把灵榇送入灵堂。一番仪式后，由夫人宋庆龄率领孙科夫妇、戴恩赛夫妇等将墓门关闭，备极隆重的奉安大典告成。

“妹妹，节哀吧。”宋霭龄一个箭步上前，拉住宋庆龄的手，显得十分热情和真挚。但这却让宋庆龄十分尴尬，进退不得。

小美也走了过来，脸上还挂着一个新婚少妇的容光焕发与春风得意。她连声说：“姐姐，蒋委员长已经在南京给你安排了住处，今晚我们姐妹三个就好好聚一下吧。明天一起回上海，看望妈妈，如何呀?”

小庆沉吟一下，说：“好的，但我还有一些私事要处理，你把地址给我，我自己过去吧。”

小美一听，兴高采烈地说：“那我让人陪着你，等会儿送你过去。”

小庆略一点头，告别了她们，走下楼梯。

晚上司机打电话给宋美龄，说孙夫人不知去哪里了。在摆脱了特务的监视后，当天晚上，宋庆龄就回到了上海，住进莫里哀路的房子。南京潮湿闷热的气候和冗长的葬仪让她十分不适，而莫里哀路熟悉的环境才让她略显心安。两个月的缄默之后，宋庆龄在8月1日国际反战日，给柏林反帝联盟发去一份电报：

今天正当被压迫民族组成坚强的阵线，反对帝国主义和军阀主义的时候，反动的南京政府却与帝国主义狼狈为奸，残酷镇压中国广大群众，国民党反动派头目背叛革命的本质从来没有像今天那样无耻地暴露于世人面前。由于背叛了国民革命，他们便不可避免地堕落为帝国主义的工具，并力图对俄国进行战争挑衅。但是中国人民既不畏残酷的镇压，也不受欺骗宣传的蒙蔽，他们只为革命战斗到底。恐怖行为只会使更广泛的人民群众动员起来，只会加强我们战胜血腥反动统治的决心。

宋庆龄在上海这么做，简直是把自己暴露在最危险的环境下。她敢于这么做，说好听了是勇敢，说难听了是冲动。但是她还有什么可畏惧的呢？她不恨自己的家人，却恨极了蒋介石。因为三民主义就像她跟孙中山的孩子一样，现在，这个孩子却在蒋介石的手里慢慢死去。

1930年年初，宋庆龄重返柏林。她再次当选为反帝联盟的名誉主席。她艰难地寻找一条路挽救三民主义——这是她的孩子，她先生的遗愿。

宋美龄——强力“改造”执拗丈夫

婚后的小美成了蒋介石的新闻代言人。她每天写长信、文章寄给国外的友人。而这些文字也不出意外地在国外的刊物上发表。她用美国人的思维记录着美国人所乐见的在中国发生的一切。

在美国人心里，小美是一个完美的被改造好的中国形象。最重要的原因就是她是一个基督徒。小美也对此感到十分自豪。但她对自己的丈夫却有些不满：明明说好你也要信教，为什么到现在还不受洗？

蒋介石也是满心委屈：我一直信佛信得好好的，你非拿老毛子那一套作为结婚条件来要挟我。洋鬼子那套信上帝得永生有什么好的？再永生也不过是入六道轮回，哪有我们的挣脱六道轮回得解脱来得给力？

所以蒋介石一直借口说要认真研读《圣经》，然后再受洗。但是这几年他根本没有时间看《圣经》。各路诸侯还没有收服，他在国民党内的地位也并不十分牢固，在这种情形之下，大张旗鼓地公开信奉基督教，一定会让其他派别的人找到借口大做文章。一想到这样做的后果，蒋介石就频频摇头。

可宋美龄并不这么看。她看蒋介石没时间翻书，干脆女承父业，做个私人的传道士。平时吃饭、散步的空隙，只要蒋介石放松下来，她就要抓紧时间向他灌输宗教思想，宣扬基督教义。她尽心尽职到了什么程度？她甚至可以为了蒋介石放弃自己的睡眠时间。蒋介石习惯早睡早起，宋美龄相反，但为了帮助蒋介石修习《圣经》，有段时间宋美龄还特意改变了作息，一大清早 6 点多钟就起床，和蒋介石一起做祈祷，一同读经。

还记得上一次小美为了蒋介石早起吗？那是在小美送情哥哥登船去日本见准丈母娘的码头上。当时蒋介石十分感慨三弟的情意绵绵。如今小美又来这套，蒋介石却有些为难了。但是他又不好得罪这位兴致勃勃的娇妻，只能左耳朵进，右耳朵出，进行自我过滤。

宋美龄发现自己的传教没有什么进展，就想霸王硬上弓了。

结婚后第二年，宋美龄就把和宋家关系密切的上海卫理公会教堂牧师江长川请到南京，要他以其家庭老朋友的资格，劝请蒋介石接受基督教，若有可能，就为其担任洗礼。蒋介石不能明确拒绝，只好说："我现在只读了两遍新约，还没读旧约，我要对基督教多知道一点，然后正式接受耶稣为我的救主。"

见蒋介石执拗不松口，江长川也只好表示赞同蒋介石的意见，建议他在自己出国的时候熟读《圣经》，等将来自己回国后为他举行洗礼。

中国人信佛信得深，是因为总习惯把发现的奇迹或好事情都归结于菩萨显灵。而蒋介石也遇见了几件离奇事件，终于让他相信除了菩萨佛祖，上帝也是在人间的。

1929 年 12 月 1 日，是宋美龄与蒋介石结婚两周年纪念日。小美爱浪漫，两人计划渡江去野外来个野餐。但是小美突然身体不适，只能取消计划。纪念日那天，蒋介石正抓紧组织几路大军"围剿"冯玉祥的西北军，有好几个重要的访客需要接见，看样子一直要忙到深夜。宋美龄一个人在床上辗转反侧，心绪不宁。等她迷迷糊糊入睡后，竟然梦见河中间有块巨石，在月亮照耀下，突然所有河水变成血水，血光漫天。小美惊醒了：血光中的大石头，那不是说蒋介石有血光之灾吗？ 她连忙派人去会议室找蒋介石，把梦境告诉他。但蒋介石听后却不以为然地笑笑，什么血光中的大石头，迷信！不许瞎想，睡觉！

这一觉还没到天亮，隆隆的炮声就把睡梦中的蒋介石夫妇惊醒。接着卫士来报告：石友三叛变了，正在浦口用数十门炮轰击南京城。蒋介石夫妇原拟去度假野营的江野也狼藉一片。

两个人你看看我，我看看你，都是一身冷汗。当天晚上，他们再没有睡着。第二天一早，小美就给母亲拍去电报报平安。两小时后，宋老太太来了回电，附了《圣经》中的一句话：“敌人将会自动退去!”

蒋介石和宋美龄看着这句话，左等右等，直到卫兵来报说石友三的队伍已经撤退了。

原来，当时国民党内的反蒋派系改组派发动了“溧阳暴动”。事先曾策划由中央军校的一个航空教官驾驶教练飞机，准备在中央政治会议开会时，炸毁中央党部会议厅。但因当天天气不好未能起飞。石友三也参加了这次反蒋行动，他下令炮击南京后，发现城里没有配合行动，不敢孤军深入，就急忙退走了。南京暂时安全了，蒋介石和宋美龄受了一场虚惊。上帝的话果然“应验”了!

石友三虽没攻打南京，但他却把沿浦口到蚌埠铁路沿线驻扎的蒋军第 56 师、第 168 旅全部缴了械，而北上讨伐冯玉祥西北军的中央军嫡系却一时无法调回，南京空虚，警报频传。

为了解除石友三的威胁，保卫南京，蒋介石想起了粤军将领卫立煌。卫立煌跟蒋介石素来犯冲，不太合拍，小美马上写信给卫夫人，说尽甜言蜜语。卫立煌在衡量了得失之后，决定马上开拔！几个月后，卫立煌以粤军时期的老部下和黄埔学生为基干，组建了 45 师，驻扎蚌埠。石友三见状，马上把自己的人马撤离津浦路南段，移军河南商丘。

对此，蒋介石真的认为这是上帝的安排。再加上当时倪老太太也已经快不行了，蒋介石决定，主动履行承诺。在宋美龄的安排下，1930 年 10 月 23 日夫妇二人携手回到上海，在查理宋的教堂里为蒋介石洗礼入教。宋家人中除了宋庆龄，全都到场观礼。

宋庆龄——来自妹夫的暗杀令

1931 年，宋母倪太夫人在青岛病逝。这个突如其来的噩耗再次打乱了小庆侨居柏林的平静生活。她立刻离开了德国，回国奔丧。在目睹了蒋介石对国内知识分子的压迫后，她似乎感觉到隐居在柏林还不如在上海正面跟老蒋撕破了脸来得痛快。从此她义无反顾地投身于国内革命事业之中。

小庆似乎认准了蒋介石拿她没辙，鼓着劲做各种会气死妹夫的事儿——写文章骂老蒋，公开召集反蒋社团（与鲁迅、蔡元培等发起组织“中国民权保障同盟”），那些被老蒋视为眼中钉的革命党人都成了宋庆龄的亲密战友。老蒋为了坐稳位置，进行各种思想控制。小庆就每日奔走，争取人民的言论、出版、结社、集会自由。这可把老蒋气坏了。

一天清早，宋庆龄的贴身女佣小李到门口开邮箱取信和报纸。其中一封信拿在手上觉得沉甸甸的，似乎夹带着什么东西。因为宋庆龄经常和同盟的友人及民主人士传递一些重要文件，所以小李也不敢拖延，马上把信交到了宋庆龄手上。

小庆还保持着年少在美国时的生活习惯，穿着晨衣坐在饭桌前喝咖啡。当她接过那一封信时，心里咯噔一下：她大概已经知道里面是什么了。她的革命战友杨杏佛被暗杀前也曾经接到过这样的信。当时宋庆龄还反复叮嘱，要他千万小心。怎想到那次分别之后，杨杏佛就被戴笠给暗杀了。

宋庆龄又是悲痛又是愤怒。但是看着小李担忧的眼神，她不得不压抑自己的情绪，和缓地说："李姐，三妹一直邀请我过去，你知道我为什么不去吗?"

小李大名叫李燕娥，出生在广东一个贫苦家庭，16岁起便到宋庆龄身边当女佣，她性格爽朗，为人单纯，很直接地说："夫人，我虽然没有文化，好歹也分得出谁好谁坏。我知道夫人一直坚持做的是好事，我不会离开夫人的。"

宋庆龄微微一笑说："可是跟着我做事会有危险，你怕不怕?"

小李简洁地说："夫人不怕，我就不怕。"

宋庆龄点头道："好!"她把小李叫到身边，把那封沉甸甸的信拆开，"噔噔"两声，从信封里掉出了两枚子弹，在地上重重砸了一下，滚到窗边，在阳光下黄澄澄地闪着光。小李一看，虽然已经有了心理准备，却还不免大吃一惊："啊，这……"

宋庆龄镇定地说："蒋介石和他那帮打手一直想要我的命，可是他们不敢对我直接动手，只能搞这些歪门邪道。不过你外出或者和人交往还是要小心一些，如果遇到什么奇怪的事或者交了什么朋友，一定记得回来告诉我。"

小李点点头："夫人您就放心吧。"

这个小李平时在宋家很少外出，也没有什么朋友。偶尔为宋庆龄买点东西，也是即出即回，从不多在外头逗留。这天她到裁缝店替宋庆龄取定做的衣服，碰巧另一个人家的女仆也刚好进来，问裁缝说："上次我让你做的衣服你做好了没?"

裁缝忙从屋里抱出一叠衣服说："你试试看。"

那个女佣笑着说："我这衣服是要寄回家给我妹的，我哪儿能穿?”她转头看到小李，拉着她说：“哎呀，你的身高身量都跟我妹差不多，要不，你帮我试试看这件衣服?”

小李推辞了两下，但是看到这衣服做得实在好看，那个女佣又热情，也就接过衣服去更衣室换上。等她出来的时候，那个女佣连连称赞她穿起来好看，两个人也就你一言我一语地聊起来。

回来的路上，小李得知对方是他们隔壁公馆的佣人，跟自己还是老乡，关系不由得就更近了一步。那人让小李喊她张姐，还跟小李说去哪里做衣服便宜，去哪里买东西物美价廉。很少交朋友的小李一下子就喜欢上她，两人相约着下次再一起去菜场。

一次共同买菜的路上，小李跟张姐抱怨自己的未婚夫游手好闲，不务正业，自己考虑再三后，决定跟对方分手。张姐连忙安慰她，还把自己和丈夫结识的经过告诉她，让她积攒经验。通过这一次详谈，两人的关系越来越亲密。张姐也会问她最近忙不忙，家里客人多不多，来的时候都聊些什么。因为宋庆龄事先嘱咐过，所以小李对这样的话题都避而不谈。但是张姐追问的次数太多，她不免起了疑心，就把这件事告诉给了宋夫人。

宋庆龄详细询问了她们相识的过程后，考虑了一下，对小李说：“你以后不要再跟她来往了，她可能是特务。”

小李不解地问：“为什么?”

宋庆龄耐心地解释说：“以她的身份，怎么可能会在那样高级的裁缝店里给乡下的妹妹做衣服呢？万一做得不合身，不是白花钱吗?”

小李想了想也就服气了。她以后出门再看见“张姐”，都装作没有看见，不再跟她讲话。这样了两三次，“张姐”也知趣了，再也没有出现过。

又消停了几个月后，忽然宋庆龄发现小李这几天心情似乎特别好。天天穿着干净的新衣服，脸上也总挂着害羞的笑，嘴里不停地哼着小调。小庆虽然许久没有经历这样的情形，但是作为过来人，她也觉察了些什么。

小庆叹了口气，走上前问："李姐，你最近交朋友了吧？"

小李愣了一下，然后很不好意思地答应了一声。

小庆不放心地问："他是哪里人？你们怎么认识的？"

小李害羞地描述起来。她果真是新谈了一个朋友，叫做小王，是附近工厂的工人。那人不仅脾气好，而且对她很照顾，经常买东西送她。

李燕娥说着说着，不好意思地抬眼看宋庆龄。宋庆龄微笑着说："既然是朋友，那就请他来家里坐坐吧。"

"哎，好的。"小李明显露出兴奋的神情。

第二天，一个男工人就登门了。宋庆龄有礼貌地接待了他。等到他离去，宋庆龄立刻对小李说："他是特务，你不能再跟他来往。"

小李十分惊讶。小庆解释说："他的谈吐穿戴都不像是一个普通工人，倒像是读书人。而且他进屋以后，一直在四处打量，总想要找机会到处看看。我的推测应该不会错的。"

小李恍然大悟说："难怪他之前就一直问我能不能上门做客。原来他是这样的人。孙夫人你放心，我再也不跟他往来了。"

看着莫里哀路的公馆已然成为一个易守难攻的女儿国了，戴笠有些坐不住了。军统特务沈醉见状，给他出了一个主意："要能让宋先生不惹事，最好的办法是让她不能行动，不能说话，把她给软禁起来。既然不能在公馆里下手，我们是不是可以在路上制造一场'车祸'，将她撞伤，让她住进医院，再通过医护人员使她长期住院，不死不活地过下去……"

戴笠不等听完，立刻用手在桌上一拍。沈醉心里一吓，没想到戴笠说："你跟我想到一块儿去了。你再具体点谈谈。"

沈醉这才放下心来，大胆地说了自己的设想："撞人的车子可以选一辆构造结实的德国小车，挡风玻璃换用安全玻璃，司机头部就不会受伤，再穿上一件防弹背心，就基本上不会有什么危险了。要想撞人撞得万无一失，最好的办法就是紧跟在宋的车后，当看到宋乘坐的车子碰到红灯刚停稳时，便朝她的车后撞过去。因为只有在车停稳后撞上去，才能把车内的人撞伤，而如果在车行进时撞上去，很可能把对方的车撞出很远，但车内的人不易受重伤，撞过之后，再马上把自己车内的制动器弄坏，这样驾驶人员在法律上负的责任就可以轻一些。"

沈醉还表示，他愿意亲自驾驶。为了工作，不怕多坐几年牢。

戴笠露出了难得的笑容，他一再鼓励沈醉一定要坚定信念，还再三地安抚他说："即使万一事件发生后被租界的法院判了刑，我也会想办法让你很快出来。"

一个月后，戴笠便从上海青帮头子杜月笙那里弄到了一辆构造十分结实的德国小车，挡风玻璃也换成了子弹打不透的保险玻璃。沈醉预先开车在法租界里试行了好几次，认真观察宋公馆附近的路况和宋先生每次外出通常经过的几条马路。经过仔细研究，最后认定从她的住宅经环龙路、华龙路到霞飞路口等处下手最为适宜，因为法租界巡捕房内有特务处的人，出事后疏通也方便些。

万事俱备后，戴笠把详细计划报告给蒋介石。一开始他也叫好，但是想了一会儿又问，是否可以保证不伤及宋庆龄的性命？在戴笠否认之后，他皱着眉头让戴笠回去，说是还要再"研究研究"。每次等他发号施令的时候，他却总是说："等一等，决定后会通知你的。"这一等就是一年多。

这其中的原委直到一次闲谈时蒋介石才对戴笠说起："别的都不说，就是宋家的兄妹我都受不了啊。"他担心万一撞死了宋先生，多少人都会要求彻底追查，查来查去，到最后连蒋介石也脱不了干系，事态就不好收场了。

而据说最后计划取消，还是因为蒋夫人宋美龄的强烈反对和坚决抗议。小美气呼呼地拉着老蒋说："小庆可是我亲姐姐，大义灭亲这事我可担不起后人的骂名。你要是敢下手，我就跟你离婚!"在宋家人看来，政治和家庭是分开的，就算政见再不同，家庭亲情的纽带不能断。

老蒋看看那个啥都不怕的大姨子，再看看身边这个只怕家人受到伤害的小娇妻，只得说："算了，我怕你了!"

宋美龄——新生活闹剧运动

小美最近很不快乐。老蒋每天忙东忙西的，她却整天做英文翻译，做文化大使，挺没有意思的。她多么希望能做出一些大事啊。

刚巧这一年（1934年），小美陪蒋介石到牯岭休养地度假。这儿风景优美，但是美中不足的就是常能见到老百姓当街"施肥"，烟头废纸瓜果皮到处都是。小美踩着擦得亮亮的中跟皮鞋，左一脚右一脚踩在垃圾上，心里噌噌地往上冒火。

碰巧在牯岭还有一些正在休假的英美传教士，一见到小美就开始抱怨中国老百姓真是太脏了：随地吐痰，不爱洗澡，光屁股的小孩满地跑。小美看看洋人们穿西服打领带，拿着刀叉优雅吃饭的样子，再看看那些中国人，穿着破烂未洗的长衫，走起路来大摇大摆，不管在哪儿张口就是一口痰，真是有失体统！她越想越生气，突然，一个念头冒出来：为什么她不可以推广一项运动，让中国的老百姓们学学西方文明的生活方式呢？

小美跟夫君一商量，蒋介石觉得可行。这招可以给在中国的外国人留下好印象，以争取他们的贷款和支持。经过他们的初步商定，再邀请传教士们共同商议，最后拟定了中国国民行为规范手册，推行这个手册的活动就被称为“新生活运动”。

这项民国时期的“五讲四美”活动结合了中国传统四大美德“礼义廉耻”和美国儿童行为规范，总结出了老百姓易记顺口的口诀表：“吐痰在地，在所禁忌；行路走动，安全第一；举止稳重，步伐整齐；走路靠左，上车莫挤；窗牖多开，通光通气；捕鼠灭蝇，习劳勿逸；漱口刷牙，黎明即起；饮食养生，莫恣油腻；互救灾难，和洽邻里；端其视听，走路莫急；小孩清洁，零食勿动；厕所厨房，净扫仔细。”

1934 年 2 月 19 日，蒋介石在南昌行营举行的扩大总理纪念周上，发表“新生活运动之要义”演讲，宣布“新生活运动”开始。随着蒋介石的宣布，“新生活运动”促进会于南昌成立，蒋自任会长，7 月 1 日改组为“新生活运动促进总会”。而小美也成为新成立的妇女指导委员会委员长，负责新生活运动的实际开展。她认为，新生活运动是要改造全民的生活，而妇女是家庭的中心，所以抓好了主要矛盾，就能大刀阔斧地推进改革。

小美全身心投入到这场运动中，她对每一个需要她帮助的人都兴趣盎然。

中国人过惯了随心所欲的生活，一点也不喜欢这一套，而外国人却大加赞赏。外国官员深知讨好委员长夫人的重要性，纷纷给予支持。他们派出恶狠狠的执勤队，碰到吐痰的，拖着鞋子走路的，在饭馆吃饭喝酒的，吃饭铺张浪费的，都拖到街上挨上几棍子。化着妆或者穿戴稍微时髦一些的姑娘们被无礼地在皮肤上用红印泥盖上"奇装异服"的字样。新生活的口号醒目地刷在小胡同的墙上，用大字公布新闻的招贴充斥各处。

一些实际的方案也在施行，包括强化公共卫生、铺建排水系统、改善供水系统等。葬礼被禁止铺张，而集体婚礼被广为提倡。中国传统的迷信活动受到抨击，包括烧香、放鞭炮和烧纸钱等。甚至连每日洗脸洗手几次、怎么做饭都有相关的规定。

抗战爆发后，"新生活运动"很自然地演变为战地服务、伤兵慰问、难民救济、保育童婴、空袭救难、征募物品和捐款等与战时支援有关的活动。雷厉风行推动的"新生活运动"，经过3年多的时间已呈后力不继之势。

过度宣传最容易导致形式主义的出现，"新生活运动"期间所产生的许多笑话和虚伪作假的乡愿风气，逐渐成为"新生活运动"的最大败笔。

这其中有一些是误解。比如民间一直谣传的宋美龄在物资匮乏的抗战时期用牛奶泡澡的故事，据宋美龄的秘书辟谣，是由于宋美龄的皮肤炎时不时发作，她就在洗澡后，把鲜牛奶倒在身上，反复按摩，让牛奶渗透进皮肤缓解病痛，美容体肤。一次全身用量不过四两，而且每周不能超过两次，也就算不得是什么奢靡的行为。

但对于其他一些传闻她身边的机要秘书并没有代之反驳。例如，"新生活运动"中提倡戒烟。但是宋美龄对于加薄荷醇的英国香烟上瘾，私底下少不了要解解烟馋，工作人员也只能代为隐瞒。

在成立空军之前，小美把推广“新生活运动”当作她最光荣而重大的政治事业来看待。如果成功地让中国人在生活习惯和精神上“脱胎换骨”，不再让西方人“看不起我们”，这会有多荣耀啊！简直可以让全世界人都敬仰膜拜！但是，这场运动的背景是数千年来根深蒂固的生活习惯和贫穷的广土众民，再加上推行的方法不得当，“新生活运动”就像许多运动一样，很快地走进历史而成为明日黄花。

宋霭龄——阔绰的幕后推手

就在小庆试图保护自己的政治净土，小美全心构筑她的理想国时，小霭在做什么？

小霭可并不是盏省油的灯，她的野心极大，而且深藏不露。她一直站在丈夫孔祥熙的身后，做他的经纪人、策划人和幕后推手。

小霭和老公进行的第一步是投资。之前他们在山西的铁砂和石油投资带来了极其可观的收益，也为他们的商业实践不断积累经验。而孔氏夫妇也用到手的资本不遗余力地扶植和资助蒋介石的政权。孔祥熙担任南京政府的工商部部长、实业部部长期间，四处撒金，用“银弹”收买了不少地方实力派，收编作乱的军阀，然后又用手中掌握的钱，购买枪炮弹药，支持蒋介石对共产党领导的红军和革命根据地进行军事“围剿”。

1932年3月，孔祥熙夫妇奉蒋介石之命，赴欧美购买军火。这种公费旅游的好事他们当然不会亏待自己。不但带上了15岁的孔令侃同行，而且行程全由他们边走边定。

宋霭龄最想去的地方就是自己的母校。虚荣的她总是想要知道别人用什么样的眼光看她。

但是关于宋霭龄的流言在美国却早已流传甚广，人们传说她领导着一个由女性组成的黑社会组织，专门教训那些伤害女性的负心汉，还传说她手上掌管着中国的国库，孔祥熙想办法把钱从民间搜刮来，而当蒋介石需要用钱的时候，就找她要钥匙。她就像是民国的慈禧，有着不可忽视的威严、地位、权力，自然也有身在高位所必需的心狠手辣。

所以当宋霭龄兴致勃勃地打算故地重游，回美国的母校看看时，却被媒体的围追堵截惊呆了。她烦恼地坐在老同学的面前，气愤得甚至流下泪来。在卫斯理女子学院校友会做会刊编辑的老同学向她保证，秘密通知同学们前来和她见面，绝对不惊动媒体。

两天时间内，老同学们如约而至。他们都记得宋霭龄在毕业典礼上表演《蝴蝶夫人》时那一袭惊艳的绸缎和服，也都好奇这个现在在中国据说能呼风唤雨的神秘女人到底是什么样子。

宋霭龄从来不会让充满期待的人们失望。养尊处优的生活让她的外表看起来并没有留下时光的痕迹。而她的气场更是轻而易举就慑服了那些想看热闹的朋友。

聚会之后，宋霭龄捐赠一万美元给学院。她阔绰的出手再次给老同学们留下深刻印象。

美国撒金过后，孔家人乘船前往欧洲，这是他们旅行中最重要的环节。因为当时法西斯主义很时兴，而蒋介石又非常赞同墨索里尼的军事理论，于是孔祥熙决定去拜访墨索里尼。

当一行人抵达威尼斯时，墨索里尼浪漫地安排了一艘摆满鲜花的小艇来接他们的船。小霭的少女心当即就狠狠地萌动了。他们轻松地达成一项协议：用拖欠意大利200万美元的庚子赔款的余额来购买菲亚特制造的飞霞式轰炸机，此外在洛阳增建一所培训飞行员学校，在南昌增建一座飞机总装厂。但当意大利20架飞霞式轰炸机运到国内，经防空署检查，发现炮管里的束复线都已磨光，根本无法使用。但此时已经无法追查他们从中拿了多少回扣。

孔祥熙又在兵器工业兴旺的德国购买了价值2500万美元的武器。后来，这些武器多被用来"围剿"中国工农红军。

孔家愉快的公费旅行刚结束，宋子文又起程，前往欧洲和美国。可是宋子文走得不是很愉快。1932年夏天，上海"一·二八"抗战的战火刚熄，蒋介石又准备对工农红军和革命根据地发动反革命"围剿"。他贪婪的胃口需要更多的金钱去喂满。他把要钱的手伸向金融才子——大舅子宋子文。但是宋子文却认为抗日比"剿共"更为重要，政府应把主要军力、财力放在收复东北、保卫华北的对日作战中。不久后，蒋介石又提出每月军费由1300万增加到1800万，以支付"剿共"费用，使宋子文节缩财经的计划流产。两人吵了几架，宋子文愤愤辞去中央银行总裁职务，出国考察。

宋子文一走，正中蒋介石下怀。他立刻任命孔祥熙为中央银行总裁，为筹备"剿共"经费想办法。当时由于战争和财力的大量损耗，国民经济遭到严重的破坏，南京政府财政赤字连连增长。可蒋介石还是跟他要钱，孔祥熙就想了个馊主意——印！钞！票！

1934年，小霭的这位夫婿发行了1亿元新公债。内战花光了，又发行了第二期"关税库券"。通货膨胀像雪球一样越滚越大，国民经济陷入越来越严重的困境。

与此同时，西方资本主义国家也处于经济萧条中。1933年，美国放弃金本位，开始储存白银作为财政准备。国内的银行家把大量白银运往美国赚取利润，孔祥熙的债券无人问津。身为中央银行总裁的孔祥熙连忙一面设置关税，阻止其他人出口白银，一面让中央银行大量免税出口金银，使其成为当时国内最获利润的金融机构。他用中央银行赚来的钱大量吸收公债，给南京政府贷款，力图以此缓和国内财政危机。但因财政赤字太大，杯水车薪，难以满足蒋氏政权经费需求的无底洞。孔祥熙又出新招，颁布《储蓄银行法》，强迫银行家购买公债。

宋子文从美国回来，发现蒋介石的军事开支超出预算六千万元，用于最近的反共活动。这笔钱又等着自己来填，而银行家对他怨声载道，对孔祥熙的胡作非为十分不满。尤其可气的是蒋介石要钱的时候不听自己的，而去听大姐夫的，等到最后一堆烂摊子却照样扔给他收拾。宋子文去找孔姐夫理论，但孔祥熙是个三拳打不出一个屁的好好先生，完全吵不起来。宋子文吃了个闷亏回来，就又去找蒋妹夫讲理。蒋介石是个暴脾气，跟宋子文互不相让。据说两人从破口大骂到最后拳脚相向，蒋介石狠狠地扇了宋子文一记耳光。宋子文愤而辞去财政部部长职务。1933年11月，“好好先生”孔祥熙又渔翁得利地接任财政部部长和行政院副院长（相当于国务院副总理）。孔家由此真正成为四大家族之一。

在这三个男人的纠葛中，宋霭龄无疑是最核心的人物。一头是丈夫、一头是妹夫、一头是弟弟，无论哪方得利，她都得利，无论哪方失利，她也都不安。

宋霭龄——三大家族的黏合剂

小霭很明白，孔祥熙表面上一帆风顺暗地里却蕴藏风波。孔祥熙善于搞人际关系，在处理金融方面却是个老土。完全放手让他操作，很可能把钱败光了还挨骂。到时候整个孔家就吃不了兜着走了。而蒋宋孔三家又是一损俱损、一荣俱荣的利益共同体，关系不搞好，三家一起吃亏。所以小霭建议孔祥熙发挥自己的特长，在蒋介石和宋子文中间做个黏合剂，一方面按照蒋介石的意志办事，全力支持他剿共；另一方面发挥宋子文的金融特长，让他在打理经济方面做自己的私人顾问。有了宋霭龄的来回协调，孔家的敛财之路也是越走越扎实。

1934 年 7 月，南京政府通过《储蓄银行法》，规定所有银行必须将其四分之一的财产购买公债券或有价证券。当时上海银行公会由江、浙巨头组成，暗中控制中国所有的银行资产近四分之三，而南京政府直接经营的只有两个银行——官方的中央银行与蒋介石个人控制的农民银行。这种做法，同蒋派兵到银行抢掠保险库中四分之一的资产别无两样。一时上海滩抗议之声四起，尤其是大银行家、金融业者们都不愿眼睁睁看着利益东流，但南京政府仍然我行我素。他们首先拿私人银行家张嘉璈开刀。

张嘉璈拥有万贯家产，他不仅是中国银行行长，并且还掌握另一家上海大银行——交通银行。如果把两家银行合到一起，有政府新近创办的中央银行三倍之大，相当于所有中国银行全部资金的三分之二。他敏感地察觉到蒋介石的野心和阴谋，为了挽救他的银行，他企图抛出他手中所持有的南京债券。

而孔祥熙这时也正要把4000万元的公债券推销给不知内情而又情愿购买的投资者。如果张嘉璈带头抛出，一定会大大降低投资者的信心。所以麻烦生事的张嘉璈必须下台。而政府要在保证大众对这两家银行发行的银行钞票继续信任的情况下，平稳接管中国银行和交通银行。

孔氏夫妇率先出面，发动了针对这两家银行的谣言攻势。在他们的家中夜夜举办宴会，分别邀请上海滩的实业家们。孔祥熙装出一副透露秘密的口吻，在大家吃饱喝足后含沙射影地说："现在大家遇到的麻烦事，都是那些大银行家们招来的。你们想想，你们为什么得不到贷款？为什么银根紧缩，利率飙高？这是因为钱都跑到了银行家的口袋里。你们一定要认真想想，是继续替他们当冤大头，还是让公正的政府为大家做主撑腰？"

在孔祥熙继续离间上海的实业家和银行家之间关系的时候，银行大资本家杜月笙也对上海实业家首领倡议召开一系列会议。杜月笙和孔祥熙拍着胸脯担保，如果能组成包括中央、中国和交通三行的银行团，那么实业界情况就会普遍大为改善，低息贷款随时可得。银行家们对他们的论调不屑一顾，觉得这只是他们的幻想。

但就在1935年3月23日，南京政府事先未发出警告，就突然宣布政府将立即接管中国银行与交通银行。孔祥熙为此举辩解说："我们有必要加强银行的信贷能力，从而可以向实业家提供更多贷款，以战胜萧条。"

但是一等到接管完毕，孔就"忘记"为中国实业提供救济贷款的事了。大大小小的企业依然在经济的泥淖中挣扎，而蒋介石的军费又日渐充足。

孔祥熙在控制中央、中国、交通银行后，接着又以囤积其发行钞票的办法，致使宁波商业储蓄银行、中国通商银行和中国工业银行的“信誉垮台”，进而施加压力，强迫其经理辞职，由所谓“政府增资”安插亲信直接控制了这三家银行。

作为对宋子文参加接管的奖赏，他被任命为中国银行的董事长，取代了张嘉璈。由于银价波动过大而使中国经济蒙受损失，所以孔祥熙的下一步是决定取消银本位，使政府发行的钞票成为法定货币，即法币。这种“法币政策”，由南京政府的“国家法律”赋予中央、中国、交通、农民银行发行的纸币具有“无限清偿”的能力，其他银行纸币按规定兑换“法币”，停止使用。在发行法币同时，南京政府又以“白银国有”名义进行集中，持有银币、银锭、银块者必须兑换“法币”，方可流通使用。用这种封建性掠夺的办法，孔宋家族和蒋氏家族联手发了一笔横财，不啻剥去全国人民身上的一层皮。

1935 年 11 月 3 日南京政府颁布法令，要求银行与个人持有的全部白银，在三个月之内兑换为法币。中央银行、中国银行、交通银行和中国农民银行授权发行新币。兑换由货币储备委员会监督执行，委员会以白银储备作担保，以防止发生预料中的通货膨胀。一些受尊敬的银行家，以及孔祥熙、宋子文、宋子良，还有著名的“慈善家”和“人道主义者”杜月笙都是该会的领导成员。

而孔祥熙根本没有什么调节金融的手段，他唯一会做的就是发行货币。当国库出现赤字时，孔祥熙就抓紧机会大量发行新币。

一次，为了办理公债，行政院审查各种条例中，有几个问题要请示孔，他对秘书说：“发行公债真麻烦，付息、抽签还本，又赚不到几个钱，不如印发钞票简单得多。”这虽寥寥数语，可以概括他的“理财”思想。抗战八年，民穷财尽，而四大家族却发了巨大的国难财。在孔下台前几个月，有一次他的女儿说：“打了八年仗，爸爸为他（指蒋介石）积了十多亿美金，不能说没有功劳。”这句话是孔氏家人对蒋的牢骚不满，也反映了孔是蒋介石的一个忠实的聚敛之臣。

更重要的是，实施“法币政策”使国民党政府更加强了对商业银行的控制，完成了对全国的金融垄断。由此蒋介石对孔祥熙倍加信任，为他成立中央信托局、以孔氏家族名义创办商业银行和企业公司大开方便之门，使孔氏家族能肆无忌惮地以各种名义走私贪污、搜刮外汇、剥削劳动人民。

小霭是在父亲查理宋开始创业的时候出生的，对金钱的兴趣和金钱的重要性根深蒂固地种在了她的心里。到现在，她的梦想终于长成了一棵挂满金元宝的参天大树。

宋美龄——愣大胆的冒险事件簿

一直以来，小美都以“愣大胆”著称，她经常陪着蒋介石四处巡视，即使身在前线也并不畏惧。她在给友人的信里快乐地写道：“即使我们被杀，难道还有比在战斗中死去更光荣的吗？”

蒋介石显然也是个让小美十分满意的丈夫。小美写道：“新年前夕，我丈夫和我一起到附近山上散步。我们发现了一株白花盛开的梅树。真是个好兆头……他小心地摘下几枝，我们回到家中，点起蜡烛，他把这几枝花装在一个小竹篮里送给了我。这是一件真正的新年礼物！我想从这件事你会了解为什么我愿意和他共同生活，他有战士的勇气和诗人的情感！”

小美在战争的缝隙里看到了爱情的花朵绽放。但是江西红色根据地的上万人民却在战争的缝隙里看到了死神的来临。在日本侵略者的步步紧逼下，蒋介石依然坚持“攘外必先安内”，将大量人力和财力都耗费在屠杀中国人的战争中。

这时候，历史却给了所有人一个意外。对于蒋宋孔家人来说，这次意外的恐怖程度不啻多年之后的“9·11”。

1936 年 12 月 12 日，宋美龄正在上海，突然孔祥熙慌慌张张地跑到她的寓所说：“不，不好，委员长被张学良和杨虎城扣押在华清池，现在联系不上了。”一向勇敢的小美乍听之下如晴天霹雳，几乎晕了过去。她连忙和西安方面联系，但是几个小时过去，仍然没有回音。第二天一早她就和孔祥熙赶往南京。

而南京终于接到了西安方面发来的“全国通电”称：彼等曾“涕泣诤谏，屡遭（蒋介石）重斥”，故不得不“对介公（蒋介石）做最后之诤谏”。通电中，张学良、杨虎城等人还提出了“救国主张”的八项要求，希望南京当局“俯顺舆情，开诚采纳，为国家将来开一线之生机” 。

这八项要求是：改组南京政府；停止内战，停止“剿共”；立即释放在上海被捕之救国联合会分子七人；释放全国一切政治犯；保障言论、出版、集会自由；开放民众抗日爱国运动；实行孙总理遗嘱；立即召集全国救国会议。

此时，世界各地各大报纸也纷纷登出消息，宋美龄顿时又成了全世界最受关注的女人——人们都在想象这个一时风光无限的蒋夫人此时会多么悲恸欲绝地守在收音机旁，等待着张学良通过无线电向外界宣布蒋介石的死讯。

但是宋家的女儿绝不会那么软弱。小美后来在自述中说："兵变发生，我心中的第一个念头是：我是女人，世上之人，必定以为我是女人，遇到突然的兵变，必不能再作理智之探讨。所以，我必须抑制个人的感情，从全局考量对策。看了张学良、杨虎城的通电，我的第二个念头是：如果处理得好，这次兵变必能得到合乎常理的解决。于是，当天晨八时，我即给张学良发去专电，告诉他：我们共同的朋友端纳，准备立即飞往西安。端纳也给张学良发了电报，盼其立即复电，看西安是否愿意接待。"

第二天，端纳带着小美写的两封信出发了，一封是给蒋介石的，一封是给张学良的。给蒋介石的那封信大意是：

亲爱的，你一向脾气火暴，我在你身边的时候尚能提醒你一下。这次我不在你旁边果然出事了。请你调整一下情绪，不要太过生气，更不要跟人起冲突。听说共产党人也要过去，说不定局面会有改变。我们也在努力营救。保重你自己。

而给张学良的那一封则言辞锋利：

张将军的这一举动，将使国家前途受到严重打击。但我认为，您的举动虽然十分鲁莽，您发动兵变的本意，却并无断送国脉、陷害领袖的恶意，因此，请张将军必须及时自拔，切勿贻误时机，以致后悔不及。

在张学良的同意下，端纳平安抵达西安。但就在次日，军政部部长何应钦召开了临时紧急常委会，提出攻打西安的主张。

宋美龄等人立刻着急了，小美站起来大声疾呼："轰炸西安是置中正于死地，我坚决不能答应。我这么做不只因为他是我的丈夫，而且因为他是国家的领袖，他要是有什么好歹，中国将陷入更大的混乱。”

但何应钦等人似乎已经认定了这是一个摆脱蒋介石的绝妙的机会。在他们的强硬意见下，宋美龄一个女流之辈的声音是如此微弱。宋美龄只好最后宣布了自己的决定：“我决定明天亲自飞往西安。”

此言一出，现场一片哗然。在小美的坚持下，诸位官员终于答应暂缓攻打西安。

宋霭龄、孔祥熙都一直守在宋美龄身边，商量营救蒋介石的最佳方案。当天晚上终于传来了一丝希望。端纳从西安带回消息，说委员长一切平安，住处也很舒适。看起来张学良并无加害委员长的意思。张学良也向孔祥熙和宋美龄发出邀请，请他们去西安一起商量救国大计。小美放下了担忧，赶紧开始筹备营救之旅。

第二天一早，端纳就从西安赶回了南京，带去了事态进一步缓和的好消息。但他转告宋美龄，委员长也劝她不要去西安，只怕这是张、杨的圈套。但小美只是提出大姐夫孔祥熙目前是代理行政院长，又身体不佳，不宜离开南京，所以让宋子文代替他陪同自己前往西安（这恐怕也是宋霭龄的主意。她是绝对不会让自己的丈夫去冒险的）。

五天后，再次前往西安的端纳来电说，西安的将领同意让宋子文前来。蒋介石还托人带来亲笔信，恳切劝告南京的委员们不要再扩大南京、西安之间的裂痕。南京无线广播以及报纸上恶意辱骂西安的文章必须停止。

12 月 20 日是南京政府给叛军规定的释放委员长的最后期限，到期就要攻打西安。小美努力恳请中央再给予三日宽限，并决定立刻跟宋子文去西安。南京的委员们立刻前来劝阻，提出如果宋美龄走了，就没有人能制止内战的大规模爆发了。而张学良也发来电报说，如果宋美龄不能阻止中央军的进攻，就一定不要去陕西。因为战争一旦爆发，他也没有力量保护前往西安的小美。

此时所有的抉择都压在小美一个人的肩上。

宋美龄——美人千里空降救夫

最初听说蒋介石被扣之后，小庆高兴得拍手称快，和朋友们举杯祝贺，连声夸张学良和杨虎城“抓得好”！因为当时宋庆龄正在动员一切力量营救被蒋介石关押的爱国“七君子”，她以为这一下，营救工作必能成功。

所以当代理行政院长的孔祥熙，拿来一个谴责张、杨，要求无条件释放蒋介石的声明，要小庆签名时，被她一口拒绝了。她说：“张学良做得对，没有什么可谴责的，要是我处在他的位置，我也会这么做，甚至还会走得更远！”

但是当她接到小妹打来的电话，哀求她出面挽救自己的丈夫时，小庆又心软了。电话里，小美声泪俱下，又急又痛，完全是一个满腹心思放在丈夫身上的小女人。她想起自己刚刚失去孙中山的时候，那时自己也才30多岁。难道要让这一幕在妹妹身上重演吗？

宋美龄继续哀求她：“现在南京已乱成一锅粥了，特别是军政部部长何应钦、戴季陶那些人，打着营救的幌子，却主张对张、杨进行武力讨伐，还准备派飞机去轰炸西安。这明明是要置中正于死地嘛。我现在说话没有人会听，我准备要直接去西安跟张学良谈判。反正是死，那也要跟中正死在一起。”

宋庆龄立即意识到自己原来想的都太简单了，只怕蒋一死，南京政府中亲日派力量趁机大做文章，以此为借口，挑动起中国军队内部的混乱和对抗，不但同红军的战斗不能停止，全国的军队都将可能被卷入内战，中国可就要亡于日本人之手了。如果要付出这么大的代价，杀一个蒋介石那就不值了。

这时，宋庆龄收到第三国际的电报，要求她做工作，保证蒋的生命安全。中共中央也在来电中强调联蒋抗日。宋庆龄在和陕北中共中央联络之后，果断决定以国家大局为重，亲自到西安出面斡旋。不过，她到西安，也并不准备要求张、杨无条件释放他回来，而是要求蒋介石明确答应张、杨的八项要求，释放一切政治犯，停止内战，与各党派和无党派人士一起，共同抗日。

因为何应钦正调兵遣将准备轰炸西安，她无法成行。但是她主张和平解决事变的观点已经晓谕各方。

宋美龄在百般犹豫中，决定暂时留下，让宋子文去西安。第二天一早，宋子文带着蒋介石平安的消息回到北京。听了哥哥的描述，宋美龄决定亲自沟通解决西安事变。

1936 年 12 月 23 日，宋美龄和宋子文、端纳、戴笠等人一起登上飞机。一周以来洛阳上空盘旋的乌云散去了许多，从飞机上俯瞰，洛阳机场的轰炸机正罗列待发。小美的心突突地跳着，一下飞机就召集该地陆军以及空军将领当面谈话，不允许他们在没有得到委员长命令的情况下派飞机靠近西安。之后，她重新登机前往西安。

眼看飞机开始在西安机场上空盘旋，宋美龄拿出随身携带的勃朗宁小手枪递给端纳说：“如果等会儿叛军士兵躁动且无法控制，请一定用我给你的这把枪，把我杀死，千万不要犹豫。”端纳笑了，他说：“上帝和夫人同在，应该不会出现这种情况。”小美深深吸一口气，等飞机停稳，舱门打开，张学良首先登机欢迎。宋美龄仍用平常语气，和他寒暄。离机时，张学良请宋美龄先行，小美却回头用不经意的语气对他说：“汉卿，请不要下令让你的部下搜查我的行李了，因为我害怕他们把我的行李给翻乱了，搞得我不好整理，我带的衣服、用品多。”张学良立即诚惶诚恐地回答说：“夫人何出此言，我怎么敢下令搜查夫人的行李呢？”小美微微一笑，她知道张学良对她和蒋介石的尊重是真诚的，自己看来还算安全。

张学良把蒋夫人请到自己家中稍事休息，但小美却着急地要去看囚禁中的蒋介石。直到这时蒋介石还不知道小美抵达西安的消息。而蒋介石此时就住在张学良宅邸附近，走过的时候可以看到禁卫森严，且卫兵们大多拿着武器，面目阴森冷漠，十分吓人。小美急匆匆地步入蒋介石的卧室，一眼看到宋美龄，蒋介石有些吃惊。小美却快步走过去，往蒋介石手里塞了一个东西。蒋介石把它放进嘴里，这才抬起头来，吩咐其他人进来。

宋美龄十分贴心地送来的是一副备用的假牙。没了这假牙，蒋介石一直拒绝进食。小美等人坐下，听蒋介石详述那日事变的经过。

12 月 12 日清早 5 点半，习惯早起的蒋介石正在沉思，突然听见门外传来枪声。蒋介石大吃一惊，接着是叫喊声和越来越密的枪声。三名侍从冲进来，劝蒋介石赶快逃跑。蒋介石慌慌张张的，没戴假牙，提起睡袍就往后门冲去。侍从们把他推上墙头，因为用力过度，他从墙上一下子就摔到了墙外。只听哎哟一声，蒋介石躺在地上不停呻吟。这时，枪声越来越近，蒋介石也不顾背和脚腕的扭伤，踩着满地的蒺藜和乱石匆匆逃跑。

院落里兵变还在继续，士兵们包围了骊山，把屋子里搜了个底朝天，过了快四个小时，直到上午 9 点，一组士兵在巨石后找到了一处浅小的岩穴。蒋介石躲在里面，已经筋疲力尽了。士兵们轮流把他背到了山下，等在那里的一辆小轿车把他拉到了司令部的大楼。蒋介石一瘸一拐地从车上下来，骂骂咧咧地不肯停歇。张学良连忙走上来，扶着蒋介石走进一间屋子，还请来医生对他进行治疗。但蒋介石怎么都咽不下心里这口气。

宋美龄等人和蒋介石进行了一次秘密的谈话，劝说蒋介石答应张、杨的要求。蒋介石听了宋美龄晓之以理、动之以情的劝告后，点头同意了。之后宋美龄再去跟张学良进行谈判。张学良已经是满心惭愧了，见宋美龄没有发脾气，更是十分诚恳地摆出想要解决问题的态度。

宋美龄说：“你或许认为，西安兵变得到全国民众的拥护，这实际是你的错觉。今大错已成，如何补救，才是当前的最大问题。”

张学良则说：“如果夫人此次和委员长一起赴西安，我敢断定，绝不会发生今天的不幸。我们劫持委员长，自知不妥，但我相信自己发动兵谏的目的，就是为了停止内战，抗击日寇，造福国家。只是我们几次向委员长请求，均遭怒斥……因此要请夫人婉转报告委员长，我们一不要钱，二不要地盘，就算要求委员长签署停止内战、联合抗日的文件，也是为了要为国牺牲。”

见宋美龄陷入沉思，张学良接着说：“夫人应该知道，我一向敬重夫人，就是我的部下也一直敬戴夫人。委员长被禁后，他们搜查了委员长的文件，并且拿到了夫人致委员长的信函两封，我冒昧拜诵之后，更加感觉夫人的伟大。因为这两封信中，夫人为民众求福利，为国家抗外辱的至诚信念，均有充分展露，所以，我深信夫人此来，必能协调各方关系，使委员长早日离开陕西，而且我们仍然一致推崇委员长为我们的唯一领袖。今日特别恳求夫人向委员长面陈款曲，并深信夫人必能助我化解此种危局。”

宋美龄冷笑一声，说：“这没有问题。但是有件事情我也要请张将军度量。12日凌晨，事变发生，枪声四起，如果我的丈夫不幸被流弹击中，结果会是怎样？那天凌晨，委员长慌忙中没穿棉衣，如果因为严寒侵袭，罹患肺炎而死，结果又会如何？你想停止剿共内战，却反而导致中央军进攻西安，导致更大规模内战爆发，请问，这样的结局你是否想到过？你们想逼迫委员长在你们规定的文件上签字，试想，以他的性格秉性和领袖地位，能够答应吗？因此，今天最重要的，就是尽快收拾危局，让委员长尽快离开陕西。”

张学良立刻点头，表示同意。但他又说：“立即释放委员长，关系重大，需要征求其他同志的同意。”

等到两人达成协议，已经是夜深。

经过了谈判和漫长的等待，蒋介石在原则上答应了“八项主张”，但不愿意用文字写下来，只当着宋美龄和宋子文的面做口头保证。

到25日下午两点终于传来消息，张、杨同意释放蒋介石，并且张学良愿意送他上飞机，保证飞行的安全。同时，他还要用赴南京请罪的举动，来证明此次事变他本人绝没有危害委员长的恶意以及争夺个人权位的野心。张学良出门后，立刻直奔车子的前排就座，让宋美龄和委员长坐在后排。子文、瑞纳与杨虎城另乘一车。车抵飞机场，径直开到张学良的波音座机门旁，飞机已提前开热备用。随着一声怒吼，波音飞机离地腾空，当晚抵达洛阳。

这场成功的“猛女救帅”使得这对夫妇在国际上产生了更大的

影响力。但是结果却是张学良和杨虎城都始料未及的。蒋介石不仅没有完全履行他的口头承诺，更是先后将张、杨两人抓入监狱，让他们的余生都再没有得到自由。

宋庆龄——主动要求入狱的“异类”

西安事变改变了历史，也改变了很多人的命运。近代史学家唐德刚说：蒋把他一关，关出了个中国的哈姆雷特。爱国的人很多，多少人还牺牲了性命，但张汉卿成了爱国的代表，名垂千古。”

按照造句的惯例，我们还可以说：“如果没西安事变，蒋介石还以为自己挺猛。张学良把他一抓，抓出了个民国的铁拐李。”（老蒋在逃跑中从山坡上摔下，后背磕在石头上，脊柱受伤，每到阴雨天气就伤痛发作，后半生需要拐杖或要人搀扶走路。）

“如果没西安事变，戴笠什么也不是，他去了趟西安救驾，张学良把他一关，关出了个蒋家天字号大忠臣。想上位的人很多，多少人摔死在半坡上，但戴笠成了蒋介石最信任的奴才加人才。”

“如果没西安事变，大家都以为宋美龄是个芭比。她把蒋一救，人们才发现她内心有个金刚。”

“如果没西安事变……”

蒋介石对于自己所承诺的事情做了一半，但也仍保留了一半。

时局的确从内战转向了抗日，但蒋介石仍心有不甘地没有放弃原先的做法，包括并没有释放在上海被捕的救国联合会分子7人，即著名的七君子。这可把宋庆龄给急坏了。

七君子事件，是指在1936年5月，一些社会进步人士为了响应中国共产党建立抗日民族统一战线的号召，在上海发起成立全国各界救国联合会，要求国民党停止内战，释放政治犯，并与中共谈判，建立统一的抗日政权等。这件事惹恼了当时急于“清共”的国民党当局，也得罪了上海的日军。当时日本驻沪总领事若杉即命令领事约见国民党上海市政府秘书长俞鸿钧，要求逮捕救国会成员。南京国民政府于11月23日上午，以“危害民国”罪在上海逮捕了救国会领导人沈钧儒、章乃器、邹韬奋、史良、李公朴、王造时、沙千里7位，移送位于苏州的江苏省高等法院羁押。由于7人都具有相当的社会地位，因此被称为“七君子事件”。

成立全国各界救国联合会这事，宋庆龄也是有份的，她还参与拟定《抗日救国初步政治纲领》，并且担任救国会的执行委员。但是到了抓人的时候，她却被蒋介石“网开一面”，因此除了愤怒，她心里还有一些对友人们的惭愧。所以她开始积极奔走，呼吁放人。

但蒋介石政府却丝毫没有释放七君子的意思，反而在1937年4月3日向他们提出起诉，并于6月11日和25日在江苏省高等法院两次开庭审讯。

小庆此时已经决定豁出去了（她一直就很豁得出去。胆子大是宋家女人共有的基因）。7月5日，小庆带着简单的行李和铺盖，跟何香凝、胡愈之等人直奔苏州高等法院，一路走一路喊着：“爱国无罪！南京国民政府如果不释放七君子，就把我们这些爱国者一起抓起来！”

国民党高院的法官们没有意料到一向低调内敛不爱登台

的小庆也会有这么戏剧化的一面。更没想到她连铺盖都带来了，一副打定主意要坐在门口不走的样子。法官们哪里敢关“前国母”？他们惊慌失措地出来又是“赔礼”，又是“道歉”，连声说，“我们怎么敢关押孙夫人？我们怎么敢……”

宋庆龄冷笑着当众训斥国民党的法官说：“你们有什么不敢？你们都敢把爱国的领袖关了起来。我看我也只有拿根绳子来请你们绑住我了。你们有没有想过，这么做只能使亲者痛、仇者快，只有日本帝国主义的走狗和奴才才做得出这种事来！”

法院院长和一大堆国民党官员就只好都站着听宋庆龄同志的训斥，口里还连声说：“是，是，是，您骂得对！骂得对！”

宋庆龄等人不肯走，法院高官们又不敢真抓人，双方僵持了几个小时，无非就是一边苦口婆心，一边搪塞敷衍。最后，小庆等人也知道并不会有什么结果，在得到法官们的保证后，他们返回了上海。

这个“救国入狱”举动在全国引起强烈反响。数以千计的人签名请愿，群众救国热情更为高涨。就在宋庆龄发起“救国入狱”举动后不久，1937 年 7 月 7 日，日本进攻北平附近的卢沟桥，妄图实现征服全中国的野心。中共代表很快到达南京同蒋介石谈判联合抗日——这一点蒋介石已不能公开拒绝。又拖了几个星期，直到 7 月 31 日，蒋介石政府才宣布具保释放沈钧儒等 7 人，并于 1939 年 2 月最后撤销了起诉。

其实小庆是非常希望能够多做一些事情的。但是没有实权在手，她所能做的也只有抗议、呼吁甚至于有些像小孩撒娇一样的威胁。

在新中国成立前后，七君子分别收获了令人意外的人生结局。

邹韬奋：1944 年 7 月 24 日死于上海。

李公朴：1946 年 7 月 11 日在昆明遭到国民党特工枪击身亡。

沈钧儒：曾任中华人民共和国最高法院院长，1963 年 6 月 11 日在北京医院病逝。

王造时：被划为右派，1969 年 1 月 14 日在狱中悲愤而死。

章乃器：1957 年起被当成右派，“文革”期间曾被打得体无完肤、奄奄一息。1975 年平反，1977 年 5 月 13 日病逝于北京医院。

沙千里：1982 年 4 月 26 日辞世，幸运的是并未受到反右及“文革”的波及。

史良：1985 年 9 月 6 日于北京病故。“文革”时曾经遭到抄家，后来受到周恩来总理的保护才全身而退。

宋美龄——我要飞得更高

西安事变的发生让蒋介石和宋美龄都感到掌握制空权力的重要性。当时何应钦等人密谋轰炸西安，完全置老蒋的生死于不顾，声称“虽然我们都渴望解救蒋委员长……但是我们的态度是，不能允许一个人的个人安全妨碍……”宋美龄虽然全力阻止了这个轰炸计划，但她也意识到，空军的控制权在别人手里是多么不明智！惊魂甫定后，宋美龄就对蒋介石说，她本人愿意接管这支军队，并保证把它变成对付敌人的有效武器。

小美为何对空军这么感兴趣？恐怕是由于这项源自西方的先进

科技可以最大限度地发挥她的英语特长，同时，她也曾体会过航空的伟大作用和中国航空的欠缺。

在此之前，国民党政府的空军现状是飞机不多，更没有实践经验，远称不上是一支有组织有效率的空军。它的主要作用只是载着蒋介石、宋美龄到中国各省去视察。蒋介石、宋美龄当年几乎走遍全中国，就连大西南和大西北的边远省份也到过，大大加强了对全国的政治控制，这主要就是借助于飞机这种现代交通工具。宋美龄在《航空与统一》一文中夸张地说："一切促进中国统一的新发明，或许要推飞机的功绩最为伟大。"

但有一次她和弟弟乘坐一驾小型飞机在天空中飞翔，却迷失了方向。天黑后，他们不得不冒险降落在一处共产党管辖地区内的稻田中，幸好最后安全逃生。这次历险，使宋美龄深深了解到中国航空事业的薄弱，引起了宋美龄对空军的重视，此后，她经常宣扬要加强空军，使其走向现代化。

蒋介石同意宋美龄的主张。结婚之后，他越来越觉得这个老婆是个人才，不但有杰出的外语能力，可以直接和外国人对话，而且兴趣广泛，干一行爱一行，做什么都钻得进去，还形象出众。蒋介石尤其喜欢看她和外国人对话的样子。她巧笑吟吟，极其东方的面孔里却吐出极流利的英文，简直像一个天真娇憨的美国公主穿越到了中国。这样娇滴滴的小美人来管理空军会是什么样子呢？

蒋介石带着满心的幻想，任命宋美龄为"航空委员会"秘书长。

小美的确也没有辜负老公的期望。她从读书时起就特别擅长"考前突击"。这一次为了对当时美国军用飞机进行了解，宋美龄花了不少时间，对各种品牌的飞机性能做深入的研究，对有关航空理论、飞机设计、飞机零件等，都做过广泛的了解和接触。因为之前由孔祥熙、宋霭龄向意大利购买的飞机如同废铁一般，所以最后她亲自和外商洽谈，订购了价值2000万美元的产品，大大提高了空军的装备。

宋美龄还聘请了前美国航空队飞行员罗伊·霍尔布鲁克作为她的顾问。做事总是风风火火的小美问霍尔布鲁克：“能否推荐一位美国飞行人员，在最短的时间内帮助她把空军整顿好?”

霍尔布鲁克马上想到了一个充满彪悍之风的美军老牌飞行员——陈纳德。

陈纳德的全名是克莱尔·李·陈纳德。他是个非常典型的美国西部壮汉，鹰钩鼻，目光坚毅，肌肉壮硕，精力充沛。他1893年出生，25岁时已经是3个孩子的爹了。那时第一次世界大战爆发，美国对德宣战。经过多次申请，陈纳德如愿以偿地当上了一名飞行员。

进入航空界后，陈纳德在当时还十分薄弱的飞行战术实践及理论上一直走在了前面。他曾与威廉·麦克唐纳和约翰·威廉森组成“三人空中飞人”特技表演队。1935年，他出版的战术教材《防御性驱逐的作用》，在国际航空界引起轰动。

但是陈纳德却仍有些怀才不遇的心情。20世纪30年代，世界空军界流行意大利军事理论家杜黑的“轰炸至上”的空战理论，战斗机受到漠视。陈纳德对这一套理论持怀疑态度。他坚信，现代空战是不能没有战斗机的，但是却没有人愿意听他的。

傲骄的陈纳德在军队中人缘不好，所以一直不受提拔。而他的身体也因为过早透支而越发虚弱。于是他的上司顺水推舟，于1937年4月以上尉军衔让44岁的他退役。

1937年年初，陈纳德收到了当时正在中国中央信托公司任咨询顾问的罗伊·霍尔布鲁克转来的一封信，写信人正是大名鼎鼎的中国第一夫人宋美龄。在信中宋美龄向陈纳德发出邀请，希望他对中国空军进行为期 3 个月的考察。陈纳德答应了。

1937 年 6 月，陈纳德见到了蒋介石和宋美龄。没想到这一见面，竟像是老乡见老乡，两眼泪汪汪。宋美龄在乔治亚州读书多年，她一用英语开口，那口音就把陈纳德一震，顿时倍感亲切。再了解到这位美女愿意把整个中国的空军交给他一展拳脚，他当然乐于迎接这个舞台。

通过考察，陈纳德发现当时中国国内的空军状况十分复杂，不同的地区各有独自的航校，而且不同的航校训练方式也是五花八门，陈纳德拍电报告诉宋美龄，名义上中国当时大约有 1400 名飞行员，但多数是初级航空人员，真正合格的只有当时中央航校培养的 500 人，加上别的航校培养出来的航空人员不过 600 人，陈纳德还得知国民政府名义上有 500 架飞机，但实际上只有 91 架能起飞战斗。

在宋美龄的要求下，陈纳德从西方雇用了一些飞行员组成了第 14 志愿轰炸机中队。他们后来有了一个响亮的名字——“飞虎队”。还从美国飞机企业家手中购买了一批较为新式的飞机，把年轻的中国空军武装起来。“飞虎队”以插翅飞虎队徽和鲨鱼头形战机机首名闻天下，其“飞虎队”的名字也家喻户晓。在陈纳德的全力参与之下，宋美龄在极短的时间内，就掌握了空军内部领导权。宋美龄非常爱护这批空军小伙子，开口闭口就把他们叫作“我的空军”“我的孩子”。而小伙子们也喜欢管宋美龄叫作“夫人”“妈妈”。于是一些人也投其所好，称她为“中国空军之母”。

1938 年 2 月，蒋介石改组空军，由他自己任“航空委员会”委员长，钱大钧任委员，由宋子文接替宋美龄任该委员会秘书长，空军由钱大钧实际负责。此后，小美就把兴趣转向妇女救亡活动和外交活动，但她仍十分关注中国空军的成长和中日空军的情况，经常在新闻电讯和写给朋友的信中，详细介绍或报道空袭、空战的情况。

美国志愿队自从成立以来，在缅甸、印度支那、泰国和中国战斗历时7个月，共击落日机299架，击伤153架。美国志愿队4名驾驶员在空战中阵亡，6名被高射炮射中阵亡，3名被敌人炸弹炸死，3名被俘，10名在空难事故中丧生。美国志愿队共在空战中损失飞机12架，在地面上损失飞机61架（包括撤退时自毁的22架战机）。这些辉煌的成绩一直牵动着宋美龄的心。

1942年2月28日，蒋宋夫妇在昆明宴请陈纳德和飞虎队成员，宋美龄发表了讲话："在中国国运最危难的关头，你们带着希望和信仰飞越了太平洋来到中国。因为这个缘故，不仅我国空军，而且我们全国都展开双臂来欢迎各位。委员长适才曾道及你们光辉和英勇的事迹，并且赞誉飞虎队为举世最勇敢的一支空军。"这位空军之母最后充满感情地说："当你们翱翔天空时，你们无异是用火焰在空中写出一些永恒的真理，给全世界都看到……"

宋家三姐妹——联合抗日第一步

1937年7月7日，中国历史上不能被忘记的日子。

姐妹之间的矛盾、误解、怨气，在日军的滚滚铁骑前也该放放了。

“七七”卢沟桥事变发生后，宋庆龄将她位于莫里哀路的寓所改造成抗日战线指挥部，倡议国共合作。而她知道，如果要达成全民抗战的统一局面，她必须先放下宋氏家族内部的派别矛盾，和大姐、小妹冰释前嫌。

宋霭龄的心思也在这上面。赚了大钱搞慈善，一直是个传统。早在1932年上海“一·二八”抗战时，她曾捐赠数十万国币，建立了一所配有400张病床的培德医院，及时缓解了上海医院床位紧张、伤员救治困难的状况。1937年上海“八·一三”会战中，宋霭龄又慷慨解囊，用自己的钱购买了3辆救护车、37辆军用卡车献给军队。她还特意送给当时的航空部队20多辆军事用卡车，以作后勤之用，并定做了500件皮衣送给空军飞行员，为自己的妹妹——“中国空军之母”捧场。

但她知道如果要抗日的话，光凭她一个人的能力，是很难有什么号召力的。最好的办法就是把两个妹妹拉进来，拉大旗做虎皮，才能在社会上引起更大的反响。所以一听说小庆正在筹备“妇女抗敌后援会”，她连忙到莫里哀路拜访，强烈要求参加。

孔祥熙就看不明白了：女人的脸真是说变就变。原来还吵来吵去的，怎么一扭头，又都跟没事人一样，坐在一起嗑瓜子打扑克聊家常了？

其实宋家的女人们才是真正的政治家。

一看大姐来了，小庆抿着嘴笑了，她拉着小霭的手说：“姐姐，你要参加，真是再好不过了。你精明能干，加上财神爷的帮助，我们的声势就更大了。”

小霭点了点她的脑门说：“没大没小。你不是叫孔祥熙圣人，就是叫他财神爷，还把他当姐夫看吗？我呀，也就是想做一些力所能及的事情。一切都听你们安排。”

1937年7月22日，中国妇女抗敌后援会在上海成立了。常务理事会主席是廖仲恺的夫人何香凝，沈兹九、王孝英等21人为常务理事，宋庆龄、宋蔼龄、于凤至（张学良的原配夫人）、陈淑英、周养浩、罗叔章等为理事。妇女抗敌后援会立即开始进行抗日宣传，训练妇女担任战地护士，号召大家捐钱捐物，活动开展得轰轰烈烈。

小美一听没叫上她，立马不干了：不行，我也要参加！如果她们三姐妹是民国女性前三强的话，那么她就是内定的冠军。这种好事怎么可以少了她一份？她立刻在南京成立了中国妇女慰劳自卫抗敌将士总会，声称自己的是全国最高组织，其他组织都要算分会，受她的领导和管理。

两个姐姐了解小妹喜欢发号施令的个性，她们经过与何香凝及其他理事的商议，把团体改名为“中国妇女慰劳自卫抗敌将士总会上海分会”。两个姐姐爽快地让贤了。这倒把小美给激动坏了。她连忙给二姐打去了一个电话，又亲笔写了一封信，感激二姐的胸怀坦荡无私。

此时宋美龄的生活重心在妇女指导委员会的工作上。“妇指会”慰劳组在宋美龄的号召下发起筹募棉衣运动，拨用专款购买衣料，派服务队队员在正金银行组织新生活妇女工作团，集体赶制棉背心1万件。宋美龄对于棉衣运动十分关注，经常到现场视察工作，并亲自裁剪、缝制棉衣。最后总计捐助了棉背心多达2000件。“妇指会”还派人到各家各户去征募棉衣，当征募人员满载而归时，宋美龄召集这些人员开了一个慰劳性质的同乐会，她在会上发言说：“如果不把我们二万万多妇女动员起来，是我们少数知识妇女的耻辱，我们应该做的事太多了，今天的成绩加强了大家的信心，接着好好干吧！”

当“妇指会”转移到重庆后，她身先士卒，指挥转移和安顿战时孤儿，不眠不休，把5000多名孩子送到安全地带，开办孤儿院。她还定期给孩子送去食物和用品，看望孩子。她把自己所有的母爱全部倾注到这些孤苦贫困的孩子身上。

这个“愣大胆”依旧延续着自己天不怕地不怕的个性。她从来就不肯安静地待在防空洞里，或者是躲避到安全的府邸里办公。有一次，小美和几个秘书在防空洞里“躲警报”，在场还有外国的记者。小美不断跑到洞口，看日本的飞机在空中盘旋。突然，洞里的电话响了。秘书跑过去接，发现是蒋介石从城里打电话查看他的妻子有没有乖乖地留在洞里。他知道小美经常会冒险离开潮湿的防空洞，返回到地面的房屋中去，或者是不带警卫就跑到城里去。他不愿“愣大胆”再遇到危险。

上海抗战爆发后，三姐妹更加忙碌了。宋庆龄撰写了大量文章，分析抗日形势，鼓舞人民树立抗日必胜的信心；宋美龄向外国朋友介绍中国的抗日情况，争取国际力量更多的支持和协助；宋霭龄大开金库，主动领着妇慰会的理事们购买国民党的救国公债，她还少见地登上了演讲的主席台，在中外妇女联席会议上，向各国在上海的妇女代表报告中国抗日情况，敦促她们与本国的政府联合起来，共同制裁日本。她们姐妹三个就是中国女性面向世界的名片，用她们理性的思考、感性的呼吁、流畅的英语、热烈的爱国心，紧紧拉着手，走在抗日最前线。

但是这晚来的团结阻挡不了日军的疯狂进攻。随着上海的沦陷，三姐妹先后都迁居香港。不过在香港她们也没有停止慈善的脚步。

宋家三姐妹——民国时的“中国首善”

三姐妹到达香港后，很快就各有作为。

宋庆龄在到达香港的最初几个月里，就建立了“保卫中国同盟”（简称保盟），并创办了一份机关刊物——《保盟通讯》。

保盟的主要任务是接受国际社会的人道主义救助，并且为中国人民的抗战事业服务，特别是向中共在敌后不断开辟的游击区的援助。因为许多中共领导的部队尽管属于国民政府，却得不到政府的军需给养，甚至连医药供应也没有。他们急需支援。

作为一个负责任的管理人，宋庆龄对钱财方面的事情特别认真。每一笔给保盟的捐赠，不论数额大小，收据上都有她的亲笔签字。国外记者写道：“在她那鹰一般尖锐的目光下，没有发生过钱被无耻官员吞没的事情。”

在八路军和新四军的区域，保盟还帮助建立和扩充国际和平医院，赞助儿童保育院（收养孤儿和父母在前线的孩子）——其中有一个建在延安窑洞中的“洛杉矶保育院”就是用洛杉矶华人捐款设立的。在延安的“抗大”（抗日军政大学）和“鲁艺”（鲁迅艺术学院）也得到保盟的援助，因为这些学校都是培养为抗战服务的文化工作者的，对它们的援助不仅是出于爱国主义，也是为了世界性的反法西斯斗争。

而宋霭龄则把她的一片爱心洒向了国民党的伤兵。在前线伤员的提议下，全国成立了“伤兵之友总社”。孔祥熙任理事长，宋霭龄自然也就出任理事，兼任香港的“伤兵之友协会”会长。有了财神爷和财神娘娘坐镇，每个伤员出院或退任时，都可以得到一套新军服、一包食品和一些零用钱。1940年，宋霭龄参与全国“伤兵之友总社”发起的征集伤兵之友活动。这个活动在4月21日结束，全国共征集伤兵之友70万人，捐款133万余元。

宋霭龄还将一部分注意力放在建立“工会”上。“工会”是“中国工业合作协会”的简称。1937年11月，美国友人斯诺夫妇从解放区参观回到上海，参加上海各界爱国人士和社会名流的“星一聚餐会”，会上斯诺提出沿海工业区已沦陷，应该以合作社的方式动员人力物力，从事生产支援抗战的建议，得到与会者一致响应。该计划得到行政院长孔祥熙同意后，工会组织即宣告成立。

但由于要花的钱太多，孔财神觉得心疼，也就把“工会”活动搁置一边。小霭却很感兴趣。“工会”的组织者们乐见其成，宋霭龄也就“自然地”成了“工会”的领袖人物。

这项工作寄托了宋霭龄所有的乌托邦幻想。她设想在城乡建立许多模范村，模范村中建各种实验工厂、学校和母亲训练中心等。1939年她还独资建立了一座小型纺织企业。她对“工会”的热心，也由于“工会”适应了战时经济发展需要，不但得到国内多方支持，而且也得到国际上的赞助，发展非常迅速。“工会”组织几乎遍及整个大后方，甚至深入敌占区和游击区。3年时间里，在16个省地区内，设立合作社近2000个，动员失业工人、难民及荣誉军人参加战时生产工业，凡军民用物资几乎样样都有生产。

作为中国的第一夫人，宋美龄的忙碌更不在两个姐姐之下。但她一直在策划着一场三姐妹的集体亮相。小美所热爱的就是把一切活动都变成作秀。她才不管二姐小庆生性低调、大姐小霭很少出席重要场合。看到目前的局势需要，宋庆龄和宋霭龄所能做的也只有配合。

1940 年 3 月 12 日，三姐妹同时出现在香港丽雅饭店，参加香港各爱国团体的聚会。她们一出场，就吸引了媒体的目光。这个亮相果然十分精彩。

小美当仁不让地先上台讲话。她穿着黑绸绣花中式旗袍，优雅敏捷地走上主席台，黑亮的眼珠先向会场扫视了一分钟（这一招叫作“建立气场”）。之后，她缓缓地开口，用十分赞赏的口吻高度评价保卫中国同盟的工作，称赞“保盟”和“工会”为宣传中国抗战形势、联络海内外朋友、募集抗战物资、救助战争难民所做的一系列卓有成效的工作。

听着妹妹的话和周围长时间的掌声，宋庆龄的眼睛湿润了。这还是她第一次听到国民党政府官员们对“保盟”和“工会”的肯定。特别当小美赞扬“保盟”之后，又特别请求二姐，提出由“保盟”对“伤兵之友总社”香港分社的财务账目进行审计，这更加证明宋庆龄本人所建立的“基金会”——“保盟”在处理捐赠款物时是公正、廉洁的。

而宋庆龄走上演讲台时，夸奖的是大姐的“伤兵之友总社”香港分社。她非常热切地称赞大姐早在民国初年担任大总统秘书时，就显露了卓越的组织领导才能。近年虽没有担任公职，但她筹组实业，发展经济，运筹帷幄，常操胜算。因此担任这个职务，没有比她更合适的人选了。

这番话听得宋霭龄心里却有些感慨。毕竟在担任大总统秘书时，她心里还藏着些许少女情怀，如今都已成空。

她缓步走上台，脑后的发髻上一颗硕大的珍珠显得那么夺目。但是配她那傲气的面容却是刚刚好。跟妹妹们一样，她一开口就是称赞两个妹妹对中国抗战的贡献，表示自己今后要竭尽全力，把“伤兵之友总社”香港分社的工作做好。

姐妹三人的演讲激起了热烈的反响。在她们心里，也洒下了若干期盼——如果能够一直这样多好！难道有什么比姐妹之情更重要的吗？

一个美国记者拍下了三姐妹在重庆时的照片，当时她们三个正从楼上跑下来，又说又笑，又跑又跳，几乎像三个天真无邪的女学生。谁想得到当时她们已经都是四五十岁的中年妇人了？

遮掩在异见之上的情感那么美好梦幻，谁都忘记了底下还藏着一条巨大的鸿沟。只是不到看见的时候，所有人仍沉浸在热泪盈眶的感动中。

宋家三姐妹——一道别样的民国风景

“皖南事变”以后，宋庆龄与两位姐妹的关系曾一度趋于紧张。当她从香港回到陪都后，重庆各报的记者削尖脑袋也弄不到一张宋氏三姐妹的合影照片。蒋介石在黄山官邸特为宋庆龄修建了一幢名为“云峰楼”的别墅，以供宋庆龄消夏之用，她却一直未去住过。只是在蒋介石做出“今后决无剿共的军事行动”的许诺之后，宋庆龄愤懑的心情才逐渐平静下来。

为了搞好战时的救济工作，给中国的抗战增加一份力量，宋庆龄有意避免参加政治方面的争论，以免影响工作。她的沉默是为了集中全部精力来争取抗战的胜利。基于这个目的，整个抗战期间她再没有公开发表过谴责蒋介石集团的言论。

1940 年 3 月底，身在香港的宋庆龄受小妹邀请，由香港飞往重庆，参加共同的抗日活动。在重庆她们安排了非常重要的几场大秀——参加对美广播，号召美国人民支持中国的抗日战争；视察防空洞、孤儿院、军需工厂等，检阅部队，察看被日机轰炸后的重庆市区，以及炸后重新建设的情况等；亲临重庆的第五陆军医院，看望那里的伤病员。

有一张照片是三姐妹并肩行走在重庆的街头。她们穿着深色的旗袍和平底布鞋，头戴巨大的浅色遮阳帽。帽子上用一根黑色的绸带将长长的帽檐顺着两侧耳旁弯下，系在腮上，看起来就像三个头戴飞行帽的外星人降落在地球上，甩开膀子，昂首阔步地向前走。那是一个多么新鲜而有趣的画面啊，巨大的帽子既遮阳，又挡脸。表面上像是在担心自己的明星身份被众人发现，但实际上，这个帽子比任何东西都要吸引旁人的目光。

围观的小孩和妇女都穿着朴素的长袍，一个个灰头土脸，在人堆里张大了嘴，两只眼睛直勾勾地盯着三姐妹，似乎是被她们的时髦震惊，又被她们的气场所震慑。

她们不但点亮了中国人的信心，也燃起了美国人对她们的喜爱和同情。据说三姐妹在重庆对美广播播出的第二天，美国纽约州立大学有上千名学生上街进行游行声援。白宫国会的知名人士当天也以个人名义向国会递交了制裁日本的意见书。三姐妹的宣传让中国人的心声毫无阻碍地传到了美国人的耳朵里，激起了阵阵回响。

而每当三姐妹共同出现时，更像是三强的次第亮相。4 月伊始，春寒料峭，三姐妹都没脱下冬装。宋庆龄一身灰色的大衣，里头是同色系的外套和白色衬衫，扣子系得紧紧的，头发也平整地拢在脑后。她的步子有些匆忙，似乎是不大愿意和姐妹摆出亲密的姿态，所以总显得一个人有些落寞。

相比之下，宋霭龄就霸气十足，她一身黑色的长大衣，更显女王范儿，洁白的领子衬着一张总是扬着的脸孔，还有薄薄的嘴唇边抿住的骄傲，都让旁人退避三舍。耳朵上硕大的红宝石耳环，时刻都在提醒人们她的地位——中国最有钱的女人。

而宋美龄则轻便许多，她只穿一件短外套，领子上别着珠花，里头是深蓝色的旗袍，走动之间显出她灵活的身形。就连她走路的姿势都特别夸张，甩着胳膊，像个孩子一样，三步两步就冲在了第一个。和姐姐们不同，她把刘海斜斜地吹起来，就像是好莱坞的著名女影星一样，在哪里都格外抢眼。

不管在哪里，宋美龄总是当仁不让地第一个发言，争夺着镜头和掌声。而宋霭龄的拿手好戏就是在机构提出还缺多少食物、多少药时，她大笔一挥，捐赠数额可观的急需品出去。宋庆龄则低调了许多。她总是谦逊地让到一边，微笑不语，听妹妹发言。只有在看望孩子和慰问伤员时，她才俯下头，亲切地同他们交谈握手。

随着她们工作的展开，天气也越来越暖。三姐妹也从冬装换成了春装。

宋美龄身穿深蓝色软缎旗袍，搭配一件短款的薄开衫，足踏黑色高跟鞋。她身上唯一的配饰是蒋介石送给她的一枚银光闪闪的红十字徽章。她很清楚，视察不仅是一个等着记者拍照的过场戏，而是涉及蒋介石个人威望的大事。照顾好后方伤员，是对前方战士的精神鼓舞，也能提高政府在民众心中的威望。作为第一夫人，她很擅长在非常时期征服人心。

宋霭龄也换了一身墨绿色软缎旗袍，领口处还露出一枚祖母绿的领花。在她举手搔头时，外人也能看到一只碧玉镯随着她腕子滑动。她丝毫不愿意掩饰自己对珠宝的热爱，仿佛一刻都不能离开那对红宝石耳环。

宋庆龄也穿了一身素色的旗袍，浑身没有任何的珠宝装饰。她不像小妹那样，热衷于把自己打扮成好莱坞明星，也不像大姐那样，将珠宝视为生活的必需品。她倒像是红楼梦里的贾母看过薛宝钗的蘅芜苑后评价的那样：如生活在雪洞里一般。

连续几个月在一起工作，姐妹们之间的隔阂消除了许多。三姐妹因为走上不同道路而逐渐疏远的心，也慢慢贴近起来。

三姐妹中，对于姐妹团聚最为热衷的是宋美龄。而她最难攻下的关卡就是二姐宋庆龄。因为小庆总有过多的忧虑，她担心和小妹的亲密会被人误解成她和蒋介石，和国民党的亲密。虽然姐妹们都怀着一个朴素的愿望，但什么时候能够成真，似乎始终是一个太遥远的梦。

宋家三姐妹——月圆夜彩云易散

1941 年香港被日军占领后，宋庆龄再次转移到陪都重庆。因为没有住处，她不得不暂住在大姐宋霭龄家里。可以说在重庆，再找不到比孔府更舒服的地方了。但宋庆龄却觉得自己像是关进了笼子的鸟儿，失去了自由。孔府特务成行，宋庆龄每天都在担忧，担忧自己的来信被特务们检查，担忧来看望自己的朋友们被监视和迫害，担忧蒋介石当局在暗中设置圈套，编排自己已经和国民党合作的假象。她还要忍受姐姐烦人的说教，花费心思躲避烦人的应酬。每天都活得非常辛苦。

更气人的是宋庆龄没办法阻挡妹夫来大姐家做客。每次听说蒋介石要来，宋庆龄就提早躲出去，尽量不跟他碰面。有一次快半夜了，蒋介石没等人通报就匆匆进了客厅。当时宋庆龄正和姐姐姐夫闲聊。看蒋介石进来，大家连忙都站了起来。宋庆龄犹豫片刻，从椅子上抬起半个身子，又坐下了。蒋介石也有点尴尬，站了一会儿就离开了。宋庆龄立刻和姐姐道晚安，回自己的房间去。

宋庆龄向弟弟宋子文求救，宋子文十分同情二姐，替她联络了一处独立的房子。小庆很快搬了出去，但是周遭却仍然躲避不了特务像苍蝇一般的哄哄乱转。

宋美龄从宋子文那里得知了小庆的现状，她暗暗思忖一会儿，肯定地说："你关照他们一下，不许在阿姐那里胡来。有什么意外，我不会罢休。"

为了姐姐的安全，宋美龄还特意要侍卫长俞济时给宋庆龄安装了一部对外不公开的电话，并把长途军话台供蒋宋联系用的绝密电话号码"2080"告诉她。有空时，姐妹两个就用上海话聊聊家常的琐碎事务。虽然仍有特务监听，但是能听到亲人的声音，那心情还是很不一样。小美对阿姐十分客气，甚至心存畏惧。宋庆龄不许美龄来看她，宋美龄就绝对不敢去。

见到二妹那么孤独地坚守自己的清静，小霭心里既有一些不高兴，又有一些同情。她作为宋家小一辈的领头羊，自然希望全家人可以上下一心，同心协力地向着革命的同一个目标前进，有福同享，有难同当。但她又怎么会不知道小庆心里的苦和伤？从和孙中山恋爱开始，她就做好了一个人承担一切后果的准备。面对一切的误解，她一个人战斗得太久了。三民主义已经从纲领变成了信念，又变成了信仰，最后变成她自我认同在世上生存的最大的资本。她为了守护自己的这份纯净，已经同这个世界孤独地隔绝。她养成了怀疑和否定的习惯，就连她血脉相连的家庭，都成了她的敌人。

她越是决绝地对待自己的家庭，就有一个人越盼望着团圆。这个人就是宋美龄。一边是自己的亲姐姐，一边是心爱的丈夫，她不希望放开任何一边。

特别是当宋家的两个小弟——宋子良和宋子安平安地从云南回到重庆之后，聚会就成了宋美龄更迫切的心愿。宋美龄已经想好了，她要在黄山官邸开办一场家庭聚会，让全家人好好地聚一聚。同时也借这个机会解一解丈夫和姐姐之间的心结。

小美十分激动地策划着买酒买菜，蒋介石也同意了出席。宋霭龄见宋美龄兴致如此之高，先泼了她一盆冷水说：“你别太高兴，聚会能不能成功，关键还是看你二姐那边。”

宋美龄十分自信说：“我们兄弟姐妹一直是聚少离多，难得有一个机会在一起。这次聚会只谈家事，不谈国事，二姐为什么会不肯出席呢？”

放下电话，宋美龄又一个电话打到了二姐家里。小美一听姐姐的声音，就很激动地说：“二姐，我打电话请你来赴宴。子良子安都回来了，咱们一家团团圆圆地吃顿饭，高高兴兴地说笑一回好不好？”

宋庆龄很平静问：“这么说，蒋委员长也出席咯？”

宋美龄说：“他也很支持我们这场聚会，特意推开了公务来陪我们。一起来吧！”小美似乎没有听出宋庆龄的弦外之音。

果然小庆用慢悠悠的口气说：“我不去了，身体不好。”

宋美龄连忙说：“我给你派医生过去。”

小庆断然拒绝：“不用，我有药。”说完，她就把电话给挂了。

放下电话，宋美龄颓然跌坐在沙发上。

蒋介石看她这个样子，就猜到了电话里发生了什么。蒋介石走过去安慰说：“都怪我，如果我不参加，她一定会来。她不来也好，我们自己吃吧。”

但是这个心愿却一直埋在宋美龄心里。

等到抗战形势逐渐好转之后，姐妹间的关系也缓和了许多。小庆的脸上露出越来越多的笑容，姐妹间的交谈也越来越多。恰赶这时国民政府宣传部的官员们，要索取抗战中三姐妹合影的照片，以配合形势的宣传。那囚禁在宋美龄心底的三姐妹圆桌会餐的欲望又从她心底冒腾出来。

快到八月十五了，小美去探望宋庆龄时，有些吞吞吐吐地向姐姐提出中秋节团圆的要求。宋庆龄照例问蒋介石是否出席。宋美龄连忙说："他有事情要忙，不来打扰我们了。"小庆低头沉吟了一下，微笑着答应了。

宋美龄又接连拨通了大姐霭龄、哥哥宋子文、小弟子安、子良的电话，把这一喜讯分别告诉他们。

为了八月十五赏月团圆，大姐霭龄特意订购了一个六斤重的大月饼，代表六兄弟姐妹的团圆，开车送了过来；宋子文也特意派飞机到昆明购买了两只象征团圆的神龟鱼，送进了美龄的餐房；两位弟弟也为美龄请来了重庆饭店的高级厨师。

八月十五日本来就是一个团圆的时刻，尤其是在宋氏这个与中国命运紧紧相连的、在全世界都名声显赫的家庭里，他们家族团圆的意义远超过普通家庭团圆的意义。黄山官邸的宴会厅里甚是热闹。十几台大吊扇一齐开动起来，阵阵凉风送爽，宋氏兄弟姐妹六人以及他们的家眷、司机、卫官足足摆了五大桌。十几名侍者身穿全套白色制服，有的在一旁悉心伺候，有的满头大汗跑来跑去。

五个大大的餐桌上一色地摆满了高级厨师做的名菜，几道主菜分别是：油炸团圆神龟鱼、莼菜鸽蛋汤、眉州丸子海参、香酥鸡网油蟹卷、生菜大虾、油淋鮟鱇鱼，以及叫不出名的山珍海味，还另有点心、水果、冰激凌。

宋美龄用散文诗一般的开场白拉开了聚餐的序幕。高脚酒杯中的红色液体，在兄弟姐妹碰杯后，仿佛已经不再是酒，而像母亲的血液，再次注入他们的肌体，使他们有了共同的话语。

当听到宋子文在向子良和子安询问在云南做走私生意的详情，宋霭龄非常谨慎地递过去一个责怪的眼神，举起酒杯发布了一条禁令："今天晚上大家莫谈国事。"听了大姐的话，大家也都心知肚明，之后便竭力维护，尽情开怀畅饮，倾吐心扉。就连宋庆龄都是一直挂着笑容，虽然一直很少说话，但是她却频频举杯，仔仔细细地看着自己的兄弟姐妹。这是宋家的兄弟姐妹最愉快的一次聚会，然而也是最后一次相聚。

番外四——三妻四妾的孔二小姐

小美没有孩子，历史上传言有很多，一说是蒋介石在战争中失去了生育能力；一说是小美有洁癖，不愿和老蒋同房；一说是小美曾经怀孕，却因为车祸流产，之后再没有怀过。但小美显然是喜欢孩子的，而且口味还有点重。在大姐宋霭龄的四个子女中，她唯独最喜欢的就是长得不像爹也不像妈，举止作风最为怪异的孔二小姐孔令伟。

孔令伟原名孔令俊，出生于 1919 年，处女座，血型不明。据说在她小的时候，小姨美龄有次见她大夏天穿长衣扮淑女，捂得浑身痱子，一下子就想起自己小时候。于是她让仆人给她换上男孩的短裤短衫。这二小姐和幼年的小美一样，男装一上身就不愿脱。一个女孩子愣是从穿得像男孩到长得像男孩，短发剑眉，最后干脆把名字“令俊”改成“令伟”。

令伟从小便撒野成性，在学校最喜欢挑起同学打架斗殴，自己在一旁看热闹。10 岁出头，她就学会射击，13 岁即会开车，时常开着汽车横冲直撞，撞到路人一言不合，就拔出手枪恐吓对方。谁知宋美龄却非常钟爱她，常常夸赞：“令俊天生豪放，女生男相，很像我。”（我们不能忘了，宋美龄小时候也是假小子呀。）

小美钟爱令伟还有一个原因，就是令伟也算是小姨的幸运星。有次她跟宋美龄出行，原定乘坐第二辆车，但孔二小姐撒泼打滚，非要坐第五辆。结果路遇敌机轰炸，第二辆车被扫射得千疮百孔，她们所坐的车子却毫发无损。事后，小美干脆把孔二认作干女儿，去哪儿都领着她扫雷指路。

长大后的孔二小姐不着女装，留大背头，或西装革履，歪戴礼帽，或商贾打扮，手持折扇，口叼雪茄，令人莫辨雌雄。而且她只许别人叫她“二先生”，谁敢叫“二小姐”，一枪毙了他！

这些都还是其次，孔令伟最出名的还是她的性取向。终生未婚的她成为民国时期最著名的女同性恋。

孔二具体有过几个女朋友，如今已不可考。但有传闻她找女朋友的眼光和男人一样，喜欢从男人手里抢女人，还喜欢三妻四妾。国民党 88 军军长范绍增曾受托为孔二做媒，媒没说成，自己姓邓的姨太却被孔二勾引走，真真是赔了夫人。孔二将她安置在自己的别墅中，还命令手下，称她“太太”，可见是给了名分。

但没多久，孔二又闲不住了。她以招聘秘书为名，招来了四个美女陪侍。这把邓太太气坏了。

她沉痛地发现，跟了女人居然一样不能幸免妻妾争风吃醋的战争，且四个对手都比自己年轻，精力充沛。一来二去，邓太太郁闷不已，深染沉疴，30 多岁就香消玉殒了。

孔二小姐在感情上不同于常人，在个性上也非常与众不同。她飞扬跋扈，天不怕地不怕，简直是个小霸王。

香港沦陷后，蒋介石派飞机到香港，亲手圈定将著名的社会活动家、媒体人胡政之接回重庆。但是等飞机停在重庆机场后，舱门一开，就见 17 只大狗狂吠着，争先恐后地涌出机舱。之后是牵着狗的家什和孔二小姐。等到飞机下完了人，也不见胡政之老人。这件事一下子引起轩然大波。记者纷纷写社论予以谴责。刹那间举国哗然，学生游行，于右任弹劾，孔祥熙不得不辞职下课。

男大当婚，女大当嫁。就算是孔二，也必须为了家庭，树立一个社会形象。宋霭龄为她相中的对象是著名的西南王——胡宗南。

胡宗南大龄、未婚、掌握兵权，个矮（一米六），其貌不扬，做派老土。但是这些条件配孔二刚刚好。可是戴笠一听说自己的拜把兄弟胡宗南被介绍给孔二之后，立刻跳出来横插了一腿。他百般劝说胡宗南不要跳入火坑，将下半辈子的幸福交给那样一个比爷们儿还爷们儿的女人。胡宗南听得一身冷汗，压根儿就不敢去见孔二。但是孔财神用势力压着他相亲，胡宗南只好硬着头皮去了。

相亲那天，孔二还精心准备了一番。她破天荒地在成年后第一次穿上女装和高跟鞋，拎着个包扭着扭着就出发了。

但是没想到相亲过程中，胡宗南始终不敢正眼看她，就领着她一直转圈。两个人足足走了两个小时都没休息一下，孔二的脚磨了两个大大的水泡。气得这位孔先生一坐上汽车就把高跟鞋摔了，发誓再也不见胡矮子。

而胡宗南在戴笠的牵线下，娶了戴笠所办的“特务训练班”中的一个女学生。这件事让孔二对戴笠气得牙根痒痒，结下了深仇大恨。

从此之后，孔二再也不碰裙子了，而且也绝不相亲，终身未婚。

后来孔令伟始终陪在宠爱她的干妈——小姨美龄身边。小姨也包容她的种种行为，包括她的众多女朋友。晚年宋美龄每个星期要把假发送到美发店去清洗，负责这个任务的就是孔令伟的“姨太太”。但是孔家人却对她的行踪闭口不谈，孔令伟从公众的视野中消失了，一晃就是20多年。直到1975年，她搀着宋美龄出现在蒋介石的葬礼上，人们才发现她原来隐居在台湾。

好事的新闻记者开始打探她的个人生活，然而，他们得到的结果却使他们觉得索然寡味。原来，这名在抗战时期红极一时的孔二小姐，这么多年里仍孤身一人，没弄出任何可以让新闻界热炒的“桃色新闻”。她默默地做着宋美龄的干女儿和贴身管家，而且变得循规蹈矩，这实在叫人难以置信。

宋美龄——被爱情遗忘的角落

之所以拿出一个番外来写孔二，就是因为孔二小姐和宋美龄的中年危机有非常密切的联系。

人生似水流年，再美的花也会有枯萎的一天。特别是在抗日的过程中，宋美龄数次出生入死，有五次都差点遇难。

第一次是在河南的兰封县视察前线，敌人的一排炮弹飞来，她顺势扑倒在工事掩体下，侥幸没有丧命。

第二次是在河南富金山七十一的阵地上，日军发动空袭，宋美龄系着绑腿，跟着护送她的五个士兵一起匍匐、滚进，从一个弹坑跳到另一个弹坑，从炮火中逃出一条生路。

第三次是在九江以南的万家岭，宋美龄和士兵们一起在防空洞里躲炸弹。突然，一颗大炸弹一下子落在了紧邻宋美龄躲避的洞口附近，幸好最后有惊无险。

第四次是在往黄梅前线慰劳的途中，日军发现了宋美龄乘坐的小汽车，追着进行轰炸。小美认为两条腿肯定跑不过四个轮子，坚持让司机开车，忽然一组炸弹落在汽车后面，巨大的气流把汽车掀翻了，宋美龄滚出车门，被气浪冲到了一个高坎下，紧贴在路边的沟缝里，捡回一条命。

第五次是在武昌军事委员会的办公大楼。一次，一枚重磅炸弹落在防空壕附近，震天巨响后，蒋介石夫妇和好几个卫士都应声栽倒。宋美龄昏过去好几分钟才醒过来。在她左边不到一米处就有一个卫士倒在血泊中。蒋介石如痴如呆，看见宋美龄活过来了，才哀哀切切又欣喜至极地喊了一声："Darling!"

这一次次的出生入死给她的身体造成了永久的疾患。腰病、失眠、燥热、过敏等反应纷纷出现，尤其是年少就患上的湿疹更是变本加厉地折磨她。小美见蒋介石公务繁忙，担心自己的病情烦扰他，于是干脆搬进了大姐家里。外人看起来，就传言是小美有洁癖，担心蒋介石嫌弃她，于是两人分居。

夫妻之间，永远都在烦恼的就是要提防另一个女人或者男人的出现。因为这对夫妻的特殊身份，社会上也有不少关于他们的流言。

宋美龄的机要秘书披露了他们的一次谈话。宋美龄那天来了兴致，要秘书向她报告民间对她究竟有哪些传说。秘书推托半天，最后干脆照实说了：传说小美和前夫刘纪文，明离暗不离；和吴国祯搞婚外恋；玩弄空军飞行员等。

秘书说完，有些担心地看着小美的表情，没想到她竟然若无其事地笑道："太好了，你对我毫无顾忌，我就需要有人对我明陈直谏。你说的这些，我早就知道一些，全是胡诌。我和刘纪文根本没有结婚，而且在认识委员长之前，就和他关系淡漠了，分手后更没有什么私交往来。他和委员长，一个要投靠求官，一个要搜罗人才，这是他们的事情，与我没有任何关系。”

然后她说：“吴国祯头脑不凡，政治敏感，才华出众，对委员长十分忠诚。作为部下和朋友，我信任、喜欢吴国祯。但是跟我时间久一点的人都知道，他既不是潇洒倜傥的美男子，也不是英俊魁梧的伟丈夫，怎么可能被我宠为情人？何况我的注意力全部放在‘妇指会’的工作上，连休息时间都不够，怎么可能还去找情人呢？”

说到飞行员，宋美龄说：“空军对于委员长的军事实力关系重大。从这点来说，我普遍地喜欢每个飞行员。”

但是关于蒋介石的绯闻却始终没有被辟谣过。

据说某一天，蒋委员长到陈立夫家中做客，偶然看到一位二十来岁的少女。她身材修长，皮肤白嫩，见蒋介石来访，她大方地出来沏茶奉茶，举止活泼妩媚。蒋介石不由得看得痴了，陈立夫连忙介绍说：“这是小弟的侄女陈颖，刚从美国留学回来，还请委座多多关照。”蒋介石不便表露什么，只是随口应承，继续和陈立夫谈正事。

回到府邸之后，他的脑海里依然浮现出那一个被旗袍包裹起来的动人身体，犹豫再三，他叫来了戴笠，极力夸奖陈立夫的侄女品貌出色，可以安排她到自己身边工作。

戴笠连忙顺着他的意思说：“校长身边不是还缺一个英文秘书吗？我看陈小姐刚好可以胜任。”

蒋介石按捺住喜悦的心情点头道：“我看可以。”

戴笠立刻安排陈立夫和陈颖来见蒋介石，他事先已经和陈立夫打好招呼了，于是陈立夫一个劲怂恿陈颖说：“快，让蒋伯伯考考你。”

陈颖毕竟留过学，见过些大场面，面对蒋介石也是不怕的。她卖弄地走到蒋介石身边，杏眼含春、朱唇半启地说：“蒋伯伯，你要考我啥啊？”

蒋介石从头到脚把她打量一下，连声说：“好，好，好，俗话说，东洋镀银，西洋镀金。你伯母是镀金的，你呢，也是镀金的。而且你还这么年轻，我看，说不定你能超过你伯母呢，啊……”

蒋介石的话让陈颖和陈立夫心领神会。陈颖当天便留在蒋介石的办公室“翻译文件”。

宋美龄并没有察觉出蒋介石金屋藏娇。她还是忙着慰问伤员，组织航空队。倒是宋霭龄从陈立夫兄弟春风得意的脸上发现了疑点。通过她自己的情报系统秘密侦查，终于证实了蒋介石的风流韵事。

宋美龄看到宋霭龄拿到的证据，不由得哭倒在她身上。宋霭龄等妹妹哭够了，才冷静地说：“这个陈颖不是平民女子，她留过洋，有背景，有手段，还跟陈家兄弟有联系。如果撕破脸，老蒋面子上也过不去。但是，也绝决不能姑息。你要维护蒋介石的面子，还得斩草除根，做得神不知鬼不觉。这其中该怎么做，还需要我教你吗？”

宋美龄擦干眼泪，冷静地思考了一会儿，便下定了主意。

没过几天，蒋介石忽然得到戴笠的报告，说夫人用50万美元把陈颖送去了美国。蒋介石心里是又惋惜又恼火，但是见到宋美龄也只得装作若无其事。陈立夫收到驻美大使馆的电报时，才知道陈颖已经被宋美龄“一振出局”。心里虽然懊恼，也无计可施。

宋美龄——河东狮发威捉奸

宋美龄平时虽然很少有时间管蒋介石，但别忘了，她有非常强大的亲友团。除了“负心汉惩戒团”团长宋蔼龄之外，还有宋美龄后援团“镁粉”的团长孔令伟“孔二先生”。有了她们的监督，蒋介石始终被管制着，但凡有出轨的蛛丝马迹，都会被立刻挫败。

而这一次老蒋出轨的危险性极高，他金屋藏娇的对象不是新人，而是旧夫人陈洁如。

可怜的小洁已经在美国待了5年多，学习了英文、养蜂和园艺，并从哥伦比亚大学教育学院获得硕士学位。她始终怀着一颗少女心，越来越朝小清新的方向发展，回国之后，她也始终单身。此时上海沦陷，小洁犹如风中落叶，无力自保，只得通过国民党官员向蒋介石求救。

收到陈洁如的求救，老蒋的心里一揪，20年来的愧疚涌上心头。小洁嫁给蒋介石时，老蒋远不是什么人物。但她仍是尽心服侍，不离不弃。如今蒋介石已经贵为国民党的大家长，却连自己爱过的女人都不能保护，这多让人心酸。蒋介石立刻通过第三战区司令长官进行安排，让陈洁如秘密奔赴重庆。

见到泪痕犹干的小洁，蒋介石的心一下子就软了。他答应陈洁如，有空多来陪伴她。但是他又担心宋美龄知道此事，和他闹别扭。于是他把陈洁如安排在位于杨家山的戴公馆。反正戴笠是他的亲信，公馆又多，借用一处也没什么要紧。当天晚上，他就赶去重温鸳梦。

但是当戴笠听到副官报告这个消息时，惊出了一身冷汗。他知道这件事要是被宋美龄知道，一定会以为是他在中间牵线让两人重修旧好，还借出房子供两人私会。这样的话，他非被千刀万剐了不可。于是第二天戴笠就连忙找到蒋介石，说杨家山不够隐蔽，劝他把陈小姐藏到地方更僻静，风景也更好的松林坡公馆。蒋介石欣然同意了。

戴笠还以为这事是神不知鬼不觉，没想到另一个人却把这一切看在了眼里。

这个人就是性格诡异的孔二小姐。她听人密报，说胡宗南之所以不愿意跟她结婚，是因为戴笠向胡打小报告说她是个阴阳人。这可戳了孔二的死穴了。她愤愤地派出自己的眼线，一直盯着戴笠，妄图抓住他的蛛丝马迹，好向蒋介石告发。

没想到还没抓到戴笠的劣迹，她就发现了姨夫的奸情。八卦之心陡起的孔二连忙亲自前去侦查情况。在掌握了陈洁如确实住在松林坡的证据之后，她速给干妈打了电话。

宋美龄这时正在昆明视察陈纳德的飞虎队基地。孔二小姐在电话里语焉不详地说："家里老虎不在，狮子招了一只狐狸回来，要干妈速回处理，千万不要给狮子知道。"

宋美龄一听就明白里头有猫腻。她使了一招调虎离山计，给蒋介石挂了电话，告诉他自己第二天下午会返回重庆，问蒋能否到机场来接。心怀鬼胎的蒋介石满口答应。第二天中午，蒋介石就率领一帮大员，手捧鲜花站在珊瑚坝机场翘首期盼。

这时，提早回来的宋美龄却在孔二小姐的带领下坐着小轿车径直赶往松林坡公馆。一见到陈洁如，宋美龄一肚子气就冒了上来。陈洁如比宋美龄小 10 岁，就算宋美龄保养再好，也敌不过天然的青春动人。大洋彼岸的海风明月，奶油沙拉矿泉水的滋养，让陈洁如依然肌肤滑腻，身材丰满。宋美龄满心都是羡慕嫉妒恨。她不等对方反应过来，一个耳光扇过去，哭着喊起来："你这狐狸精！我在外头那么辛苦，你却在这里坐享其成！"

陈洁如十分震惊地看着这两个闯进来的女人，她认出了甩她巴掌的就是宋美龄，不由得满心委屈涌了上来。她捂住脸大哭起来，边哭边说："当初还不是因为你他才把我送走的。说起来是你先插足我们之间，你才是破坏我和蒋先生的第三者！"

宋美龄一听神色大变，浑身颤抖。孔二小姐唰地拔出手枪说："干妈和她有什么好啰唆的，一枪送她见阎王得了！"

陈洁如看着这个男女莫辨的小个子，拼出了命大喊："你杀了我吧，反正我活着也没什么劲。"

看孔二就要动手，宋美龄用尽全力喊了一句："放下！"见侍卫抢下孔二小姐的手枪后，又按住要撞墙寻死的陈洁如，宋美龄才筋疲力尽地瘫在椅子上说："不，要毫发不伤地把她送出重庆，就算要死，也不能让她死在这里。"

孔二小姐的枪被夺了，但她不甘心自己发现的这么一桩有趣的事情就这样结束。她在宋美龄的纵容和默许下，大肆在屋中摔家具，搞破坏，弄了个鸡犬不宁。直到侍卫看不下去，出来劝阻，宋美龄才整理了仪表，挽着孔二小姐扬长而去。

蒋介石在机场等了半天，什么也没等到。再一打听，知道宋美龄早已在另一个机场降落。他马上意识到后院要起火，也来不及发脾气，急忙赶回住处。

到家后，宋美龄还没到。他暗中派人去松林坡打听消息，自己只能装作什么都不知道的留在家里等待消息。不久之后，宋美龄回来了。她的神色平静，似乎什么都没发生。蒋介石连忙捧着早准备好的鲜花，挤出一脸笑容，向宋美龄迎过去，高声说："Darling，怎么早回来也不跟我说一声？"

宋美龄满脸怒气地越过他，径直走进屋子。蒋介石也连忙追进去。侍卫们在外头等了半天，只听到屋内乒乓作响，吵闹声和砸东西的声音此起彼伏。许久后，蒋介石气呼呼地出来，脸上挂着两道指甲留下的伤痕。

因为这件事的发生，蒋介石有好一段时间没法接见外宾。从这之后，夫妻两人就开始冷战。

带着满心的气愤和忧伤，1942 年 11 月宋美龄离开战时的中国，去美国疗养和访问。

宋美龄——多愁多病你伤不起

对于宋美龄去美国演讲的缘由，八卦小报另有一个演绎的版本。

当时在美国大选中落选的威尔基作为总统特使来到中国。蒋介石夫妇热情款待了他。威尔基便也投其所好地大拍宋美龄的马屁："以她的才气、智慧、说服能力和魅力，必能使美国人民更加了解中国。她将是一个完美的大使，美国人民就需要这样的访客。"

小美噔的两眼一亮，正中爽点。果真开始认真考虑出访之事。而美国八卦作家写道，在蒋介石举办的盛大招待会中，威尔基偷偷溜走，而宋美龄也失踪了一小时。蒋介石怒气冲冲地派60名军警四处搜寻，却没找到证据。一小时后，威尔基和宋美龄分头出现，神情怪异。蒋介石马上带着宋美龄离开。

但实际上宋美龄怎么可能那么轻易动心？宋家三姐妹接受传统教育长大，洁身自好，忠贞本分，而且对男人眼光都特别高。

更何况宋美龄当时的身体也的确需要一次大的调养。一次坐车遭袭的时候，她的双腿刚好就撞在前面的玻璃隔板上，由于猝然招致剧撞，玻璃隔板顿时粉碎，粉碎的玻璃片刺伤了宋的腿和手臂。更严重的是宋美龄的腰部和坐骨神经也受到了损害，脊柱发生严重扭伤和错位。虽然幸好没有断裂，但是造成终身的损伤。从此之后，她腰椎部位的肌肉始终僵硬。在战争紧张年代，她每当心情忧虑就会长出红色的“风疹”。而且她渐渐感觉到乳房有硬块。经过医生检查，怀疑有癌变的可能。所以宋美龄打算去美国好好检查一遍。

小美此刻的出国和小庆当初被迫离国完全不同。她有着国家元首代表的接待，源源不断的财政支持，前呼后拥的佣人队伍，还有着极高的上镜率。她的行李箱中装满了必要的华丽衣着和首饰，脸上也挂满了美国人所钟爱的东方式的笑容。

1942年11月27日小美抵达纽约。总统代表哈利·霍普金斯到机场迎接她，并且把她送到哈尼克斯医院特别病房楼，并且约定第二天会见总统罗斯福的夫人埃莉诺·罗斯福。熟悉的环境让小美想起她的少女时光，她仿佛也变成了一个小姑娘。在美国人看起来，中国人本来就显小，再加上她惯会撒娇发嗲，竟然把罗斯福夫人哄得十分开心，连连把她称为“我的女儿”。

宋美龄进行了一系列秘密的治疗，把身体不舒服的小毛病都修理了一番。她在哥伦比亚长老会医疗中心的哈克尼斯医院特别病房楼是用假名登记的，并受联邦保安人员的严密保护。孔令侃特意从耶鲁大学请假过来，和孔令伟一起陪伴小姨妈。孔令杰则一直在美国飞来飞去，布置接下来的公开行程。

等到小美出院的时候，已经显得又年轻了许多，恢复了从前那个精神旺盛、从不疲倦的样子。但她没有马上开始工作，而是利用了总统赋予她的特权，在海德公园总统休养地住了两周，并起草了对国会的发言稿。等一切安排妥当，已经是次年 2 月。她结束隐居的生活，继续成为中国的形象代表，作为罗斯福夫妇的客人住进了白宫。

或许小美儿时最爱读的童话在此时跳回了她的脑中，她简直把自己当作公主一样在生活。她要求每天用自己从中国带来的真丝床单铺床，并且每次上床休息之后，都要重新更换一次。这就意味着，白宫服务人员必须每天为她更换清洗熨烫床单两次以上。她还习惯用拍手招呼服务员，而不是使用西方人常用的摇铃。她总觉得摇铃是用来召唤动物的，对人并不尊重。而她最宠爱的随从——孔二小姐孔令伟则整日在白宫里游荡。她剪着大背头穿着西装，经常和漂亮的女服务生调情，十分引人注目。罗斯福还曾开玩笑地叫她“我的小伙子”。

有时候宋美龄也会发一发大小姐脾气。她喜欢抽一种特殊牌子的英国薄荷醇香烟。当她知道有一批给自己的香烟运到纽约的时候，十分焦急，三番五次打电话给财政部部长希望他能命令海关放行。经过她三番五次地催，最后工作人员只得派来专机将香烟空运到华盛顿。一抽上烟，宋美龄浑身才顿时舒坦了，高高兴兴地平息了怒气。

当时《时代》周刊的主编卢斯为宋美龄在东西海岸之间组织多次宴会和演讲，计划在六周间周游纽约、芝加哥、洛杉矶等地。

当小美一行人在美国巡回演说募捐时，也把她娇惯的个性带到了各地。美国人的书里这么写她："美龄总是要精致高档的东西。她在沃尔多夫·阿斯托里亚塔楼旅馆的第四十二层上要了一个套间……每当她准备离房外出，秘密警察都要为她在整个楼层清道。美龄不止一次考虑了几小时才决定是否出游，同楼住客只得在房中闲得发慌，等候蒋夫人做出决定，因此引起颇大的反感。"

"三月二日晚，她是麦迪逊花园广场举行的一次群众大会的主宾……美龄在出席大会讲话之前，卢斯在沃尔多夫的一次精心安排的私人宴会上准备把她介绍给六十位贵宾……北大西洋沿岸各州的第一夫人群，品尝着已经不太热了的熟煎酱汁牛排配香草的佳肴，她们的丈夫则清着嗓子。卢斯终于让人给美龄的房间送去一个紧急口信。显然，美龄感到不舒服，甚至不能穿过楼道去乘电梯，在饭后喝咖啡时露一面。她在为晚宴后的大会演讲养精蓄锐。"

"……接着，她乘火车周游美国六个星期。在芝加哥，对华九级联合会地方委员会为夫人一行提供了棕榈大厦宾馆的半层楼，房租算是旅馆报效夫人的中国事业的。但是为这次旅行打前站的孔令杰却认为棕榈大厦不是芝加哥最好的旅馆，因此只得另费对华救济联合会数千美元，请夫人到德雷克饭店下榻。"

最有趣的一个例子是在犹他州的一个小镇上，当时还是清晨，天刚刚亮，小镇上许多居民包括小孩子都出来了，希望能一睹蒋介石夫人的风采。当时货车鸣着汽笛，缓缓地就要停下。但是宋美龄此时还在睡梦中，谁敢叫她起床呢？这时就像事先彩排好的一样，一位会一点英语的中国侍女走上月台，她披着宋美龄的斗篷，向激动的人群优雅地点头，微笑着挥手。政治人物有替身不少见，但是有作秀替身的，恐怕还是独一无二的。

就连这场旅行的最后，也有一个不太愉快的插曲。1943 年 7 月，宋美龄返回重庆。途中为了减轻飞机重量，她的行李在阿萨姆机场卸了下来，装上另一架美国军用运输机。当时搬运行李的美国兵不小心摔了一个箱子，箱子裂开之后，里头的东西都滚了出来：化妆品、内衣和各种美国带回来的小玩意儿。美国士兵们勃然大怒，气得把所有箱子都摔在了地上打破，用脚踢起尘土，和蒋夫人的皮大衣、贵重珠宝等东西滚做一堆。因为当时运输十分困难。许多美国飞行员为了向中国运送物资而牺牲性命。而宋美龄竟然利用这个宝贵的机会运送自己奢华无用的那些小玩意儿，难怪那些美国兵们要大发雷霆了。

宋美龄——“征服美国”的国会演讲

尽管引发了种种不愉快的小插曲，但是小美的美国之行还是非常的星光灿烂。因为她在短短的几个月时间，就成为风靡美国的演讲“达人”。

1943 年 2 月 18 日，宋美龄第一次登上美国国会演讲。有了从小在美国成长的经历，再加上在中国多年的登台演讲的经验，小美就像一颗冉冉升起的新星一样，闪亮于西方大舞台。

小美的演讲服是一件紧身的黑色长旗袍，开叉近膝，端庄保守，但极富古典气质。两弯眉拔得细细的，头发梳得一丝不乱，手上戴着简单一圈但名贵的翡翠玉镯。纤纤十指涂得鲜红，脚上是一双透明的长筒丝袜和高跟鞋。

这个非常传统的中国美人，一张嘴却是“Ladies and gentlemen”，标准的美音，十足的穿越。老外看着她，就像我们在听外国人唱中文歌一样，稀罕得不得了。议员席和旁听席上座无虚席，人们一个个张大了嘴仰头看着，伸着大巴掌啪啪鼓掌。

在罗斯福夫人的陪同下，小美缓缓挥手，向鼓掌欢迎的参议员微笑颔首。她登上主席台，用目光示意众人安静，然后轻启朱唇：“我不是个会说话的姑娘，更不是个演讲的专家。但是呢，前几天我在海德公园的时候，参观了总统的图书室，看到了总统先生的演讲稿摆在玻璃窗里，从初稿到最后，一共有六稿。昨天呢，我和总统先生聊到这件事。我说：总统先生，像你这么好的演说家，也要先把草稿改这么多遍，让我觉得好像我多改几遍稿子，也可以站出来演讲啊。总统说，你还没看到，我已经改了12遍了哦。这样来看的话，我今天冒昧站在这里说一段话，希望大家看在我已经改了这么多遍的分上，能够原谅我说的不到位的地方……”

小美一说完，人群立刻爆发出雷鸣般的掌声。

小美又继续表达了她跟山姆大叔套近乎的希望：“我的少女时代是在这里度过的。我不但会说你们说的语言，而且我的心里想的都跟你们一样。所以今天见到你们，感觉就像一家人一样亲呢。”

就这样，小美的演讲时不时被掌声打断，有时候掌声会长达5分钟。而小美在最后总结陈词时，又获得了满堂彩：“我们中国人民在这5年半的攻打小日本的过程中，一直秉持了一个信念，那就是经过光明正大的抗战最后接受失败，比屈膝求和地可耻地接受失败更为明智。”众院议事厅爆出了经久不息的掌声，一位议员说他从来没有见过这样的场面，宋美龄差点让他掉下眼泪。

小美的演讲在整个美国都激起了热烈的反响，无数的“镁粉”从全美各地纷纷寄去信件。其中有古稀老人，也有年幼的孩子。就连众议院的议长雷朋也向众议员热情颂赞了她，并邀请她来发表演讲。

在国会演讲后的第二天，全国性的记者会在白宫总统椭圆形办公室举行，172名记者挤满了办公室，争睹“亚洲第一夫人”的风采。宋美龄像个参加新专辑发布会的新人一样坐在中间，罗斯福夫人坐在左边，一只手放在宋美龄的椅子上，像是母鸡保护着小鸡。罗斯福则坐在左边，像叔叔介绍他美丽的侄女。罗斯福还特别客气，让记者们不要问太难的问题，以免宋美龄答不上来太难堪。

宋美龄倒是不怯场，她穿着一袭黑色旗袍，身上唯一的饰物就是胸前别了一支中国空军的军徽，微笑地说：“我在中国战场访问过前线无数次，从来都不感到害怕，我看到你们都是满脸笑容，就能感觉到我是你们美国人民的朋友哦……”

热烈的掌声又一次响起。但是大家却没有因此对她手下留情，尖锐的问题仍然是一个接着一个。

有个记者问她：“听说中国并没有充分运用其人力？”

小美脸上掠过一丝不爽，她立刻提高声调回答说：“中国在人力上已尽全力，但缺少军火，中国不缺训练有素的飞行员，但没有足够的飞机和汽油。”

一个记者马上追问：“中国如何获得军火？”

小美转过头，狡黠地看着罗斯福说：“总统解决过许多重要问题，渡过许多危机，最好由总统来回答这个问题。”

罗斯福一看，嘿，这个狡猾的姑娘还懂得把球踢到我这儿来！他立刻起身接腔说：“要把飞机和空需品运到中国去，可说是一件极为困难的事，但美国政府正全力以赴把这些重要物资送到中国。”

小美盯着他的眼睛，追问说：“多快能运到？”

罗斯福眼睛一转，巧妙地答道：“上帝让我们多快，我们就多快！”说完，他很得意地往后一靠，自以为巧妙地终结了这个话题。

但是没想到宋美龄竟然站了起来，像是对记者说话，但其实脸缓缓转向了罗斯福总统，诚恳地说：“在我们中国有一句老话——自助者天助之。”

罗斯福尴尬地哈哈大笑，连忙说：“是的，是的，我们会加快速度。”

一说完，记者又开始询问飞虎队在中国表现如何？宋美龄立刻不吝赞美地赞扬美国志愿飞行员对中国抗战的贡献。罗斯福心中暗暗不爽，他知道记者会如果继续开下去，宋美龄注定要抢了他的风头，于是宣布散会。

1943 年 2 月 28 日晚上，宋美龄一行人离开华盛顿，前往其他城市，继续展开她忙碌而紧凑的“征服美国”演说行程。

既然到了美国，宋美龄自然不能错过所有演员的梦想之都——好莱坞！听说会有 200 多名支持中国抗日的影剧界明星到场，小美激动了！劳勃·泰勒啊！贾利·古柏啊！英格丽·褒曼啊！凯瑟琳·赫本啊！亨利·方达啊！丽泰·海华丝啊！秀兰·邓波儿啊！小美摩拳擦掌，蓄势待发——这简直是来跟好莱坞大牌一较高下啊！

好莱坞也摆出了全明星的派头来迎接她：洛杉矶爱乐交响乐团演奏了专门为这次演讲谱写的《蒋夫人进行曲》，而所有接待工作由著名电影《飘》的制片人大卫·赛尔兹尼克一手布置、督办。在好莱坞圆形竞技场里，3 万听众，其中不乏一流明星。恐怕在小美之后，很难再有一个中国女人尊享这样的待遇。

成功地演讲之后，宋美龄在美国进行募捐。在纽约、芝加哥、洛杉矶、旧金山等各大城市都有获得前所未有的轰动。历时 7 个月大有斩获的新大陆之行后，1943 年 7 月 4 日，蒋夫人终于心满意足地返回重庆了。

许久不见，蒋介石和宋美龄之间的那点小别扭也慢慢扭回了正常状态。看着宋美龄在此次美国之行中造成了巨大影响，蒋介石衷心觉得这个老婆是无论如何不能再下堂了。而小美呢，虽然在美国耀武扬威了这么久，但她慢慢明白，没有蒋介石，她是无论如何也抖不起来的。两个人就这样达成了默契，恢复了和好如初的状态。

宋美龄——过时的“中国表情”

蒋介石又开始频频携娇妻出门拜访外国朋友，他认为，在全中国找不到第二个比宋美龄更称职的外交家了。

1943 年 11 月 9 日，罗斯福第三次给蒋介石发电报，邀请他于 11 月 22 日到开罗参加四强会议。会前，由史迪威和商震等人拟订了在开罗会议上的提案：要求美国为蒋介石装备训练 90 个师的军队，要求英国在反攻缅甸时大力支持。11 月 18 日，蒋介石和宋美龄自重庆乘飞机起程，于 21 日上午 7 时抵达开罗。

11 月 23 日上午 11 时，开罗会议在可以眺望金字塔的总统饭店里开幕。在这次会议上有小美的老朋友罗斯福，还有一个素未谋面的、手段强硬的丘吉尔。宋美龄穿着她常穿的黑缎旗袍，外面罩一件白色短外套，脚上穿着白鞋子，装饰有素雅的蝴蝶结。想用她柔媚的女人特征，在这场充满男性意味的较量中刮起一阵女性旋风。

听说蒋介石把宋美龄也带来了，丘吉尔还有些不太高兴。因为上半年他去美国访问的时候，刚好宋美龄也在。罗斯福就想邀请两人共进午餐。丘吉尔都做好准备了，结果宋美龄却娇滴滴地说，丘先生没有亲自打电话邀请她，说明不愿意和她见面，那她就不出席了。这把丘吉尔给气得直跳。

而这次又是这样，在这个一向由男人参加的重要场合，宋美龄却老是跳出来娇滴滴地说话，非常努力地想要表现出自己的存在感。只要她觉得翻译得不够到位，就会马上亲自用英语再次声明蒋介石的主张。丘吉尔对蒋介石和罗斯福之间漫长而又亲切的对话和宋美龄毫无瑕疵的英语，感到很不自在，事后一直抱怨："好好的英美对话就被那两个中国人给毁了。说那么多废话，简直是一点用都没有。"

丘吉尔找了个机会，酸溜溜地对小美说："上次在美国没机会碰面，真是太遗憾了。我早听说蒋夫人漂亮而又能干，现在一看，真是名不虚传。"

小美笑着说："中国人常说，来得早不如来得巧。这次开罗会议上能见到您，也是我们的缘分到了。"

丘吉尔问："夫人是不是觉得我是个很老派的人啊？"

小美露出惊讶的表情说："您怎么会这么觉得？我不知道呀，不过阁下相信殖民主义，我不相信。"

丘吉尔又问："那夫人对我的看法如何？"

宋美龄莞尔而笑说："我认为阁下说的时候比做的时候要凶。"

丘吉尔私下对罗斯福说："这个女人，不简单！"

宋美龄还时常游走在会场中，对那些对中国革命表示支持的人表现出好感。在一次激辩中，马歇尔因为不满英国将领刻意贬低中国战区的重要性，坚持说："希望我们就这个问题再聚在一起讨论。"宋美龄立刻身体前倾，把纤纤玉手放在马歇尔的膝上，柔声说道："将军，你和我随时可以聚在一起。"这一招立刻俘获了"马将军"的心。

在此后的三天会议中，中、美、英三国首脑商讨了联合对日作战计划，击败日本后如何处置日本等问题，并发表了《开罗宣言》。宋美龄全程参与了三巨头会谈，她简直是不知道疲倦的小马达，一连十几个小时都坚持工作不愿意休息。她工作得太努力，让蒋介石都没有发挥的余地。

罗斯福曾对一名记者说："在开罗，我无法形容对蒋中正的任何看法。后来，我回想起这件事才意识到，我所知道的都是蒋夫人向我讲的她丈夫如何如何，以及她是怎样的。她总是在那里回答所有的问题。我可以了解她，但对这位蒋先生，我却根本看不透。"

自珍珠港事变，宋美龄访美以至开罗会议，中美关系之密切、热情，前所未有。小美成了在美国家喻户晓的政治明星。

但连轴转的工作强度让小美略有些恢复的身体很快又垮下去了。再加上舆论对蒋介石政府操纵经济、政治腐败、消极抗日形成的强大压力，到 1945 年，小美决定前往巴西治病疗养。而因为孔祥熙的错误经济政策备受诟病的宋霭龄也决定一同前往。在瓜纳巴拉湾中心巴西政府供要人玩乐的小岛布罗科纳上，两位中国的名媛贵妇低调隐居着。宋美龄由医务人员护理着，治疗她的神经衰弱。

在风景优美的休养胜地布罗科约岛静养了两个月，她又转赴美国纽约继续疗养，直到抗战胜利日本签署投降书后才回国。而进入内战时期，宋美龄再次前往美国寻求金钱和舆论支持。但是这一次她受到的待遇是完全不同的。

华盛顿再也不向她提供红地毯和白宫的免费住宿，也没有收到国会演讲的请柬。而刚刚在大选中成功当选总统的杜鲁门并不支持院外援华集团，他还向报纸发表了声明，披露了美国给蒋介石的援助总额已经超过了 38 亿美元。

从总统的不信任开始，美国情报机构逐渐抖出了蒋介石集团的诸多丑闻：1942 年孔祥熙曾用美国贷款中的 2 亿美元从杜月笙和宋家商号里套购货物；而之前一段时间，美国国会刚给过蒋介石集团 10 亿美元的贷款，而这笔款项很快就又蒸发了。各种丑闻织成了一张巨大的网，不停地缠绕在宋美龄的身上，让她在美国的求援之行寸步难行。

她在外交舞台上的光芒不再，究其原因，是世界形势发生了变化，同时她的角色性质也发生了变化：之前她代表的是抗战的中国，顺应了世界反法西斯战争的需要，体现了中华民族坚决抗战到底的意志；如今则仅仅代表着没落的国民党蒋介石统治集团的狭隘利益。

无计可施的宋美龄决定离开华盛顿，隐居在孔家位于里弗达尔的宅邸里。从此之后她再也没有寻回过在外交舞台上的辉煌。

宋霭龄——劝夫东山再起

出国一年的宋霭龄感受到了他们离国期间政坛掀起的余波。她觉得就这样退出历史舞台实在窝囊，经过一段时期的养精蓄锐，她劝说孔祥熙要再往上蹿一蹿，即使不能东山再起，起码也要挽回一点面子。

此时宋美龄和蒋介石已经复合。也许是蒋介石折腾不动了，宋美龄觉得还是只有蒋介石能带给她所需要的，他们两人经过了风风雨雨，重归平淡和恩爱。

宋霭龄在这个时候再次去找蒋介石，游说自己的主张。她泪眼汪汪地拉住蒋介石发问："委员长，难道你忘了从 1927 年开始，我们孔家和宋家就一直支持你成立南京政府，拉拢宋子文过来帮你吗？我和美龄还一起去美国争取外援。祥熙更是凡事唯马首是瞻，他主管财政以来，为了保证你的军费需求出过多少主意。他对四大家族睁一只眼闭一只眼，最后还为自己背上了一身骂名，我们求过什么，不就是因为对你忠心耿耿吗？到最后，你竟然这样对待我和老孔，你到底是要把我们逼到什么地步啊？"

蒋介石冷冷地听完，不做任何解释。他搓着手说："记者已经揭露出那么多的丑事，总不可能全部是假的吧？我包庇你们还不够多吗？你们平平安安地活到现在，难道不是打着我的名号吗？但是我也不可能完全忽视民众的呼声吧。你们身为国家要人，也要为政府想一想。只知道一味贪财，赚多少才能满足？事到如今，老孔年纪也大了，也到了退下的时候了。我不会忘记你们的功劳。以后你们就安度晚年吧。”

宋霭龄的脑子急速转了几圈，分析了目前的情况。蒋介石的意思是只要他们不出来生事，不干涉“朝政”，不被记者抓住把柄，基本上可以相安无事。她决定和孔祥熙出国养老。毕竟在国外他们有大笔财富可供尽情挥霍。但是就这样出去，还怕被人又翻出把柄，节外生枝。她想了个以攻为守、佯进实退的策略，回去后对孔祥熙如此这般地说了一番。

孔祥熙一听宋霭龄要他继续在政界活动，把头摇得像拨浪鼓一样。他说：“子文早就说过，给老蒋当部长就跟当狗没什么两样。我过去还不以为意，现在觉得说得可真在点子上。我早已心灰意冷，你就不要再耍我了。行政院长都辞了，还争什么，岂不是笑话？”

宋霭龄呸了一句说：“亏你还是什么孔圣人的传人，中国文化权术一样没吃透。孙子兵法上说，善战者不败，善败者终胜。说的就是会打战的不会输，而如果懂得在劣势中寻找机会，最终也能够胜利。如果咱们连善败者终胜都做不到，那就连命都没了。”

孔祥熙连连称是。

在宋霭龄的策划下，到了蒋介石召开伪国大会的时候，已经连辞五个要职的孔祥熙竟然积极联络冯玉祥、阎锡山等北方出身的代表，请客送礼，摆出一副要竞选立法院院长的姿态，这让旁观者都感到意外。不少人觉得孔祥熙背景雄厚，又曾经是国家要人，如今混到这个地步未免惨了点。这么多年没有功劳也有苦劳吧。大家竟然纷纷投去同情票，一时呼声很高。

但是立法院历来是CC派和政学系的后院，陈立夫、陈果夫兄弟和政学系首脑张群还担心孔祥熙真被选了上来，连忙私下串联，联手抵制，才让孔祥熙的活动没有奏效。

但是孔祥熙本来的目的就不在竞选上，他只是为了显示一下自己的实力，然后借抵制之力急流勇退。夫妇两人从容清理财产，准备出国事宜。

但是不久就冒出一件让他们两人始料不及的事。蒋介石的政府离开重庆返回南京之后，四川省60多位乡绅名流联名写了一封呈文给蒋介石，要求派孔祥熙到四川出任省长，主持川政。

这封呈文辗转送到了孔祥熙的手上，他一看，就热血沸腾起来，连连叫宋霭龄也过来看看。宋霭龄匆匆一扫，只见呈文中说，据四川民意测验结果，四川人民一直渴望孔祥熙来川主政。说什么孔氏效力革命，劳绩卓著，而尤以抗战八年各方奔走不遗余力，妇孺皆知。要想让战后四川交通便利，农业进步，工矿发达，救老百姓于水火之中，非孔祥熙不行。“千军易得，一将难求”，建设四川“舍孔氏其谁”？文中更是连篇累牍地说以往四川主政之人，只知剜肉补疮，各种投资有名无实，导致丧失人心。如今川人盼孔祥熙，犹如久旱盼甘霖。只有孔祥熙来了，以往“天下未乱蜀先乱，天下已治蜀后治”的老例才能改观。

孔祥熙津津有味地念着：“‘孔庸之公一来，四川幸甚，中国幸甚！’这写得太好了。难得这一年处处冷落，还有人记得我。在中国还是得当官，当官最好。”

宋霭龄冷笑一声，问他说：“你的意思是？”

孔祥熙说：“你想想过去看到的那些地方大官，一个个简直都是土皇帝。将在外，君命有所不受。他们哪一个不是为所欲为，作威作福？要不然中国有句老话‘宁做鸡头，不做凤尾’呢。”

宋霭龄问："那你是打算做鸡头哩？"

孔祥熙似乎没有听出宋霭龄话中的讽刺之意，他哼哼唧唧地说："我孔某人对四川还是有感情的。如果人民信任，自然是义不容辞。只是委员长那里……啊……那就看看吧。"

宋霭龄这才忍不住了，把呈文摔到他脸上，连声说："你看看，你仔细看看，民意测验结果，咱国民政府什么时候搞过国民测验？老蒋上台是民意吗？你孔夫子当部长当院长是民意吗？现在台上的这些人哪一个是民意，怎么到要你去四川就抬出了个民意？而且真有这些民意，还不如老蒋一个主意！你别让人捧昏头了。"

孔祥熙听愣了，但又不愿意承认自己的飘飘然，就嘿嘿一笑。宋霭龄接着说："中国除了你难道没有人适合到四川主政吗？四川这块肥肉多香啊。你看看以往对四川主管的攻击，就该知道不是没人去，而是人太多了，是争不过来了。现在要手腕要到你头上了。你记得《三国演义》里头一段故事，叫作死诸葛吓走活仲达吧？"

孔祥熙嘿嘿一笑，说："不就是诸葛亮死后，曹魏的大兵又来了。姜维没有办法，只好把诸葛亮的尸首放在小车上，推到阵前。司马懿一见，就吓破了胆，立刻撤兵逃跑了吗？"

宋霭龄瞟了他一眼说："光说不用有什么用？说穿了，四川那些乡绅不过是拿你当作诸葛亮的死尸用。蒋介石和四川军阀历来矛盾很深，四川军阀内部也是派系林立。现在抬出你来，不过是为了压制其他不合他们意但又没理由反对的人，绝不是真心欢迎你去。一旦你答应，就等于钻进了他们的圈套，成为他们的傀儡。我们到这个地步，千万不能干这种替人火中取栗的蠢事，是不是？"

一席话听得孔祥熙脊背发凉。他喃喃说："这个，这个，还真没想到……"

孔祥熙立刻主动请人给蒋介石捎话，说自己无意担任新职，四川之地更不愿前往。蒋介石也很给“面子”，立刻“照准”。孔祥熙收起了短暂的“诸侯梦”，一心考虑出国养老事宜。

宋霭龄——叱咤巴西的女强人

就在宋美龄为她自己失去了外交明星地位感到沮丧时，宋霭龄却仍然在加紧聚敛金钱的工作，为安度晚年，以及替孔家下一代铺路做准备。

陪宋美龄到巴西养病期间，宋霭龄就开始重返商场。在这个她最擅长的领域，简直是如鱼得水。宋美龄热络地联系巴西铁腕人物热图利奥·瓦加斯。她沿用中国人情的老一套，送他明清两朝皇帝用过的古董，陪他品茗，打台球，说笑。两人很快就熟络起来。瓦加斯对于宋霭龄也是喜爱有加，他要求巴西政府为宋霭龄在巴西的一切活动提供便利。

宋霭龄此行的目的已经非常明朗了。她在最高层的权力斗争中失败，孔祥熙的职位也保不住。在国民党的统治下，若没有权力的开路和庇护，庞大的家财不但不能够再增值，迟早还会连老本都被吃掉。她必须趁斗争结果还没有公布之前，把国内巨额财产转移出来。南美洲离中国路途千里，联系不多，把财产转移到这里相对比较安全。同时这里矿产丰富，发展前景看好。在这里投资能够取得丰厚利润。宋霭龄在巴西购买了大量企业股票，有石油、采矿、航运等，并且在圣保罗的银行里存进了巨额现金。

宋霭龄在巴西安顿好之后，又飞到委内瑞拉的首都加拉加斯，阿根廷首都布宜诺斯艾利斯，以及秘鲁、智利等地，将巨额财产分散存进银行，又进行了大量具有升值空间的投资。

在宋霭龄离开之后，孔祥熙被解除财政部部长的职务，也在谴责声中离开中国。他对外公开宣布，自己负有“特殊使命”，要参加新罕布什尔州布雷顿森林体系的国际经济会议。但实际上他在美国整整待了12个月，期间偶尔外出，到中国银行纽约支行走动一下，或者是拜会一些华盛顿的老朋友，除此之外闭门不出。

孔家在政治斗争中远赴重洋，宋子文却又得到了机会。1944年年底，他代理行政院院长一职，并且兼任外交部部长。6个月后，他除了原有的行政院院长兼外交部部长的头衔外，还获得财政部部长的职务。真正在名义上成为中国最有权势者之一。

宋氏家族这一次的分裂发生在同一个阵营之内，其根本原因就是对金钱的欲望。此时美国人传说，宋家的财力很可能超过30亿美元，也许是地球上最富的一个家庭。

随着国民党在大陆的败退，美国一些政界人士强烈认为是国民党贪污腐败所致。当美国总统杜鲁门得知再次来美国寻求支援的宋美龄背后，仅孔祥熙就提供了3000万美元支持时，吃惊不小，他立即下令联邦调查局查清孔祥熙财产的来源和数量。他对助手气愤地说：“我敢打赌，10亿美元（美国贷款）今天依旧在纽约（存在中国银行的户头上）。”1949年5月，杜鲁门听说宋家和孔家在曼哈顿实际上积蓄了大概20亿美元。总统立即命令联邦调查局对这些传闻进行秘密调查，查明涉及款项的确切数目以及去处。但是杜鲁门犯了一个错误，暴露了他正在进行的调查。

孔祥熙和宋霭龄已经警觉起来，他们通过各种手段展开了保护自己财产秘密的反调查活动。

孔、宋两家的美国朋友使他的反调查如鱼得水。联邦调查局虽然掌握了孔在大通银行、花旗银行、西雅图和波士顿银行都有巨额存款的线索，但却无法进一步核实具体数字。当调查局再次前往这些银行调查了解具体数字时，孔祥熙在美国金融界编织的关系网已启动，调查局官员都吃了各银行“无可奉告” 的闭门羹。银行指出，如果非要调查不可的话，调查局必须按规定出示传票。但出示传票就有公开总统调查意图的危险，这又是杜鲁门所严禁做的。

不久，美国参议院外交委员会和财政部公布了一个华人在美资产类似“证明”的材料。这个材料说，全部华侨，连同中国各银行在内，所有在美国银行的存款，也不超过美金 5000 万元，其中最大的存户也只有 100 多万美金。而且这些存户中， 大部分是侨居美国经营商业的华侨，且都是久居美国的人。这里面虽然没有单独提到孔祥熙，但是对他来说比什么证明都有力。

杜鲁门抓不到孔、宋贪污美国军援贷款的直接证据，也无法核实他们的财产，当然就无法对他们进行打击。

除此之外，共产党已经把蒋介石和宋美龄列为人民的头号战犯，而接下来等待审判的就是宋子文、孔祥熙和宋霭龄。

此时，蒋介石正在抓紧时间将物资运往台湾。在淮海战役结束之前，近 25 万件瓷器、绘画、玉器和铜器被秘密运往台北。1949 年 1 月 21 日，蒋介石辞去了中华民国总统之职。但是和历次下野一样，蒋介石仍然想要把指挥权一并带走，不少部队、官僚、军备都在整装待命，或秘密转移到台湾。

而孔祥熙和宋霭龄早已经清理了他们在国内商户的股份，将他们的共同财产（至少有 10 亿美元）转移到了国外。1947 年，他们还重访了山西太谷，在红军占领之前遣散了家奴，关闭了孔家府邸。之后孔祥熙通知了亲友，高调地带着宋霭龄去了美国“养病”。

宋子文也带了他的太太张乐怡前往巴黎“治病”，1949年6月，他以私人事由前往美国。因为有了鼓鼓的钱袋子，他所到之处都畅通无阻。

1949年4月，蒋介石贿赂中国银行的董事，让他们打开金库，派水兵装扮成苦力，将政府剩余的黄金储备搬出，再装船紧急运往台北。然后将剩下的忠于他的部队也通过台湾海峡运到台湾。他认为，有了足够的钱和兵，总有一天他能够打回大陆。

1949年5月，蒋介石乘战舰前往台湾。蒋宋王朝、孔宋豪门宣告了他们在中国大陆的完结。

宋庆龄——最后的抉择时分

宋家只剩下一个人还在大陆了，那就是被视为宋家叛逆者的宋庆龄。似乎已经沉寂很久的宋庆龄突然变得抢手起来。

蒋介石和他的政权一直将宋庆龄作为桥梁，踩着她走向自己的目标，同时又试图把她和她的事业从人们的心目中抹掉。

解放战争后期，在战场上节节失利、朝不保夕的蒋介石和国民党，试图利用宋庆龄特殊的身份和她与共产党的交情，作为政治资本。他们总是抬出这个名字，试图得到她的支持，或者至少保持中立。从内战一开始，蒋介石就不断“提升”宋庆龄的官职。

1945 年国民党重新推举她任中央执行委员会委员，第二年又提升她为常务委员会委员，第三年又任命她为政府顾问。

小庆可不领情，她不断地重申："我无意参加（国民党）政府的任何政治活动。"

1947 年年底，毛泽东指挥的人民解放军开始向国民党军发动强大的战略进攻，美国和蒋介石根本摸不清毛泽东的底牌，他们同时想到了宋庆龄，希望从她那里知道毛泽东需要什么条件才会停止日趋凌厉的反攻。

一天，宋庆龄接到了一份邀请，来自于美国驻华大使司徒雷登。司徒老先生请求宋庆龄陪同他参观中国福利基金会在上海的各种设施。司徒老先生也是查理宋在教会的老相识，与宋家有旧交情。这份邀请料想小庆难以拒绝。

但是小庆毫不客气地拒绝了，她推辞说，蒋夫人已经先邀请她去杭州西湖旅游，只能委托中国福利基金会的余志英陪同。

在余志英出发前，宋庆龄特意向她做了交代，让她别说不该说的问题。然而在杭州等待她的宋美龄也抱着并不单纯的目的。宋美龄总会装作无意地打听："阿姐，当前国共战事越来越紧，不知道共产党的底牌到底是什么？"

宋庆龄这才发现，她的妹妹和司徒雷登肩负着同样的使命，便巧妙地回答说："姐姐又不是共产党员，哪里会了解。"

她很快就买了火车票返回上海，并把情况告诉了她与中共之间的联络员廖梦醒。

到 1949 年年初，国民党政权开始做绝望的挣扎，在全世界散播谣言，说宋庆龄已经接受了蒋介石的邀请，担任国民党政府的名誉主席。

小庆一生都在跟谣言斗争。这一次她也不能接受。1949 年 1 月

11 日，上海一家英文报纸刊载了宋庆龄以中国福利基金会名义发表的声明："孙中山夫人今天宣布：关于她将在政府中就职或担任职责的一切传说，是毫无根据的。孙夫人进一步声明，她正在以全部时间和精力致力于中国福利基金会的救济工作。她是这个中国福利机构的创始人和主席。"

报纸上的"孙夫人"三个字闪入蒋介石政权人物的眼中，他们意识到这是一个可以大做文章的话题。他们搬出了早就和孙中山离婚的卢慕贞，坚持说她才是唯一的、真正的孙夫人。

这是一个最让宋庆龄伤心不已的攻击。虽然谣言不久之后就不攻自破了，但是她对这件事情却仍然不能释怀。

而宋庆龄和共产党方面的关系如何呢？据一份 1934 年 5 月共产国际联络局派往远东的一位代表在和联络局负责人谈话的备忘录中提到："关于孙新林（孙夫人）的问题，她是个好同志，可以留在党内。但是，把她吸收入党是个很大的错误。是代表（指共产国际此前派驻中国的政治代表）提出接受她入党的……一旦成为党员，她就会失去其特有的价值。"

从这里可以看出，早在 1934 年春天以前，宋庆龄实际上就已经加入共产党了。只不过，当时秘密吸收她加入的是共产国际，即所谓世界共产党。

而廖承志的回忆也认同了这一点。他对这段回忆这样描述："尽管过了将近 50 年，但那短暂的不及半小时的每一分钟，我都记得清清楚楚。"

1933 年 5 月，廖承志刚从英国巡捕房被保释出来。宋庆龄突然神秘地来到他家与他秘密接头。她巧妙地支走了廖承志的母亲何香凝，单独对廖承志说："我是代表最高方面来的。"

"最高方面？"廖承志一时有些惊异地望着宋庆龄。

“国际！”宋庆龄只说了两个字，随后又补充说，“共产国际。”

“啊！”廖承志几乎叫出来。

“冷静点。”她说，“只问你两个问题。第一，上海的秘密工作还能否坚持下去？第二，你所知道的叛徒名单。”

廖承志回答说：“第一，恐怕困难。我自己打算进苏区。第二，这容易，我马上写给你。”

“好，只有10分钟。”她微笑着，打开小皮包，摸出一根香烟，自己点了火，然后站起身子，往廖承志母亲房间走去。

廖承志飞快地在一张纸条上写出名单，只10分钟，宋庆龄就出来了。她接过纸条，打开皮包，取出一根纸烟，把上半截烟丝挑出来，把廖承志写好的那张纸条卷成卷塞进去，然后放进皮包里，同何香凝、廖承志道过别后，就匆匆离开了。

不难判断，这个时候代表“最高方面”来秘密接头的宋庆龄，已经加入共产国际组织了。

由此可见，宋庆龄最后选择共产党，选择了留在大陆就有据可循了。因为她的心中怀抱着更高远、更广博的理想。

宋庆龄——见证新纪元的开创

1949年5月27日，人民解放军不费一枪一弹接收了上海。居住在林森中路1803号（今淮海中路1843号宋庆龄故居）的宋庆龄迎来了上海全市解放。宋庆龄满怀喜悦地、兴奋地对友人说："感谢上苍，我们现在总算可以自由地呼吸了!"

但是不久后，发生了一个意外的小插曲。据华东局于事后6月1日向中共中央的汇报，以及宋庆龄本人和时在解放军三野二十军军政治部工作的姜宿回忆，那天，六〇师一七八团一个营进驻淮海中路，警戒线延伸到龙华机场附近。连长指定武康大楼对面一所宽敞房子，要排长带一排人去宿营。谁也不知道这是宋庆龄公馆。当敲门要进去时，遭到了门房的拒绝。看门的没有说明不能住的缘由，只是笼统地说："这里不能住。"排长很反感："连长命令我们住这里，为什么不能住？"他命令说，如果下午4时前不把房子腾空，将派士兵来搬走东西。就在双方相持不下时，宋庆龄亲自下楼来，当着战士们的面说："我是宋庆龄。这里是我的公馆，你们部队不能住。要住，请陈司令打电话给我。"连长听说这意外的情况，为挽回影响，连忙前来道歉赔罪。陈毅知道这件事后，非常生气，批评了师、团干部。

他亲自打电话向宋庆龄表示歉意，随即又亲赴宋庆龄寓所，除当面致歉外，还向宋庆龄征询了接管和建设上海的意见。5月31日，在陈毅、史良，以及长期在沪从事情报工作的吴克坚的陪同下，中共中央华东局第一书记邓小平和第二书记饶漱石亲自登门拜访道歉，并派卫兵作为宋庆龄住宅的警卫。8月中旬，上海军管会及市人民政府在征得宋庆龄同意后，拨出巨款对故居进行了为期三个月的大修。

6月28日，又一个重量级人物登门拜访了，一见到她，宋庆龄十分惊喜，连忙拉着她的手说："邓大姐，你怎么来了?"

邓颖超笑着说："我这是无事不登三宝殿。我带来了毛泽东先生和周恩来先生的亲笔信。新的政治协商会议即将在北平召开，中央人民政府也将正式建立。我作为党中央派来的代表，郑重邀请你到北平一起商议建国大业。”

宋庆龄请她坐下细谈，笑着说：“前两天廖梦醒已经告诉我中共中央的邀请了。我也在犹豫中。你知道，我上一次去北平还是去为孙先生移灵。那里是我的伤心之地，我怕到那里去。”

邓颖超拍着她的手，温和地安慰着：“我了解你的感受，这件事不着急，你可以慢慢考虑。但是新的国家将要成立了，我希望你也可以走出过去，在这片全新的土地上开始全新的生活。”

考虑了一个月后，宋庆龄终于同意接受邀请前往北平。动身前，细心的邓颖超委婉地问宋庆龄：“北上途经南京，要不要停留一下去晋谒中山先生的陵墓？”宋庆龄想了一下说：“不必了，去了徒增伤感。中山先生在天之灵，知道今天中国革命的胜利也会欣慰的。”

听说宋先生前来，毛泽东、周恩来等人提早到车站等候和接待。列车刚刚停稳，毛泽东便出人意料地一步跨上车去，走进车厢亲自欢迎孙夫人下车。宋庆龄在毛泽东的陪同下走出车厢。只见她身着黑色旗袍，系一条白色纱巾，步履轻盈，风采依然，看不出一丝疲倦。欢迎人群中爆发出热烈的掌声。她兴奋地与朱德、周恩来、林伯渠、董必武、李济深、沈钧儒、郭沫若、柳亚子、廖承志等人一一握手，互致问候。她与何香凝紧紧地拥抱在一起，站立在一旁的毛泽东露出欣慰的笑容。大家都沉浸在胜利后重逢的无比喜悦之中。

此后的 10 多天里，宋庆龄参加了筹建新中国的一系列重大活动。9 月 21 日，中国人民政治协商会议第一届全体会议，在中南海怀仁堂隆重开幕。出席会议开幕式的代表有 634 人，来宾 300

人。大会推出了毛泽东等 89 人组成的主席团，宋庆龄当选为主席团的常务委员。步入会场，她一眼便看到主席台中央并排挂着孙中山和毛泽东的巨幅照片，心中顿感一种莫大的安慰。

这次会议通过了起临时宪法作用的《共同纲领》,确定新的国名为中华人民共和国；北平改称北京，为新中国的首都；五星红旗为国旗;《义勇军进行曲》为代国歌。9 月 30 日，举行最后一次会议，选出了中央人民政府主席和副主席。主席是毛泽东，宋庆龄、朱德、刘少奇、高岗、李济深、张澜被选为副主席。这也可以看成对宋庆龄为中国革命所做出的重要贡献的一种高度肯定。

10 月 1 日下午 2 时，中央人民政府委员会第一次会议在中南海勤政殿举行。主席台上，宋庆龄端坐于毛泽东和朱德的中间。她受全体委员的委托，主持了这一历史性的会议。

委员们一致决议：宣告中华人民共和国中央人民政府成立，接受《中国人民政治协商会议共同纲领》为本政府的施政方针。在庄重肃穆的气氛中，宋庆龄和毛泽东以及其他 5 位副主席一起宣布就职。会后，大家都很兴奋，愉快地交谈了 10 分钟左右。

2 时 50 分，委员们分别上车。车队由勤政殿门口开出，绕中南海东门，5 分钟后到达天安门城楼后边。大家互相招呼着并集合好，毛泽东在前，宋庆龄紧随毛泽东、朱德之后，沿着长长的 100 个台阶，缓步登上天安门城楼。

3 时整，大会秘书长林伯渠宣布中华人民共和国开国大典开始。毛泽东走到麦克风前，那个具有伟大历史意义的庄严激昂的声音如春雷般响起来：“中华人民共和国中央人民政府成立了！”顿时，广场上欢声雷动，摆在前门城墙根的 54 门礼炮，“轰轰”地齐鸣 28 响，震撼人心。

这时，林伯渠大声宣布：“请毛主席升国旗。”军乐队奏起了雄壮的《义勇军进行曲》，毛泽东按动升旗电钮，只见人民英雄纪念碑奠基前高高矗立的旗杆上，那面巨大的鲜艳的五星红旗在万众翘首仰望中徐徐升起。

欢呼声似大海的波涛，一浪高过一浪，宋庆龄透过这欢乐的海洋，遥望广场中央矗立着的孙中山巨幅画像，心中更是激动万分。她的双眼变得模糊起来。她用手帕擦去晶莹的泪花。

盛大的阅兵式后，欢乐的游行开始。工人、农民、学生、机关干部和市民，高举红旗花束，载歌载舞地前进着。

直到晚上10时庆典结束，宋庆龄才同毛泽东、朱德、刘少奇、周恩来这些开国元勋们一起，兴奋地走下天安门城楼。

开国大典后不久，宋庆龄在中国妇女第一次全国代表大会上被选为中华全国民主妇女联合会的名誉主席。这无疑是对宋庆龄作为中国妇女解放运动先驱和领导者的历史地位的充分肯定。她也的确对新生活充满了憧憬。只是这种憧憬并没有长久地涂抹着喜悦的色彩。

宋美龄——最美不过黄昏恋

就在宋庆龄在大陆受到尊敬和爱戴的时候，曾经风光一时的宋美龄却要开始重新适应偏远海岛的生活。对她而言，最大的安慰恐怕是有蒋介石陪在身边。

曾经强烈反对"中美合作"的宋庆龄在1940年曾对美国记者斯诺说过一句颇为公允的话。她说，蒋介石和宋美龄的婚姻，"一开始并无爱情可言，不过我想他们现在已有了爱情，美龄真心诚意地爱蒋，蒋也真心诚意地爱她。如果没有美龄，蒋会变得更糟糕"。宋庆龄还一再强调，她妹妹对蒋介石的影响很大。

1950年1月，宋美龄从纽约前往台湾。这个风景优美、气候温暖的小岛在日本几十年的统治下，经济上基本达到了的自给自足。开罗会议期间达成的协议中明文规定将台湾和澎湖列岛归还中国。这是蒋介石在外交上的一个重大成功，但他没想到，自己所争取来的竟然是自己最后的逃亡之所。

台湾原本并不欢迎国民党的到来，但是蒋介石最终以武力征服了台湾。先行抵达台北的国防部部长陈诚原本安排蒋介石入住前总督府，被蒋拒绝了，而是住进距离台北城北八英里处的台湾糖业公司种植园的招待所。宋美龄也来到这里，她一心认为，一个百废待兴的新海岛需要一个女主人来主持家政。但是她敏锐地感到，她渐渐被人嫌为多余的人了。

就在宋美龄不在的这段时间里，蒋经国已经成为蒋介石的私人助手，又升为台湾国防部政治局局长。他在大陆时候的底层工作经验为他积累了资历和能力。到现在，他终于要开始大干一场了。

宋美龄十分紧张。她还没有习惯退居幕后，更是不习惯被人顶替下去，尤其不甘心那个人还是她的继子。

小美有越来越多的空闲时间，她开始学画以排遣寂寞。但是她却无法在那些花草画中找到曾经的荣耀。台湾的气氛让她备感压抑，1952年8月，她再次离开台湾前去纽约，同从前一样，投奔自己亲爱的大姐宋霭龄。到1953年3月，她才回到台湾，满心以为自己长久的缺席会换来隆重的欢迎。

但令她意想不到的是，蒋经国已经接到了去五角大楼和国务院做客的邀请，华盛顿对这位台湾的官二代颇为重视。而这个待遇宋美龄自 1943 年起就没有享受到了。

此后，每当宋美龄离台访美一次，蒋经国就会得到一次大的提升。似乎是在特意躲避着宋美龄，但是正因为这样，宋美龄更生气。当知道蒋经国已经进入总统内阁后，宋美龄终于下定决心从美国回到台北，一气住了 6 年。

蒋介石已经过了七十大寿。这个曾经的民国十大美男之一，如今已经成为白发苍苍的老者。宋美龄却不大愿意太早被贴上“老太太”的标签。她总是不断地往小里修改自己的年纪，并且每天化妆。如果没化好妆、梳好头，她是绝对不会下楼或是出门见其他人的。

对于容貌上的先天不足和日渐衰老，宋美龄只有依赖化妆品来弥补和遮盖，但是对体重她不用这么费心，她一生都控制得格外好。她的侍从说，由于她对自己身材的保养格外重视，几乎每天都会用磅秤称自己的体重，只要稍微发觉自己的体重重了些，她的菜单马上随之更改，立刻改吃一些青菜沙拉，不吃任何荤的食物。假如体重恢复到标准以内的话，她有时会吃一块牛排。并且，宋美龄非常喜欢吃有骨头的食物，也不吃肉多的部分，单单喜欢啃骨头，比如鸡翅膀、鸡爪子之类的东西。是不是这类食品吃了不会使人发胖，就无从考证了。而且早年，她为了控制体重，曾经常吸烟。蒋介石是不喜欢闻到烟味的，更不允许人们在他面前吸烟。所以，宋美龄为了尊重夫君，就在自己书房里边抽。这个为身材而抽烟的习惯大概只维持了几年。到蒋介石去世后，宋美龄也戒掉了这个习惯。

暮年的蒋介石和宋美龄越发亲密起来。蒋介石的生活习惯十分有中国传统特色。而宋美龄则是一个被完全西化了的“黄皮白心”的香蕉人。两人的生活观念太不一致。但是他们却渐渐把步伐调成一致的频率，亲密地生活在一起。

不论春夏秋冬，每天凌晨 5 点左右，蒋介石便穿着睡衣起床了。而此时，“夜猫子”宋美龄还在熟睡中。蒋介石便拿着一支钢笔形的小手电筒，借着微弱的灯光，轻手轻脚，摸索着走进盥洗间洗漱，不敢惊动宋美龄。随后他修身，写日记，看报，用早饭。9 点过后，蒋介石便更衣着装，吩咐备车去“总统府”上班，工作到下午 1 点多才下班。等他回家时，宋美龄也已起床并梳理完毕，等蒋介石一起吃午饭。

蒋介石的中午饭是地道的中国特色，品种较多，每样菜肴都烧得很烂并都加进鸡汤做调味品。餐桌上，有几样菜肴是必备的，一是腌咸笋和芝麻酱；二是一碗不腻的鸡汤；三是“黄埔蛋”，这道菜用料简单，用 2~3 个鸡蛋打开拌匀，撒上少许的香葱花和精盐，放在大火烧热的锅中，在沸油中煎炒片刻，迅速起锅，香味四溢，蒋介石自青年起就对此百吃不厌。

而宋美龄的午餐是西方特色，其中生菜沙拉是必备的，每每蒋介石见她吃得津津有味，便会戏谑一番：“你真是前世羊投的胎，怎么这样爱吃草呢?”宋美龄往往回敬一句：“你把咸笋蘸上黑黑的芝麻酱又有什么好吃的呢?”老两口喜欢相互吐槽，这也可以看出他们之间的感情弥深。

中饭之后，蒋介石便回到卧室睡一小觉。午觉醒来，稍作盥洗，便走到户外，散散步，然后回到书房静坐祈祷 20 分钟，而后开始办公。如有重要的外事活动，他也会利用这段时间在官邸接见、会晤。这些活动完了之后，蒋介石夫妇会坐在一起喝下午茶。

傍晚时分，倘若宋美龄有兴致，蒋介石会和她一起乘车出去兜兜风，两人像一对年轻的情侣一样，徜徉于郊外田园、海滨渔港、空谷森林，新鲜的空气、怡人的美景往往令他们陶然自醉，流连忘返。晚上，蒋介石陪着宋美龄看最新的电影或者电视连续剧。不管剧情的发展如何，一到8点左右，蒋介石就会举手示意："停!"随即起身，对宋美龄说："我不看了。"放映员马上停机，并做上记号，以便蒋介石隔日再接着看。宋美龄则说："你不看了呀！很好看嘛，好，那我们继续看！晚安！"蒋介石一起身，在场的人员，除宋美龄外，大家都起立，目送蒋介石离开。蒋介石洗漱休息了，宋美龄则要看到凌晨才过瘾。

简单的生活日复一日，就在这烦琐的重复中，两人却像重新互相认识一样，有了越来越深的感情。他们极少争吵，相濡以沫，共同扶持着走过最后的岁月。

人算不如天算。蒋介石自年轻时起就注重养生，身体十分健康，本来完全有希望活过百岁，却没想到因为一场车祸落下了致命伤。

那是在1969年7月，蒋介石夫妇像往年一样，到了夏天就从士林官邸搬到阳明山官邸避暑。出行时有前导车开路，随从车在后跟随，蒋介石夫妇坐在中间的专车里，本来都以为万无一失。不料路遇一辆疾驰的军用吉普车迎面驶来，眼看就要相撞。前导车本能地急刹车，蒋介石的专车司机却反应不及，猛力撞上了前车车尾。

蒋介石当时跟宋美龄正说笑，怎会想到出这样的大事故？他握着的拐杖猛地撞到了胸口，整个人也向前冲去，撞到和司机座之间的玻璃隔板上。宋美龄的双膝也一下子撞在了玻璃隔板上，曾亲历过重庆炮火的她也不由得厉声高喊："救命啊！"

幸好随从车及时刹车，避免了二度伤害，工作人员连忙把受重伤的蒋介石夫妇送往医院。经检查，蒋介石心脏受伤，身体也迅速衰弱。宋美龄的腿伤则伴随了她终身。1975 年 4 月 5 日深夜，蒋介石在大雨滂沱中撒手人世，终年 87 岁。

蒋介石去世后的士林官邸，跟以前大不一样了，气氛显得格外凄凉。宋美龄决定离开这个让她时时刻刻都会触景伤情的地方。1975 年 9 月，宋美龄离台赴美前夕发表《书勉全体国人》一文，文中说在 48 个春秋里："余与总统相守相勉，每日早晚总统偕余并肩祷告、读经、默思；现在独树一幅笑容之遗照，闭目作静祷，室内沉寂，耳际如闻声欬，余感觉伊乃健在，并随时在我身边。"

番外五——蒋孔二代最后的对决（上）

宋美龄和蒋介石没有孩子，却把大姐宋霭龄所生的四个孩子视为己出，十分宠爱。两个侄女：孔令仪和孔令伟一直都可以自由进出她和蒋介石的卧房，百无禁忌。而当四个孩子长大之后，又成为宋美龄事业上的左膀右臂。宋美龄也有意栽培他们，为他们的政治仕途保驾护航。这样一来，她和蒋介石同前妻所生的独生子蒋经国之间的关系就特别尴尬。

在父亲刚刚再婚时，蒋经国一直由生母毛福梅照料，难见父亲一面，后来更是远赴苏联求学，一去许多年，眼不见为净。等到蒋经国结婚生子，终于得到斯大林的批准回国了，才见了父亲几次，就远远地去到江西南昌“从基层做起”。

而孔家大少爷孔令侃未满 20 岁，已经进入了南京政府，担任财政部秘书。说白了就是在老爸身边混口饭吃。不久，他又成为中央信托局的常务理事。中央信托局是什么地方？那是专门帮蒋介石购买军火的部门，油水丰厚，权力不菲。为了不让别人说闲话，孔祥熙夫妇和宋美龄对孔令侃也是管束严厉，不但经常拿一些公文让他审阅，教他批改公文，还经常派他去各处学习。

虽然孔令侃从小飞扬跋扈，带着手枪飙着车，路遇不爽拔枪相向。但他倒也不是一无是处，台湾档案馆保存多封孔令侃写给蒋介石的信，在其中一封关于军火采购的信中，孔令侃列出了各国军火详细的价格对比，供蒋介石参考，并附上了自己对当时局势的看法。

但是，孔令侃毕竟是年纪轻了一些，做起事来考虑不大周全。武汉被日军占领后，孔祥熙随国民政府一起到了重庆，孔令侃则被派到香港，作为中央信托局的代行理事长替孔祥熙行使职权。孔令侃到香港后，办了一本《财政评论》的刊物，为了能及时和重庆取得联系，他违反港英当局的规定，在《财政评论》的办公楼里秘密设立了一部电台。

有人说设立电台是为了预先了解金融动态，传消息给宋霭龄，以便她在重庆操纵股票。不论原因如何，港英当局很快就查获电台，并把孔令侃说成是间谍人员。

消息传到重庆，宋霭龄生怕孔令侃一旦回来会成为众矢之的，就说通宋美龄，让孔令侃去美国留学。

胆大包天的孔令侃这一去，瞒着父母办了一件天大的事出来。他秘密通知情人“白兰花”到香港会合，一同前往美国结婚。

这个“白兰花”是何许人也？或许看名字会觉得她是个风尘女

子。但实际上，她有一个显赫的身份：著名实业家盛升颐明媒正娶的堂上之妻。

盛家是前清的遗老，名耀一时。孔令侃的舅舅宋子文刚回国的时候还到盛家去教英文混口饭吃，差点跟盛家七小姐好上。后来是因为盛家长辈认为宋家配不上，从中作梗，才作罢。后来盛家逐渐没落，宋家却逐渐雄起。盛升颐等人反而常到孔府去陪宋霭龄打麻将，而白兰花也是陪客。这一来二去，孔令侃就跟白兰花熟识了。没过多久两个人就打得火热，如胶似漆起来。

不要说白兰花已经有了夫家，就算她还是单身，年过四十的高龄也已经足够让孔祥熙和宋霭龄反对这桩恋情。偏偏这个女人不是一般人，见奸情败露，干脆就和盛升颐离了婚，倒变成非孔令侃不嫁了。

郎有权，妾有钱，两人先斩后奏，私奔赴美，硬是把生米做成了熟饭。但毕竟岁月不饶人，白兰花再风情万种，也没能给孔令侃生个一儿半女。但是孔令侃有老佳人在侧，已经觉得够满足了。

孔令侃在美国没有只顾得风花雪月。孔令侃在哈佛大学读书时，宋美龄为了争取美国政府援助中国对日抗战，代表蒋介石到美国求援，孔令侃就担任了宋美龄的首席文胆，宋美龄所有的演讲稿，都出自他之手。宋美龄正是在孔令侃和孔令伟的陪同下，在全美掀起了一股中国旋风。后来，在宋霭龄的远程遥控和白兰花的辅佐下，孔令侃利用第二次世界大战转折时期的良好时机，争取了美国各大公司在中国产品的经销权。

回国之后的孔令侃便利用自己在美国多年建立的关系，开了一家公司，大赚了一把。

孔令侃的公司在上海风头正劲的时候，蒋经国令人意外地杀到了这里。这一次，正牌“皇太子”终于要发威了。

蒋经国这次是奉了“皇阿玛”蒋介石的钦命，来整顿金融秩序，树立威望的。短短几天，上海的警察局和保密局查封了几家公司，不久之后，就把新磨的快刀伸向了杜月笙的三儿子杜维屏。

老杜不干了，他以上海总商会的名义，召开公开大会，邀请蒋经国参加。会议上杜月笙首先发言说：“我杜月笙是个坏事做尽的人，我丝毫不隐瞒。可是我儿子都是遵纪守法的人。现在两位认为杜维屏犯了法，犯法当然应该受国家法律制裁，如果能证实杜维屏犯法，就是枪毙他我也没有意见。俗话说王子犯法与庶民同罪，但是现在有的人犯了法，蒋先生为什么不处置？”

蒋经国急忙站起来说：“杜先生，欢迎给我们收集证据，如果证据确凿，当然要一视同仁。”

杜月笙不耐烦地挥挥手说：“现在闸北扬子公司的仓库堆满了物资，大家都知道扬子公司是孔祥熙开的，你查不查？”

蒋经国两眼放光，立刻说：“查！”

蒋经国一直以来多么想抓住孔家的把柄啊，一听杜月笙使激将法，他干脆借这个台阶，一举撬开了扬子公司的大门，查封了里头满仓的紧俏物资。

蒋经国第一次发威，倒把宋美龄气坏了：翅膀硬了，要到老娘头上动土是不是？孔令侃可是老娘的人！你敢动他，先问问你爸答应不答应！

南京来了加急电报，要求蒋经国速速回去。蒋经国先还不愿意，让毛人凤替他去挨骂。可是这招也没有奏效。那一头，后妈在南京千催万骂，这一头，杜月笙在上海频频施压。上海的经济形势刚刚平静，瞬间又被更大的动荡压倒。蒋经国陷入进退维谷的境地。

最后一根稻草还是来自鬼心眼超多的孔令侃。孔令侃给他的小姨打了一个措辞严厉的电话，声称如果蒋经国不放过他一把，他就要公布蒋介石夫妻在美国的财产。蒋介石害怕舆论对自己不利，只好就坡下驴，让蒋经国回南京。

正牌太子打不过外戚阿哥？蒋经国满肚子不甘心。

番外六——蒋孔二代最后的对决（下）

“打虎”一事虽然有惊无险地解决了，但孔令侃长了个心眼，决定逐步把资产转移到海外，自己也移居美国。他一直在美国做生意，后来还在曼哈顿上东城购买了一座公寓，专为宋美龄养老。

1949 年，国民党败退台湾，蒋经国开始接手最核心的政务，仕途稳步上升。蒋介石似乎也突然清醒过来，开始有意栽培蒋家自己的人，让孔家人和宋家人都靠边站。

宋美龄当然很不愿意。在“总统”即将换届之前，她把孔令侃叫到了台湾，争夺“行政院院长”的位子。宋美龄主观上认为，假如孔家最能干的孔令侃在这次竞逐中缺席，孔宋家族势必在台湾当局政治舞台上被彻底边缘化，而后在政治上将毫无着力点，再也不可能和权力沾上边。

表面上，蒋介石待孔令侃很好，彼此之间，向来客客气气，但是，“扬子公司”事件留下的阴影，在姨丈和外甥之间，还是不免有些隔膜。孔大先生为了行动自在，出入自由，每次到台湾，鲜少住士林官邸，甚至连一顿饭都不在士林公馆吃。每天上午，孔令侃趁蒋介石去“总统府”上班的时间，就到士林官邸和宋美龄共商大计，中午1点钟前，为免和蒋介石打照面，他匆匆离开士林公馆，到外面和此地一些生意上的朋友应酬交际，临时有什么事情发生，宋美龄可以透过圆山饭店或者孔令伟(孔二小姐)，和孔令侃联系。

而蒋经国跟孔令侃更是井水不犯河水，南极不见北极，正所谓“狭路相逢，分外眼红”。蒋经国个性阴柔，他只需守住老父这座“万里长城”，没有必要和孔令侃当面冲突。而孔令侃在宋美龄极力维护之下，也不曾和蒋经国这位表兄有过正面的言辞交锋。

但这次蒋介石已经是吃了秤砣，铁了心。他根本不理会宋美龄跟他的冷战，坚持安排蒋经国入主内阁。1972年5月以后，固然名义上的“总统”仍是蒋介石，但是，蒋经国实质上已经接替了主要的台湾政务，党政军重大事务，都要蒋经国点头同意，才可轻骑过关。之后，蒋介石卧病无法亲自理政时，党政军大小政务，更是只有蒋经国说了算，严家淦虽然名为“副总统”，实则是橡皮图章式的备位之身，用以掩人耳目。

当蒋经国更上一层楼，平步青云当上“行政院院长”时，宋美龄的寄托孔令侃却依旧在“总统府国策顾问”这个虚位上原地踏步。这个“总统府国策顾问”没有实权，主要就是在台湾当局和美国当局之间套近乎，台湾当局数次赠给尼克松选举总统时的政治献金，都由孔令侃亲自交给尼克松本人。美国政府也把孔令侃看成是蒋介石夫妇的私人代表，另眼相看。但究其根本，仍然是有名无实。见在台湾“登基”无望，孔令侃也就定居美国，继续做生意。

宋美龄原本寄望在蒋介石之后，能再迎来孔宋王朝的辉煌。但看着蒋经国宣誓就职，宋美龄很清楚，孔宋家族即将走入历史。

孔家其余几个子女的人生走向如何呢?

孔家长女孔令仪性格最为温顺，为人低调，容易相处。比起恶魔一样的大哥和小妹，简直善良得如同天使，因而最受孔祥熙宠爱。但她对于婚事却十分自主，非闹着要自由恋爱，选中了弟弟的同学陈纪恩。宋霭龄阅男无数，一眼就看出两人不般配，但是熬不过大女儿撒泼打滚。于是最后，她还是给远在美国的孔令仪空运了8箱嫁妆。但运送的飞机出事，撞到山上，全部报废。孔家夫妇连忙又赶运了6箱嫁妆，送往美国。

因为有一个商业头脑精明的老娘，孔令仪不用工作，在美国的生活也一直很富足。跟陈纪恩离婚后，她一直陪在宋美龄身边，照顾小姨的衣食起居，直到养老送终。

孔二小姐孔令伟没有跟随父母定居美国，而是去了台湾，随姨妈兼干妈宋美龄居住，做起了蒋宋夫妇的私人管家。1975年蒋介石去世后，宋美龄赴美定居，但孔令伟仍然留居台湾，替干妈照看在台资产、企业。这个曾经绯闻不断的Gossip Girl竟然意外地销声匿迹，没有惹出任何绯闻来。1995年，终身未嫁的孔二小姐去世了。直到12年后，台北国税局才发现她留下了2.8亿台币的巨额资产。

次子孔令杰曾任台湾当局驻外武官、使节等职，后来辞官经商，在美国做炒股票、炒房地产、开采石油的生意。他有两件事成为轰动美国的花边新闻：一件是与好莱坞电影女明星黛布拉·佩吉特共同出演《折箭为盟》和《大神秘》。演出过程中顺利地假戏真做，娶了佩吉特为妻，生下一子叫孔德基，1980年离婚；一件是在20世纪80年代耗资1800万美元兴建西方石油公司开发总部大楼，人称“地下宫殿”。他在美国得克萨斯州休斯敦西南区建立的这座大楼兼住宅，有四层防弹玻璃装置，公司办公室占了中间两层，底层是职工用膳的餐厅，第四层为私人寓所。建有地下防空避难所，上下两层3.8万平方英尺，钢筋水泥结构。避难所内备有三套主要供电和应急供电系统，三套灭火系统，有500~700个床位，十几间双人卧室和男女卫生间，一个急诊室，一个娱乐室及四间钢柱杆隔开的方块房，是关人的拘留室。避难所上面造了一个人工湖，核弹袭击时，湖水会阻止中子的穿透作用。在塔式炮楼的大门上，装有钢甲，可防坦克袭击。这个避难所可容纳1000多人，造价达1800万美元。而他毕生累积的财产超过了一亿美元。

随着孔宋豪门的衰退，再多的金钱也成了浮云。孔家人的传奇到这一代之后就逐渐风消云散，极少被人提起了。

宋霭龄——宋家姐妹孔家财

宋霭龄1944年就出国了，1946年定居美国。此后一直没有再跟宋庆龄相聚过，只能在笔墨里互述离情。1947年，宋霭龄给二妹写了一封信，里头写道："作为妹妹，你一直是那么和蔼可爱。我比过去更爱你了。"

1957年，宋庆龄给小霭的信里不无忧伤地写道："如果你不马上回来的话，我们都将变得太老了。"

之后另一封信写道："又收到你的信了，我真高兴。"

可见，宋霭龄和宋庆龄之间的联系还是较为频繁的。在许多年之后，浓稠的鲜血终于能够超越女人之间的嫉妒和攀比，将远隔重洋的亲人的心牵在一起。而能够造成这迟来的相爱相依，除了亲情之外，更重要的一个原因恐怕是寂寞。

小庆的寂寞我们到后面再说。这里先来看宋霭龄的寂寞。即使有丈夫相伴，膝下儿女两双，但是晚年生活在异乡，依然让她感觉有一些隔阂和封闭。她仍旧打理生意，不断扩大家族的财产。但是到一定年纪她才发现，钱的确不是万能的。

孔祥熙作为中国银行纽约分行的主要董事，每周有两三天开车去华尔街，其余时间在家里工作。虽然他们同蒋介石的私人关系有起有落，但是宋孔家族仍然是联系台湾与美国特殊利益集团之间的重要渠道。熟悉他们的专栏作家德鲁·皮尔逊，就把中国银行称为“院外援华集团的神经中枢”。通过他们的活动，中华民国政府将数千万美元过户，以支付闪电战式的宣传的费用。

孔祥熙对于美国政治十分谙熟。他很早就请路易斯·约翰逊作为自己的私人律师。而约翰逊成为国防部部长后，就成为主张美国支持台湾的最坚决的倡导者之一。孔祥熙屡次拜访新罕布什尔州参议员斯泰尔斯·布里奇兹，这位参议员也一直积极敦促给台湾和蒋介石流亡分子以援助。

孔祥熙晚年，还想树立一个慈善家的形象。1959年，他来到曾经就读的欧柏林大学参加纪念会，宣布捐出50万美元设立一项奖学金。当一位记者问他前些年盛传的他拥有“五亿美元”的巨额财产的情况是否属实时，孔祥熙眼圈都红了。他像个普通的老头那样面带困惑地摇摇头，把几年来一次次说过的话又重复了一遍。他说，随着大陆沦陷，他本人投资于国内各工商业的资本已荡然无存，孔家损失惨重，目下生活所需，不过是剩下的一点积蓄而已。言谈之际，竟一脸沮丧，眼噙泪花。于是年轻的记者信以为真，发出一篇报道称赞孔祥熙积蓄微薄而不忘母校，令一些不了解真相的人被蒙蔽。

1966年，孔祥熙在其86岁高龄时终于从中国银行董事的位置上退了下来，和宋霭龄一起搬入长岛洛卡斯特菲克斯巷。他的健康迅速恶化，并有严重的心脏病。1967年8月，他被送入纽约的一家医院，8月15日他死在了医院，时年87岁。对于他的去世，《纽约时报》写了这样一段话：

“孔先生是一位有争议的人物。他的一位前下属说：‘他是一位很难共事的人。他喜欢空论和闲谈，不下达明确指示。至于他的能力，他和所有那些山西银行家一样，是一位精打细算的人，但他不是具有政治家风度的理财家。’”

这段话读起来不伦不类，连孔家子女都觉得不知所云。宋霭龄倒很看得开，她说：“一个人能够家人团聚，寿终正寝，这已是不小的福分了。至于别人评价，仁者见仁，智者见智，哪能强求统一？你编个东西出来，都是说好或者都是说坏并不全面。这个评价，还是留给后人去做吧。”

8月17日下午，宋美龄就急匆匆地搭飞机前往纽约，陪伴悲痛的宋霭龄，帮她料理后事。随行的还有蒋纬国和一支五人仪仗队。8月20日，孔祥熙的大殓仪式在曼哈顿麦迪逊大道和81街的坎波殡仪馆举行。8月21日上午10时在曼哈顿第五大道教堂举行追思仪式。当时的美国副总统尼克松、纽约枢机主教史培尔曼等美国要人及数百位孔氏亲友参加。

但是孔祥熙的亲密妻弟宋子文却没有来参加。在为国民党政府提供经济服务的漫长岁月里，宋子文对这个不懂金融又爱指手画脚的胖姐夫恨得咬牙切齿。早就不想再见他任何一面了，不管是活着还是死了。

孔祥熙死后，宋霭龄又活了 6 年。她一直在美国生活，并且身患癌症。1973 年，宋霭龄在 85 岁时死于纽约。《纽约时报》这样评论道：

“这个世界上一个比较令人感兴趣的、掠夺成性的居民就这样在一片缄默的气氛中辞世了。这是一位在金融上取得了巨大成就的妇女，她也许是世界上靠自己的精明手段敛财最有钱的妇女，她的财富全靠自己的狡黠积累起来。她是介绍蒋介石和宋美龄结婚的媒人，是宋家神话的创造者，是宋家王朝扶摇直上的真正策划者。”

孔祥熙夫妇去世后，他们的子女遵照父母的遗嘱，将孔家在佛罗里达的大片房产匿名捐给了孔祥熙曾经上过的几所美国大学，还在台湾辅仁大学设立了“孔祥熙院长清寒奖学金”，资助有困难的优秀学子。

大概孔氏家族也明白，财产生不带来死不带去，多做点善事可以挽回他们不好的名声。

纵观孔祥熙和宋霭龄的一生，两人在中国现代史上既写下了浓墨重彩的华章，也留下了为人所不齿的败笔。孔宋夫妇晚年飘落异乡，由于政治立场的不同，他们虽满怀思乡之情，但却不能也不敢回归大陆，终究未能为国家统一做出什么贡献。他们黯然而逝，葬身异域，但又能怎么办呢？他们选择了这条道路，最终也只能承受逃亡者的孤独。

宋美龄——醒不来的美国梦

据说蒋介石病危的时候，在蒋家里还上演了一幕温情脉脉的母子情。病榻中的蒋介石一直紧紧抓着蒋经国的手，又将宋美龄的手覆在经国的手上说："要以孝父之心孝顺汝母，则余可安心于地下矣！"蒋介石言辞如此恳切，心情如此不安，蒋经国只能敬谨地回答："儿当谨遵父命，过去如此，今日如此，日后亦永远如此。"刚一说完，宋美龄就红了眼眶，三个人默默地相对而泣。

但蒋介石去世，孔祥熙的长子孔令侃就匆匆从美国赶回台湾，打算与"夫人派"官员一起拥立宋美龄继任国民党总裁，却遭到国民党中央秘书长张宝树的强烈反对。很明显的是，蒋介石之前为蒋经国铺好的道路更利于局势倒向蒋家王朝的一方。而曾经和蒋家齐名的宋、孔、陈三家，已经逐渐淡出台湾政坛。蒋经国已经决心不让另外三大家族的灰烬在台湾重燃，亦不许别的政治势力在宝岛扎根。孔祥熙和宋子文相继离世，陈果夫病死台北，陈立夫则被放逐到"新大陆"，在新泽西州养鸡、在纽约唐人街卖湖州粽子和"陈立夫皮蛋"，与 CC 派的余党谈论时局和人物。

1975 年 4 月 28 日，即蒋介石死后 23 天，国民党全体中央委员举行临时会议，修改党章，规定国民党最高领导人的称谓改为"主席"，党总裁的名义永远为蒋介石保留，他人不得再用。会议推举蒋经国担任国民党主席兼中常委会主席。宋美龄的地位顿时变得尴尬起来。

似乎蒋经国已经打定了主意，如果宋美龄老实地画画、习字、颐养天年，蒋经国就特别地“孝顺”她。如果她“胆敢”发表意见，蒋经国就敢当面顶撞。宋美龄哪里受过这样的待遇？宋美龄被蒋经国一激，反而微笑地坐了下来，转动着手腕的镯子，字斟句酌地说：“好，如果你坚持己见，那就全由你管，我就不管，我走了。”宋美龄说到做到，很快就通知下属准备出行。

蒋经国通过台湾内务部门给宋美龄派去了 25 个随从，宋美龄又从自己原先的侍卫人员中选出最得力的几个一起跟去。因为她喜欢收藏旗袍，于是随行人中还包括专门给她缝制旗袍的裁缝师傅张瑞香。张瑞香制作旗袍手艺精湛，速度一流，几乎一天就能做完一件。他把众人送给宋美龄的布料做成旗袍后，宋美龄并不都穿，大多只是看看便挂进衣橱。这批旗袍在日后也构成了行李的负担。

毕竟贵为曾经的“第一夫人”（在蒋介石去世后，因为蒋经国的妻子蒋方良是一个白俄罗斯人，为人低调，并不愿意在公开场合露面。所以宋美龄仍然是台湾人公认的“第一夫人”），如果说是跟继子蒋经国吵架吵输了离家出走，未免显得太没面子了。正好当时纽约的《时报周刊》曾载文说，外界猜测宋美龄得了乳腺癌或严重的皮肤病。宋美龄立刻利用这条传言，放话说要去美国治病。

但是宋美龄还不能说走就走，她总得对台湾人有所交代。于是，她又让人撰写发表了三千字的《书勉全体国人》，用苦肉计博取众人的同情和原谅。《书》道：“近数年来，余迭遭家人丧故，先是姊夫庸之兄去世，子安弟、子文兄相继溘逝，前年蔼龄大姐在美国病笃，其时总统多感不适，致迟迟未行，迨赶往则姊已弥留，无从诀别，手足之情，无可补赎，遗憾良深，国难家忧，接踵而至；两年前，余亦积渐染疾，但不遑自顾，盖因总统身体违和，医护唯恐稍有怠忽，衷心时刻不宁……如是几近两年，不意终于舍我而去，而余本身在长期强撑坚忍、勉抑悲痛之余，及今顿感身心俱乏，警觉却已患疾，急需医理。”

宋美龄的病情有多严重？老实讲只是在腰上长了一些麻疹。所以她的旅途也十分随心所欲。“中美号”专机自台北起飞后，先在关岛稍作停歇，再到夏威夷、旧金山，最后才到达纽约。在纽约治了麻疹，宋美龄又带着一行人马驱车前往长岛蝗虫谷，搬入姐夫姐姐名下的房子里。

孔家在蝗虫谷的老房子是一所超级大豪宅，占地 34 英亩（一说 37 英亩），几乎有两个足球场那么大，主建筑有三栋，风光秀丽，景色宜人。但是宋霭龄去世后，这里无人居住，已经十分衰败。宋美龄在出发前，就通过美国国家银行，从她的私人款项中拨出 120 万美元将房子整顿一新。这是一栋两层楼式的西式建筑，一楼只设餐厅、客厅和厨房，室外搭了一间专门用来晒太阳的玻璃棚，后来大家都称这间屋子为“太阳间”。二楼靠东侧的正房周围有 4 间套房，其中有一间经过特别装修，供宋美龄居住。房子的四周都是参天大树，邻居都隔得很远，也少有闲杂人等打扰，很是清幽安静。

到达蝗虫谷的第二天，所有侍从和警卫人员都参与了房子的大扫除。结果整个大扫除的过程断断续续搞了近两个月，光那个宽大的地下仓库就足足花去了半个月时间。里头有数不清的字画收藏，孔家和各处的书信往来，还有家具、衣物，甚至几箱枪支弹药。这些东西整又整不清，扔又扔不掉。最后宋美龄看着心烦，下令把字画全部烧掉。

这天下午宋美龄在一旁看着侍从们烧画，突然看到一张十分眼熟，连忙让人搀扶着来到火堆旁，拾出几张仔细一看，十分惋惜地说：“这些都是我画的呀。”侍从十分担心，连忙边灭火边道歉说：“我们烧画也是按照夫人的意思啊……”宋美龄沉吟了一会儿，阴沉的脸色又慢慢放松，说了句：“也好，烧就烧了吧，这样我就可以专心作画了。”

但是宋美龄却并不是一个甘于过简单生活的人。她为了住得舒服，在之后陆陆续续往来于台湾和美国，将一箱又一箱的私人用品运到长岛。宋美龄在这里的生活十分恬淡，充满闲情逸致，主要是读书看报，画画或练书法，每周固定时间去教堂做礼拜，偶尔接见来自台湾的访问团或美国友人，极少公开露面。

1976 年 4 月，为了追念蒋介石逝世一周年，宋美龄乘专机返回台北参加了追思礼，之后再度返美。

1978 年 3 月 21 日，蒋经国取代严家淦当选为“中华民国第六任总统”。消息传来，宋美龄彻底寒心了。看来她出走的这一步并没有起多大作用。没有她，台湾政坛依然运作顺畅。她于 4 月 1 日致函蒋经国，解释自己因为“深恐睹物生情，哀思蒋公不能自已”而不去参加他的就职典礼。

而蒋经国，自然是巴不得继母在美国继续过她的小日子，不要回台湾来搅局。

番外七——宋家一哥的浪漫人生

在宋家著名的人物中，除了三姐妹，宋子文也是民国的著名人物。他以惊人的金融敏感度在当时的中国独树一帜。相比起只会用土办法印钞票的孔祥熙，宋子文几次将中国经济和脆弱的民族工商业从崩溃的边缘拉回尚有一息竞争力的国际商界战场。而他私人积累的巨额财富，也几乎称得上是民国的比尔·盖茨。

和姐妹们的罗曼史一样，这个民国第一小开也有着非常受瞩目的婚姻。

小开从美国留学归来，还一直是个纯情的小少男。他的第一份工作是给汉冶萍公司总经理盛恩颐担任英文秘书。因为工作便利，不久之后他就跟盛家七小姐眉目传情，还得到了教七小姐英语的美差。

民国最流行的恋情就是师生恋。鲁迅泡到了许广平，沈从文追到了张兆和，但是宋子文和盛家七小姐的恋情却不能成功。软弱的七小姐不敢私奔，软弱的宋小开又不敢跟强烈反对的盛家太太拍胸脯理论。最后软弱的小情侣只能忍痛分手。

宋子文走后门，通过二姐宋庆龄的引荐，被孙中山起用去广州筹办中央银行。他开始从事自己最拿手的金融行业，并且迅速成为个中翘楚。待嫁的小姐和家有娇女的贵妇们纷纷注意到这个掌管巨财却始终单身的钻石王老五。不断有人前来做媒，也有名媛向他投来橄榄枝。但是备受失恋打击的宋子文却完全没有再来一次的勇气。

一直到1927年，已经33岁的纯情轻熟男宋子文顶着新任南京政府“财政部部长”的头衔来到了庐山避暑。一到这里，宋子文就喜欢上了庐山凉爽清新的夏日气息。他打算在这里为他生命中到目前为止最重要的女人——老妈倪桂珍盖一栋避暑别墅。庐山管理局的官员向他推荐了当地最有名的包工头——庐山营造厂的老板张谋之。

张谋之给宋子文出了许多让他十分满意的主意。宋子文当即拍板把别墅的建造作业交给了张记营造厂。

生意谈成了，一定要吃顿饭。张老板把宋部长请到了家中，见见自己的家人。

张家女儿一出场，宋子文的筷子一下就从手中掉了下来。他仿佛回到了盛家，看见娇弱美貌的七小姐坐在书房里，朝他回眸一笑……

宋子文连忙回过神，就看到小张姑娘跑到他面前，奉上一盏香茶，甜甜地笑着说：“宋部长，这是庐山道地的好茶，你尝尝。”

小张姑娘大名叫张乐怡，今年刚满二十，模特身材一米六八，梳着时下最流行的卷发，大大的眼珠滴溜溜地转着，充满灵气。她还是上海著名的贵族女子学校中西女中的校花，性格活泼开朗。年纪轻轻就在父亲的公司里担任翻译和公关，是个美貌和实力兼具的富二代。难怪一见面就把宋子文给迷住了。

宋子文开始找借口邀请小张姑娘给他做导游游庐山。似乎张家人也看出了宋子文对张乐怡的兴趣，干脆把年轻的女儿单独放了出去。

在宋子文的眼中，张乐怡不单有七小姐的大家闺秀的清秀典雅，更多了一些美貌和开朗的气质，到最后，他的脑中已经完完全全被张乐怡所占据。而少不更事的张乐怡也很快就被轻熟男的伪大叔气质俘虏，两人谱出了一曲优美的庐山恋。

1928 年秋天，宋子文和张乐怡喜结良缘。两个人一连生了三个美女，个个都继承了母亲端庄秀丽的容貌和出众的气质。三个女儿又都嫁给了如意郎君，给宋子文带来了九个活泼可爱的小外孙。

有了极其美满的家庭，难怪宋子文在晚年就只想要远离是非，含饴弄孙。在向国民党中央党部捐献了他个人在“中国建设银行”的全部股份——价值五千亿法币的股票后，宋子文卸下官职。1945 年 5 月 16 日，宋子文从香港辗转飞赴法国，一个月后，他从欧洲转往美国定居。

宋子文是个闲不住的人，他经常与驻美“大使”顾维钧、驻联合国“大使”蒋廷黻和其他旅居纽约的“国府”党政学界过气要人聚会，讨论如何“力挽狂澜”拯救“国府”，如何再组织“飞虎队”协助“国府”对抗中共，如何促使美国加强援华，如何筹组一个由留美学者领军的内阁。

1952 年 10 月，国民党在台北召开第七次全国代表大会，借着党员总登记的机会，开除了包括宋子文、孔祥熙在内的重量级党员党籍。之后“吴国桢事件”“孙立人事件”的接踵爆发更是加剧了蒋介石和宋子文之间的裂隙。

吴国桢和孙立人都是宋子文倚重的干才和嫡系。他们被国民党当局以突如其来的罪名解除一切职务，开除党籍，似乎是与蒋经国积极营造接班布局有某种巧合。迹象显示，蒋经国相当忌讳孔宋家族在台湾“复辟”，借着吴、孙事件，正可斩断孔宋家族在台湾滋生之根苗。

宋子文似乎也无意于回到台湾。直到1963年以前，他才到台湾参加了蒋宋孔三家最后一次团聚的元宵节。除了缺席的宋庆龄，宋子文恐怕是对这场团聚最不热心的族人了。

尽管回了台湾，宋子文仍然深居简出。12天后他就回到了美国，继续着含饴弄孙、颐养天年的晚年生活。但是死神却来得超乎意料。

宋老富翁不是死于各种富贵病，也不是死于车祸、投毒、暗杀等意外。他身体健康，没有仇人，但就在1971年4月25日，前往朋友家里赴宴的时候，竟然被一块掉入气管的食物卡住，短短几十分钟就送掉了性命。

他的死亡太突然了。亲人们都没有思想准备去接受这个情况。而当时蒋介石健康状况已亮起红灯，宋美龄不敢离开台湾，只能以蒋介石的名义送去一块匾额，上书“勋猷永念”四个字。

宋子文的家人们明显也很难接受这一现实。但还好的是尚有金钱可以安慰他们失去亲人的悲痛的心。美国小报记者爆料，中华民国前财政家宋子文留下了100多万美元的遗产。而根据宋子文的遗嘱明定，宋子文把遗产的一半交给他的夫人张乐怡，另外一半的遗产平均分配给三个女儿与九个外孙。

仍然是宋家三姐妹，但是宋子文的女儿们明显不能跟她们的姑妈们相提并论。这三个女孩依然美丽却并无野心，她们平静地度过一生，并消失在历史的尘土里。

宋庆龄——度过最黑的绝望

1963年4月，宋庆龄在中共中央领导人的一再邀请下，搬到北京后海北河沿46号。这里原来是清朝末代皇帝溥仪的父亲醇亲王载沣的府邸花园。经过翻修整葺，园中原有的前厅“濠梁乐趣”改为大客厅，后厅“畅襟斋”改为大餐厅，在这两个大厅的西边，由著名建筑家梁思成设计，建造了一座中西合璧的两层楼房。楼上是宋庆龄的卧室兼起居室和书房，楼下是小客厅、小餐厅、理疗室、工作人员办公室。主楼南面是花园，园内湖水环绕，石林屏障，绿草如茵，松柏苍翠，花木扶疏，掩映生辉。与主楼相对，有一组古老的建筑，那是醇王府花园的南楼，以及西边假山上的听雨屋，东边假山的扇亭。亭台楼阁，参差错落，曲廊通幽，像一条玉带把南北的建筑连成一体。整个庭院古朴典雅，环境清幽。

这个幽静安适的庭院不仅是宋庆龄的清修之地，也有许多国内外的宾客常来拜访。他们在这里闲庭漫步，和宋庆龄聊天，说笑，谈谈国内外的一些大事。

但是不到三年，一场政治风波就使全国陷入了混乱，连后海北河沿46号也难以全身而退。最大的原因，恐怕还是宋庆龄那些迫害过共产党的家人们。

早在1948年12月28日，新华社就公布了中国共产党开列的

43 名头等战犯名单，并将他们称为“罪大恶极，国人皆曰可杀”。这其中有多位宋庆龄的亲友：蒋介石、孔祥熙、孙科、宋子文（名列第十位）和宋美龄（名列第二十三位）。

家族血亲名列战犯名单，且排名居前，这也是宋庆龄无可奈何的事情。政见的分歧早就使宋庆龄感觉自己“不在家族的圈子中”。她曾对美国驻华大使馆外交官谢伟思说：“我的家族从不与我谈论政治。”

但此刻，红卫兵们却在最细节的地方跟宋庆龄斤斤计较。红卫兵们给宋庆龄发来了“警告信”，要求她放弃资产阶级的生活作风，不许养鸽子，不许留长发，不许穿旗袍。

宋庆龄觉得十分可笑，绾发髻和穿旗袍都是最传统的中国文化，怎么就变成资产阶级的东西了？但是迫于红卫兵们一次又一次的冲击，她也只能有保留地让步。墙上的人体油画被摘下，换上了张闪着金光的大头。“濠梁乐趣”“观花室”等匾额也替换成了无处不在的语录。

一天，宋庆龄突然接到一个消息，上海万国公墓被捣毁了。这就如晴天霹雳一样，突然把小庆的心给狠狠揪了起来：她的父母正安息在那里。经过多方打听，小庆最终确定自己父母的坟墓被当地的农民掘开了，骨头都被扔了出来。小庆一下子气得双手颤抖，泪如泉涌。

她立刻把这件事报告给周总理。周恩来立刻给上海革命委员会做出指示。当地民政局终于修缮了宋氏墓地，但是新修的墓地草草而成，又小又逼仄，原先的兄弟姐妹的署名都被毁去，只剩下宋庆龄一人的名字还刻在墓碑上。

新墓建成后，上海方面给宋庆龄寄来了一张照片。宋庆龄从自己的相册里翻出了 1931 年和弟弟宋子文扫墓时的合照，两相对照，眼泪哗哗地往下流。最后只能凄婉地说一句：“祖宗总算有个地方安葬了！”

这时传言再起，一批红卫兵打算毁掉南京紫金山陵墓的孙中山铜像的消息让宋庆龄实在不能再忍受了。

宋庆龄是一个极其传统的女人，从她守寡起，便只穿素色的衣裙，用镶黑边的信纸。每逢孙中山的冥寿和忌日，宋庆龄总是把双层窗帘拉得紧紧的，背着阳光坐着沉思默哀。孙中山“共进大同”的手迹墨宝一直嵌在她床头柜玻璃下，孙中山的像一直高悬在她寓所的客厅里。她还总是随身携带一只镶嵌着孙中山像的圆形银制框，就连出国访问都不离身。每到一地，她都会把镜框用布擦拭得干干净净，端端正正地放在自己床头柜上，保证睡前或起床时都能第一眼看到。

听说竟然有人要毁掉紫金山陵寝的孙中山铜像，宋庆龄立刻坐立不安。还是周恩来再次出面规劝红卫兵，才阻止了宋庆龄不愿看到的情况发生。为了保护宋庆龄，周恩来立刻拟定了一份应予保护的爱国民主人士名单，第一名就是宋庆龄。

由于周恩来的保护，以及宋庆龄在孙中山百年诞辰的隆重纪念仪式上，大段大段地引证毛泽东高度评价孙中山的语录，使她也获得当时最有效的武器——“最高指示”的保护。虽然某些造反派想在北河沿 46 号门口贴大字报、大标语，但从来也没有得逞。后来她身边的工作人员想出一条“妙计”，在北河沿 46 号围墙上写了“伟大的领袖毛主席万岁”十个斗大的字，就更没有人敢在围墙上贴大字报了。

但是宋庆龄没有独善其身。为了能在“文革”中保护更多的同志，她做出了巨大的努力。过去的叛逆少女如今已经成长为了一个倔强老太。宋庆龄爱过、恨过，却唯独没有怕过。对于她尊重的同志，她给予无比的信任和莫大的爱护，并不随着时代的变换和动摇畏惧。

1966年年底，刘少奇、王光美已身处逆境。宋庆龄丝毫没有因为刘少奇被扣上“中国的赫鲁晓夫”的吓人帽子，而疏远这身处逆境的一家人。1967年新年前夕，和往年一样，宋庆龄要给刘少奇的几个孩子送贺年片、日记本和糖果，并亲笔签上“宋妈妈”。这在当时给了受到“飞来横祸”的一家人巨大的支持和慰藉。1967年身为国家主席的刘少奇已被扣上“党内头号走资本主义道路的当权派”的帽子，惨遭批斗和隔离看管，夫人王光美以“特务”的莫须有罪名被投进监牢。他们的子女有的被投进了监狱，有的被勒令回校接受审查。为了联系到失散的兄弟姐妹，孩子们马上想起的就是给“宋妈妈”写信，让她帮忙。宋庆龄顶着压力，把自己的亲笔书信和求援信转交给了毛泽东，又写信派秘书带上慰问品和杂志去看望孩子们。1968年10月召开的中共八届十二中全会上，刘少奇以“叛徒、内奸、工贼”的莫须有的罪名，被“永远开除出党，撤销其党内外的一切职务”，所有亲戚朋友都与他们家人断绝了往来，生怕“株连九族”，但是宋庆龄却照样给刘少奇的几个孩子寄杂志、送糖果，鼓励他们好好学习，表示一点点同情和支援的心意。

宋庆龄——做一只搏击长空的鹰

年轻时宋庆龄曾在欧洲各国流浪，受到过许多国际友人的支援。如今在中国，这些人却纷纷被打成“特务”“间谍”，或被批斗，或被送进“牛棚”。当宋庆龄听说新西兰友人路易·艾黎准备离开时，她的眼前立刻浮现起当年他护送自己离开被攻陷的上海的情景。宋庆龄顾不上思考自己的安危，立刻动笔写了一封证明信：

我从1932年起就认识路易·艾黎，他为中国革命作了贡献，帮助我们保卫国家，当日本帝国主义侵略中国的时候，是他在内地创办了工业合作社，帮助我们培养年轻的一代，为了这项工作，他甚至牺牲了很好的职业。

当白色恐怖笼罩上海的时候，当中外特务追捕共产党员的时候，是他把自己的家作为共产党员的避难所，当日本帝国主义占领中国的时候，是他在甘肃内地不怕任何艰苦的生活条件，为中国人民工作着。解放以前，他支持我们的文化运动，写了很多的书、诗与文章，当世界和平委员会派他去外国时，他为我们讲演和辩论，解放前和解放时我都了解他。我觉得他是新中国的一位诚实忠诚、不屈不挠的朋友，我极端相信他，他如白求恩大夫一样，是国际主义、马克思、列宁的信徒。

宋庆龄

1969年8月31日

写好以后，宋庆龄让两个秘书亲自送给路易·艾黎，并护送艾黎一段路程，她的心里才像一块石头落了地。这份证明实事求是，非常有针对性和权威性，的确使艾黎摆脱了危境，正像艾黎说的，这份证明书，“使我免遭怀疑和迫害”，使他成了少数几个当时没有身陷囹圄的国际朋友之一。

孙中山的中山陵保住了，但是还有许多追随过孙中山的革命老将处境堪忧。宋庆龄尽最大的力量保护他们。

叶恭绰原为前清重臣，但他服膺孙中山的三民主义，当孙中山被袁世凯委派为“全国铁路督办”时，担任交通总长的叶恭绰曾积极协助孙中山筹划设立全国铁路总公司，规划修建全国铁道网。1922 年叶恭绰被迫辞去北洋政府交通总长职务后，孙中山以叶从事交通建筑多年，是难得的建国人才，故于 1923 年，聘叶为大元帅府的财政部部长和建设部部长。孙中山去世以后，叶在中山陵旁边修了一座“仰止亭”，表达他对孙中山“高山仰止、景行行止”的敬仰之情。

在“文化大革命”中，叶被扣上“封建余孽”“袁世凯和蒋介石的干将”的帽子，处境困难。宋庆龄知道后，立刻派秘书到北京东四灯草胡同 30 号给叶家送去 200 元钱，作为对孙中山部属的抚慰。叶恭绰深受感动，老泪纵横地说：“孙夫人的心意我领了，但钱我不能收，因为孙夫人也是靠工资收入生活的。但是我有一个冒昧的请求，孙中山先生是一个脚踏实地的行动者，是一个实事求是的人，是一个意志坚强、不屈不挠的人，我追随孙先生多年，希望死后能埋在仰止亭，在九泉之下也能见到孙先生，这个请求请转告孙夫人。”后来宋庆龄给叶回信，同意他的请求。1968 年叶病逝后，他的骨灰被运到仰止亭埋葬，实现了他生前的夙愿。

宋庆龄十分关心儿童戏剧，曾经督促中国福利会建成上海儿童艺术剧院。在十年动乱期间，中国儿童艺术剧院被无端撤销，接着“四人帮”在上海的代理人又向上海儿童艺术剧院开刀，在“砸烂儿艺”“合并儿艺”的叫嚣声中，妄图把上海儿艺与上海人艺以及上海青年话剧团合并为由他们直接控制的“上海话剧团”。宋庆龄立刻出面干预，坚持不让合并，这才使上海儿艺逃脱了厄运。

但是宋庆龄毕竟不是普度众生的观世音菩萨，她所能尽的力量十分微薄，以至于连自己无辜的亲戚都保护不了。

宋庆龄在上海有一个表妹叫倪吉贞，是她舅舅的女儿，毕业于圣约翰大学，还在宋美龄结婚时当过伴娘，知书达理，内向保守，终身未婚，是一个不常出门的老淑女。但就是这样一个社会关系单纯的老淑女却莫名其妙地被红卫兵抄了家，没收了财产，还强迫劳动。娇生惯养的倪小姐哪里见过这样的场面？她连忙给宋庆龄写信，还在信封上连画了两个航空的加急标志。宋庆龄心疼之外，也别无办法，只能让上海福利会的同志送点钱去。但是这也只是杯水车薪。

倪吉贞再写来的信里也透着浓浓的绝望情绪：“我已经知道有几个自杀的。我不死，死了是反革命。”可见当时她的处境已经十分可悲了。

1968 年，倪吉贞去宋庆龄位于上海的住处，想着向她反映情况。可是卫兵说领导不在，也没办法联系上宋庆龄。倪吉贞不声不响，转身上了对面的武康大楼，从八楼临街的窗子跳了出去。著名的武康大楼曾经被孔二小姐买下，是文艺名流聚首相会的艺术沙龙，如今却成了自杀者的天堂。

宋庆龄每次回到上海的住处，站在门口，就可以看见表妹跳楼身亡的位置，想起这段悲惨的历史。她曾对身边的工作人员说：“我啊，连一个无辜的表妹都保护不了。”

在那“史无前例”的年代，宋庆龄不但要承受心灵上的巨大痛苦，还要经受疾病的折磨。在一日日的忍耐和坚强的抗争后，胜利的曙光终于来到了这个她为之奋斗一生的国度。随着“四人帮”被打倒以及改革开放的进行，中国正以日新月异的速度快步发展。但是宋庆龄却优雅地老去，渐渐疲惫。但是在她的心里，始终有一个未完成的心愿：和自己尚在人世的妹妹再见一面。

宋庆龄——孤独者的最后时刻

多年以前，宋庆龄和蒋介石的政治立场是完全对立的，但是亲情的纽带仍然将宋家姐妹紧紧维系在一起。1945 年 8 月，当宋美龄访美归来，宋庆龄亲自去机场迎接，姊妹互诉别情。1947 年秋战争正殷，军事政治形势十分紧张，两人仍有来往，小美还陪着小庆一齐去观赏曾任国民党党务部部长的陈树人在上海举办的“画展”。

直到 1949 年，宋庆龄接到最后一封宋美龄寄来的信。信里淡淡地写着：“希望你一切都好。”从此，这一对姐妹再也没有温情脉脉的相聚和问候了。全国解放，亲人音信全无，但是每当海外有人归来，宋庆龄都尽力向他们打听天各一方的兄弟姊妹的近况。但历史却没有给她们交谈的机会。

宋庆龄一个人住在北京清幽的房子里。曾经那么繁荣的一个大家族，如今却剩她一个人，连个做伴的都没有，体己话都不知道该跟谁说。有一回，海外有人捎给她一张美龄的近照，宋庆龄端详良久，口里还不停念叨着："我和三妹很久没有见面了。"双眼里浸满思念的泪花。

宋庆龄终身未育，却特别喜欢孩子。所以工作人员家里添了小孩，她总是让他们抱过来给自己看看。她的一个警卫生了一个女儿，宋庆龄一看就喜欢的伸手去抱。小婴儿也不怕生，不哭不闹，笑笑地看着小庆，这可把小庆给高兴坏了。可是还没等她抱够，小婴儿就一抖擞——尿了。眼看着小庆素净的旗袍染上了地图，身边工作人员连忙抢着要接过小孩。要知道宋庆龄可是有洁癖，平时都不让工作人员进她的卧室，衣物房间总是要打扫得一尘不染。这小婴儿的尿又长又臊，让小庆怎么受得了？

但没想到，宋庆龄立刻拒绝，柔声说："让她尿吧，没尿完要作病的。"她满脸笑容，没有一丝嫌弃，流露出浓浓的母性。这个叫作隋永清的婴儿也就成了宋庆龄最喜欢的孩子。

永清的爸爸一直想要个男孩，生了两个女孩后，终于生了个儿子。他高兴地请假回乡里办满月酒，却在酒桌上突然中风，丧失了劳动能力，留下三个嗷嗷待哺的孩子。宋庆龄干脆收养了永清、永洁两个女孩。一来减轻隋家的经济负担，二来让她们陪在自己身边聊解寂寞。

永清性格活泼，不怕生。每次有外宾来访时，她就会被叫出来表演一段舞蹈。她的天真大方也总能给大家带去欢乐的笑声。因为大家知道宋庆龄特别疼爱这个女孩，也都对她另眼相待。周总理每次登门时，也总要拉着小姐妹的手，不停地嘘寒问暖。

但是两个孩子怎么称呼宋庆龄却一直是一个问题。喊妈妈不合适，喊奶奶更不合适。工作人员对此也是很伤脑筋。

在后厅的大餐厅里，一直挂着宋庆龄母亲倪夫人的画像。有一天，工作人员教永清认画上的人，说："这个是太太的妈妈。"

过了会儿，大人问："这个是谁呀？"

小永清眨巴眨巴眼睛，想了一句，突然蹦出一句："妈妈太太！"

大家一下子都笑了，又都觉得用"妈妈太太"称呼宋庆龄特别合适。于是，工作人员的小孩统统管宋庆龄叫作"妈妈太太"。

妈妈太太经常会打开抽屉，拿出宋家唯一的合照，让永清过来认认人。有时候她也会跟工作人员聊起家里的事。她总问："你家里有几个兄弟姐妹？"她身边有一个秘书，家里人口很多，见宋夫人问，他如实回答："有六个。"宋庆龄听罢，微笑地说："我也是六个兄弟姐妹。"

但是即使兄弟姐妹成行，即使有照片做证，但是这些家人却始终没能到她身边。

1969 年，定居美国旧金山的宋子安病逝香港，宋庆龄悲痛异常。1971 年，她最依赖的弟弟宋子文在美国旧金山猝然离开。宋庆龄因故不能到场，连这最后一面都没有见成。1973 年 10 月 19 日，大姐霭龄也在美国纽约的哥伦比亚长老医院逝世。宋家兄弟姐妹中只有宋庆龄、宋美龄和宋子良三个人还健在。

宋庆龄多么希望能够看到美龄北京之行。据邹韬奋夫人、中国福利会秘书长沈粹缜回忆说："宋庆龄有一个未能实现的愿望。她很思念美龄。她告诉我，如果美龄来了，她觉得住在家里不方便，可以安排她住到钓鱼台（国宾馆）去。她把许多细节都想到了。现在她已经故去了，但我还是要把话传给宋美龄：她姐姐思念她，甚至于想到她可以在哪儿住。我愿意亲自到台湾去传这个口讯。"

岁月催人老，而孤独和百废待兴的政治环境更是能够加速伤病的恶化。1971 年 5 月，宋庆龄曾写信给抗战时期在重庆就结下了深厚友谊的英国驻华大使薛穆的夫人，信中说：“紧张忙碌的生活，已带给我关节炎和过敏性皮肤病，我的医生一定非常气馁，因为其处方无法治好我的病，只有减轻一些痛苦而已。”

过敏性皮肤病使宋庆龄受尽了全身发痒的折磨，坐卧不安，虽经西医、中医的多方治疗，均没有痊愈，后来还是采取“以毒攻毒”的办法，服用晒干的蝎子，才使红肿斑点从身上消失，而且痒也减轻了。

1973 年 5 月，宋庆龄又患了胃病，而且神经性皮肤炎再次复发，“脸部肿起，从手至脚，全身长满红色脓疮，痛苦万分”。她在 1974 年 10 月给薛穆夫人的信中写道：“真是祸不单行，在一年期间我滑倒和摔伤背部三次，虽没有骨折，但我的背和腰感觉疼痛。”

病重的宋庆龄对妹妹的思念日益弥深。她卧病在床，无法执笔，只能让廖承志代她写了一封给美龄的家信，让陈香梅为她带到美国。

陈香梅一直把信送到了宋美龄的贴身服务人员手上，然后坐在楼下大厅里等。时间一分一秒地过去，陈香梅不停地看表。大概两个小时后，服务人员才从楼上下来，捎来宋美龄的口信：“夫人说，信收到了。”然后服务人员便礼貌地送客，陈香梅自始至终没见到宋美龄一面。

到 1981 年，宋庆龄病重。为了圆她的团圆梦，工作人员又想办法和宋美龄取得联系。几日后，小美回电报：“把姐姐送到纽约治病。家。”这明显是一个敷衍的回答。

宋庆龄病重的消息传开，她的孙女孙穗英、孙穗华（孙科的两个亲生子女）、孙女婿张家恭专程从旧金山赶到她的病榻前。宋庆龄仿佛依然是那个细语轻声、外表温柔和顺的民国淑女，把她那段倔强固执的传奇留在了历史的风声中，让后人去猜想、去传说。

1981年5月29日晚20时18分，宋庆龄的心脏停止了跳动。“文革”后，她重新修缮了上海万国公墓的宋氏墓地，像过去那样在父母身边备下了六个墓穴。这是为宋家的六个兄弟姐妹准备的，是家人之间无声的约定。但是最终只有她和陪伴了她半辈子的贴身保姆李燕娥葬在了宋家的公墓里。

周总理的遗孀邓颖超女士在宋庆龄的追悼会上念到这样的悼词：“记得1924年冬，你和孙先生北上路过天津，我站在欢迎的行列中，看到孙中山先生，坚定沉着，虽显得年迈，面带病容。同时看到亭亭玉立在孙中山右侧的你。你那样年轻、美貌、端庄、安详而又有明确的革命信念。你，一位青年革命女战士的形象，从那时就深深印入我的脑际，至今仍然清晰如初。”

中共中央、全国人大、国务院为宋庆龄举行了隆重的国葬。为了完成她的遗愿，治丧委员会给宋美龄发去了电报，请她回来参加葬礼。但是电报一去，就杳无音信。

番外八——为宋庆龄开谣言粉碎机

自宋庆龄新寡之后，就不断有绯闻缠身。蒋介石集团借攻击她的私生活，毁灭她一向优雅、端庄、忠贞的形象。

这种纠缠不断的谣言一直持续到她晚年。连她去世之后，在宋庆龄故居外蹬三轮的车夫们都会津津乐道地谈论起她晚年再嫁的八卦故事。其中最常被用到的佐证是：如果宋庆龄没有再嫁，为什么她最后没有跟孙中山合葬在一起，而是跟保姆李燕娥一起葬在父母身边？

据宋庆龄身边的工作人员说，晚年再嫁的传言绝对是子虚乌有。宋庆龄是一个非常保守和严谨的女性。孙中山去世后，她总是在脑后绾一个发髻，穿深色的旗袍，用镶着黑边的信纸。她从不跟异性打情骂俏，也很少展示和卖弄自己。她连孙科非婚生的孩子都不愿意承认是孙家的后人，更不可能接受再嫁这样颠覆传统的行为。

而针对宋庆龄和自己的侍卫（一说是秘书）结婚的传言，宋庆龄的护卫进行过这样的解释：他们在北京宋庆龄故居工作的时间里，不被允许进入宋庆龄的卧室。唯一的三次，一次是刚搬进去，要打扫房间，一次是为了修理电视，还有一次是因为宋庆龄病重，前去见她最后一面。而了解宋庆龄的人对此解释就更直接了：宋庆龄对爱情、对伴侣的要求一直很高。她怎么可能随便自降身份，用一时的激情去毁自己一生的清誉呢？

而宋庆龄跟保姆李燕娥的感情，则是超越一般主仆的姐妹情深。

李燕娥是广东中山人，16 岁就来到宋庆龄身边，陪伴了宋庆龄整整 53 年。她虽然没有文化，但爱憎分明、性格爽朗。新中国成立前，在重庆、上海等地，国民党特务多次用金钱收买她，用介绍对象诱惑她，想通过她来刺探宋庆龄的情况，但李燕娥对宋庆龄忠心耿耿，丝毫不为所动。新中国成立后，她留在上海照看着宋庆龄在上海的寓所和那些孙中山留下来的遗物。

宋庆龄从不把李燕娥当作“下人”，而视她为家中的一员。李燕娥比宋庆龄小了近 20 岁，但却一直被称为“李姐”。吃饭时宋庆龄与她同桌，并且让她坐在主人的位置上，自己则坐侧座。李燕娥身体比较胖，宋庆龄又让人专门改制了一张矮床，方便她休息。

新中国成立后，宋庆龄住北京时间居多。她把自己的照片和北京寓所主楼的照片寄给她，让李燕娥随时可以看到。有一次李燕娥受了伤，宋庆龄十分担心，专门指示上海的同志抓紧为李燕娥疗伤，还专程赶到上海看望。她还时不时地叮嘱上海的工作人员送些火腿、广东腊肠等家乡食品，带给李燕娥。

1971 年 11 月 8 日，宋庆龄专门给上海寓所的管理员周和康写信说："现在委托你办一件事：旧历十月十日是李燕娥的生日，她在我处服务快 40 年了，我应该对她忠心耿耿的工作有些表示。请你在 9 日那天代买一只熟的大油母鸡及 8 斤苹果、2 斤香蕉送给她（连同这张贺片）。多谢你！"

1979 年，李燕娥患了子宫癌，宋庆龄万分焦急，亲自把她从上海接到北京，不仅请人照料她的生活，还嘱咐身边的工作人员要像对待自己一样来照顾李燕娥。她还请来最好的医生为李燕娥诊治。

但是不幸的是，医生已经确定了李燕娥的癌变已到晚期。宋庆龄自己正被疾病折磨，听到这个消息更是心情抑郁。她压抑着悲痛之情，尽可能抽出时间陪李燕娥聊天，以缓解她的痛苦。当时北京的青菜很少，她怕李燕娥不习惯，就请人想办法多买些新鲜蚕豆来补充。为了给李燕娥增加营养，宋庆龄特别吩咐每天要让李燕娥吃鸡肉，喝鸡汤。

对于病重的李燕娥，宋庆龄心情十分沉重。她频频在给朋友的信中提到这件事。她给马海德写信说："我亲爱的管家患了可怕的疾病，使我十分心烦意乱。她跟随我 50 年了，她是那么的忠诚，也是我最可信任的朋友。我害怕她很快会死去……她躺在床上全然不知真正折磨她的是什么病痛！我是如此悲伤和六神无主……"

第二天，她又写信给爱泼斯坦："近日来我为李姐（我 50 多年的伴侣和管家）病重而极感心烦意乱。她不仅是我的助手，更胜过我的亲人……”

如果不是这些信件被保留了下来，我们简直难以想象，在任何巨大的压力面前都不曾惧怕、不曾退缩的宋庆龄，为了李燕娥竟会流露出如此强烈的悲伤。

1981年2月，在焦虑的煎熬中传来了李燕娥病逝的消息，宋庆龄顿时热泪盈眶。当李燕娥的骨灰盒被送到宋庆龄住所时，她迎上去，把脸紧紧贴在骨灰盒上，不住地抚摸着，亲吻着，泪水点点滴滴洒落……

在李燕娥骨灰移送上海那天，宋庆龄支撑着病体，亲自把骨灰盒从自己的卧室里抱出来，步履蹒跚地从楼上一直送到门口的汽车上。事后，她给一位友人写信说：“我痛心地告诉你，我亲爱的管家和同伴李燕娥……因患癌症逝世……我可怜的燕娥在几天前由一些信得过的朋友陪同，在上海埋葬了。她的骨灰将埋在宋氏墓地。我死后，将长眠在我忠心的同伴旁边。”

为了李燕娥的后事，宋庆龄特意写信给秘书说：“我一直答应让李姐的骨灰埋葬在我父母的坟的边头，要立她的碑。我以后也要埋在那里。”她还要求墓碑“和李姐要做同样的”。为此，她还专门画了一张草图。

就在李燕娥去世100多天之后，宋庆龄亦不幸病逝。宋庆龄的骨灰被送到了上海万国公墓宋氏墓地，就是今天的宋庆龄陵园。陵园中间，是宋庆龄父母——宋耀如和倪桂珍的合葬墓，东侧是宋庆龄墓，墓碑上刻着“中华人民共和国名誉主席宋庆龄同志之墓”。西侧对称位置，是形状相同的李燕娥墓。墓碑上刻着“李燕娥同志之墓——宋庆龄敬立”的字样。

所以这才有了最后的一幕。

宋美龄——被误解的思乡人

跟亲姐姐老死不相往来，宋美龄真的是这么绝情的人吗？从她们的交往中我们可以看出一些无奈和不得已。

姐妹俩最针锋相对的对峙发生在 1971 年宋子文在美国旧金山猝然离世那一次。宋子文的妻子给宋家姐妹三人都发了电报。当时宋霭龄在美国，宋庆龄在大陆，宋美龄在台湾，三个人收到消息，第一反应都是急着要前往旧金山。几乎是同一时刻，宋庆龄动身前往英国，预备在伦敦包机赶往旧金山，而宋美龄从台湾直飞美国，中途在檀香山落脚休息。

就在这时，蒋介石给宋美龄打电话，让她别再往前走了。因为当时大陆和台湾正为着争夺联合国席位关系紧张，而蒋介石又十分担心宋美龄的安危，不愿意让她跟共产党碰面。宋美龄似乎有些不情愿地又去买了一份报纸，再次确认了宋庆龄预备奔丧的消息。小美十分犹豫，最后她还是给大姐打了一个电话，宋霭龄便也找了一个借口，不去参加子文的追悼会。

此时宋庆龄已经到了伦敦，虽然工作人员四处想办法，却并不能找到去往美国的包机。无奈之下，宋庆龄只好给美国方面打了个电话，说自己没法前往了。

这时美国方面连忙再给宋美龄和宋霭龄打电话，急匆匆地说：

“宋庆龄先生不来参加追悼会了。你们抓紧时间赶快过来吧！”

宋美龄又打电话跟宋霭龄商量，两个人一致认为宋庆龄一行人声称不来可能有诈，为了保险起见，还是不公开露面为妙。于是最终都回绝了美国方面的邀请。最终只以蒋介石的名义“颁挽”一块匾额，上写着“勋猷永念”四个字。

当时的美国总统尼克松非常吃惊地说：“真不能理解你们中国人！”

难道宋美龄就真的不愿意跟姐姐见面吗？或许撇开政治，姐妹两人依然可以像过去那样坐在一起，用道地的上海话拉拉家常，话话心曲。但是她们的命运已经同政治牢牢地绑在了一起，再也不能清静地回到家庭的净土中，以纯良本真的面目相偎相依。

多年之后，据当时的知情人说，宋庆龄身边的工作人员还是想办法创造了一个可以脱离政治的见面机会，只可惜最后没能实现。当时宋庆龄身边的一个姓林的工作人员在两边进行联络，安排两姐妹都以看病的名义到日本会面。都安排好之后，林先生从日本返回台湾，准备前往大陆。但是他刚到台湾，就以通匪的罪名被抓了起来，一关就是 5 年，彻底断绝了宋氏姐妹相见的最后机缘。

晚年的宋美龄住在美国一栋 15 层高普通公寓的 10 楼。她的侍从们多住在 9 楼。她也老了，常要到附近的诊所治疗牙齿和眼睛。她很少下楼，因为她见人就必须化妆、梳头，而且一定亲力亲为，每次至少花去一两个小时。然后还要换上待客时穿的长及脚踝的中式旗袍，太过折腾。所以除了见一些重要的客人，宋美龄很少下楼跟侍从寒暄。

2000 年农历春节前夕，一位曾经的侍从提着两罐宋美龄最爱喝的乌龙茶去探望她，却没有见到夫人。前来接待他的宋美龄秘书塞给他 200 元钱，满脸抱歉地对他说：“老夫人不方便见客。”这位原侍从想了想，觉得也是。若为了与一名侍从见一面，又是化妆又是梳头的，还真是太麻烦她了。

恐怕当初陈香梅带着宋庆龄的信来看她的时候，宋美龄半天不下楼见客的原因也有一部分是出于避免麻烦。

当宋庆龄去世的消息传来时，宋美龄却完全沉默，一言不发了。她总是默默坐着发呆，却没有流露出任何神情。侍从们都不敢打扰，连这个老女孩平日里最爱吃的果味冰激凌也受到了冷待。

网上流传一篇宋美龄为姐姐写的悼词：

我本不该惊悚若此等情形的。二姐久病，已非秘事。我之所以惊悚，与其说是因了她永去，不如说是因了这永去留给我的孤独。

好在孤独有期，重逢是可待的。

此刻，往事越来越清晰地现于眼前。

二姐的性格却与我迥异。她是宁静的，我是活跃的。她是独爱沉思的，我却热衷于谈笑。多少次同友人们谈聚，她总是含笑静听，有时竟退到窗下帷边去；但我说笑最忘情的那一刻，也总感觉着她的存在。她偶尔的一瞥，或是摩挲，或如指令，都在无言间传予了我。

三姐妹中，挑起些事端的，自常是我。而先或为了哪个洋囡囡，后或为了一条饰带，在我与大姐间生出争执的时刻，轻悄悄走来调停的也总是二姐。她常一手扶着我的肩，另一手挽了大姐的臂，引我们去散步；争执也就在那挽臂扶肩的一瞬间消去。

此刻，遥望故国，我竟已无泪，所余唯一颗爱心而已。这爱心，也只有在梦中奉上。

这篇美文是以宋美龄的口吻所写，文笔清丽，竟比林徽因、冰心都不逊色。宋美龄的中文水平似乎并没有如此杰出，而且出处不明，所以目前还被看作是伪作。但是宋家姐妹情深却又是可信的。

有一次，一个国民党军官的太太意外得到了一本大陆出版的《宋庆龄画传》，连忙拿来给宋美龄看。宋美龄立刻拿到手里，也不管客人还在身边，就保持着一动不动的姿势，旁若无人地翻看了两个小时。书里有她们小时候的照片，一家人的合照，还有后来姐妹分别后的珍贵照片。宋美龄一页页认真看着，没有流露出任何表情，什么都不说，只吩咐服务人员把书收起来。这下才扭过头跟客人谈话，把话题带到其他地方。

宋美龄也是孤独的，她不能回到大陆，而蒋经国又不欢迎她去台湾。虽然有大姐的子女在身边照顾她，但终究是隔着肚皮，不能心贴心。而最孤独的是兄弟姐妹一个个离开了，到后来连晚辈都比她早离去。她似乎已经参透了生死，耐心地等待上帝来接她。而上帝却似乎忘记了这个温顺的子民，把她留在了尘世，一遍又一遍演着白发人送黑发人的戏码。

宋美龄——“老干”终未发“新枝”

在宋美龄客居美国的11年中，台湾的经济形势出现了极大的飞跃。蒋经国着意推动行政十大革新和经济十大建设，使行政执行更为简廉有效，台湾经济发展迅速，很快跃居成为“亚洲四小龙”之一。

从1972年蒋经国担任行政院院长，到1986年，台湾的人均所得从482美元增长到超过5000美元，但同时间，最高所得五分之一的家庭与最低所得五分之一的家庭的收入差距，仅从4.49倍微调到4.85倍。这代表着“均富”在台湾的普遍推行。中国征了几千年的田赋，也在经国先生“行政院长”任内停征，用以照顾农民。国际油价波动，台湾什么油都可以涨，渔业用油、农业用电不准随便涨。台湾什么烟酒都可以涨，基层在抽的“新乐园”牌香烟不准涨，原住民深山取暖、家家煮菜要用的米酒不准涨，但高价位的烟酒可以多涨一些，用来贴补中低收入者，并维持稳定民生物价。

而对于一向十分受关注的接班人问题，蒋经国在1985年8月16日接见美国《时代》杂志香港分社社长时的谈话中第一次表达了自己的看法。他说：“中华民国总统、副总统一直依据《宪法》及《总统副总统选举罢免法》之规定，由国民大会选举产生。今后亦当如此……至于将来国家元首一职，由蒋家人士继任一事，本人从未有此考虑。”

就在这时，宋美龄突然回来了。1986年，宋美龄以参加蒋介石百年冥寿纪念活动的名义返回台湾，重新住进士林官邸。而她的行李也源源不断地从美国搬回来。人们开始猜测，她这次回来难道打算不走了？她回来的目的难道和重病的蒋经国有关？

谙熟台湾政治的报纸评论道：“宋美龄返台，是因为蒋经国要表现台湾各方面的团结，调和与元老派、保守派之间的矛盾，商讨晚年接班大计。”但是宋美龄的行为却似乎不太“团结”，反而表现出强烈的独立性和叛逆性。就像是过去敢冒险、敢出位的少女又重新回来了。

10月31日，宋美龄发表了纪念丈夫的文章，题目是《我将再起》。之后，她又陆续召集了台湾当局党政军高层人士，如俞国华、李登辉、“行政院”各部会首长等，听取他们对政局变化和革新的意见，并予以嘉勉劝慰。

宋美龄这些“胆大妄为”的举动使得她重新变成民众所瞩目的焦点，没有人可以否认她依然是，并且永远是台湾的“第一夫人”。她的种种手段明显是要重抓政治大权，调节和加深同国民党当局领导层的关系。而她将自己的行为视为支持蒋经国的政治革新，安抚反对“革新”的元老重臣。

那些生怕宋美龄要抢着接过蒋经国位置的人却由此有了攻击她的借口。台湾《雷声》周刊评论说，宋美龄这种“不知自我节制的行为，实在有失进退之道，而且假如夫人的动机是出之企图展示政治实力，则又令人对政局发展感到忧心”。

年长蒋经国 13 岁的宋美龄留在台湾，一直看着蒋经国病魔缠身，日日衰落，直至最终病逝。蒋家王朝在台湾正式结束。

在全岛一片哀戚的氛围中，宋美龄清醒地察觉到平静下面的旋涡。尽管宋美龄出面反对分裂主义倾向的李登辉出任国民党代主席，但在不见刀剑的权力斗争最后，国民党中常会通过了由李登辉代理国民党主席的决定。而有过太多光环的宋美龄再次成了不受欢迎的人。

1988 年 7 月 7 日中国国民党十三大召开。宋美龄于次日亲临会场，由于健康原因，她请李焕代她宣读了题为《老干新枝》的富有政治意味的讲话。讲话称：

“目前正值紧要关头，老成引退，新血继之，譬如大树虽新叶丛生，而卓然置基于地者，则老根老干。于今党内白发苍苍，步履蹒跚者，不乏当年驰骋疆场之斗士或为劳苦功高之重臣，其对党国之贡献，丝毫不容抹杀，当思前人种树，后人乘凉。夫国之强，党之壮，赖有一定之原则，连续生存之轨迹，创新而不忘旧，前进而不忘本，当年国父如不建党立国则无今日之中华，台澎依旧日本殖民地，饮水思源发人深思。

这个讲话被视为所谓“宫廷派”人士全力反扑的宣言。但“老干新枝”论的效应，只延续了很短一段时间，并没有改变台湾政局。之后，在她主持召开的国民党中央妇女工作干事会议上，她的亲信——被提名为中委会候选人的国民党妇工会主席钱剑秋落选，这使宋非常难堪，这也意味着她把持和控制了30多年的国民党妇工会“全军覆没”和宋的“彻底垮台”。

宋美龄寒心了。她知道，除非是需要和美国人对话，在台湾的政坛上，已经没有留给她的位置了。

这之后，又是连接着两场丧事等着她。1989年长孙蒋孝文辞世，1991年7月孙子蒋孝武在就任新职的前一夜猝死。而蒋孝勇也叮嘱了蒋家的后代，不许踏入政坛。蒋家王朝彻底落幕。

1991年9月21日，94岁的宋美龄再度离开台湾去美国“长期休养”。美国的居住环境和医疗条件或许更适合她的身体。而远离台湾钩心斗角的政治环境和派系斗争，也能让她身心都倍感清静。此外，留在台湾一直会有许多针对她的批评的声音响起。许多人质疑她没有公职，还要坐专机，住官邸，是滥用职权，也和蒋经国一直在推行的简廉清政不符。或许离开，是最后一个明智而体面的选择。

临行当天，当时的“总统”李登辉、“副总统”李元簇夫妇都亲自前往送机。是尊敬，还是心中窃喜，也许只有他们自己知道了。而宋美龄虽然离开，但她对于台湾的挂念没有改变。她和蒋介石一样，主张一个中国的理念，坚决反对台独，强调“不做民族罪人”，成为岛内反“台独”人士的“精神领袖”。

番外九——宋家的小五和小六

在宋家六个兄弟姐妹中，宋子良和宋子安是最默默无闻的。他们没有姐姐们风靡全国的表现力，也没有兄长超群的智慧和才华。除了留下一些帅气的照片之外，他们的故事也湮没在历史的尘土中，被哥哥姐姐们的光彩遮掩得越发晦暗。

宋子良排行老五，1899 年生于上海，比美龄小两岁。子安更晚，1906 年才呱呱坠地。他们出生后正赶上了宋家经济起步后的“大跃进”，所以他们的爹地查理宋全新投入在工厂和革命上，没时间也没工夫教育他们，而妈咪倪桂珍已经带了四个孩子，也当够了保姆，她的兴趣从打理家务转移到宗教信仰上，有时间宁愿多跟上帝说说话，而不是陪子良和子安做游戏。

等到子安到了出国读书的年纪，家里的老大已经回来了。已经有三个姐姐和一个哥哥在前头打头炮，关于留学的一切事务都已经打点妥当，他们只需要循着哥哥姐姐的轨迹走一遍流程即可，既不需要跟海关周旋，又不需要费力让同学们接受黄皮肤黑眼珠的东方脸孔，踏实地泡泡妞，学学英文，考考试就完成任务。等他们从美国留学回来，宋家已经成为中国的政治明星家族。他们完全不费力就找好了工作，可以说一切是顺风顺水，毫无波折。

但是没有磨难的副作用就是没有成长，也没有惊天动地的作为。

宋子良的简历其实可以说是无比荣耀的。从哈佛大学留学毕业回国后，出任上海会文局局长。1930 年 4 月任外交部总务司司长。在孔祥熙和宋子文为了争夺金融管理权闹得一拍两散的时候，宋子良就成了最受信赖的中间人，他在 1931—1949 年一直担任中国国货银行总经理。后为中央银行监事。1934 年为中国建设银行公司总经理。该公司由宋子文、孔祥熙及上海 17 家银行及政界要人投资组成，利用官僚银行的资本投资多项建设事业，如扬子电气公司、淮南煤矿铁路公司等，发展迅速。1935 年 4 月交通银行改组，子良任常务董事。同年财政部组织上海工商业贷款审查委员会，执行对工商业的救济计划，子良作为中国国货银行代表参加该委员会，委员会总部即设在该行内。1936 年子良与徐勘、陈行组织七星公司参与市场投机，利用国货银行头寸赢利。

而子安从万德毕尔特大学毕业后，在 1936 年 7 月，担任广东省政府委员兼广东财政厅厅长，将广东省的一些银行纳入政府控制。同年 12 月创办中国汽车制造公司。抗战胜利后，为国际复兴建设银行代理理事兼中国银行、交通银行董事、中央信托局理事及出席国际货币会议中国代表。

两个宋家小弟占据的肥缺不止这些。宋子良是孔祥熙的商业股东银行总裁，还是黄埔港务局局长，管辖由青帮统治的上海港。宋子安还统管盐业专卖，曾任松江盐务稽核所经理、松江运副 (辅助盐运使掌管盐务行政事宜)，以及统率由宋子文妻弟指挥的三万税警。

宋庆龄特别喜欢年纪最小的宋子安。1928 年 7 月，宋子安从美国大学毕业，立刻来到德国找宋庆龄，陪她同游柏林、巴黎、维也纳。当时宋庆龄的经济状况很不好，有时候一天只吃一顿饭。看到这样的情况，宋子安很心酸，临走时，偷偷把自己所有的钱全部塞给宋庆龄的秘书。次年 5 月，宋子安又亲自到沈阳迎接从柏林回国参加孙中山国葬仪式的宋庆龄，参加在北京西山碧云寺举行的孙中山遗体改殓铜棺仪式，随同宋庆龄护送孙中山灵柩南下。6月1日参加奉安大典，陪姐姐走过最艰难的一段路。

1948年，宋家迁居美国，子良和子安也举家赴美。宋子安在1948年任香港广州银行董事会主席，定居于美国旧金山。他也是宋家兄弟姐妹中最短寿的一个，在1969年2月突发脑出血身亡。宋庆龄从一份国外杂志上看到她最疼爱的三弟宋子安病逝的消息，伤心地流下了眼泪。她不顾一切后果，亲自拟发了电报，在周恩来的帮助下，发到了香港以表哀悼。后来她在给友人的信中还动情地写道:“婷婷（宋子安夫人）终于把子安的照片寄给我了。我真难以相信他已经离开了我们！他是我多好的弟弟，他从不伤害任何人。对他的猝然去世，我止不住地掉泪。”

1981年5月29日宋庆龄在北京逝世。次日宋子安夫人及全家从旧金山发来唁电，“对我丈夫的姐姐逝世谨表示诚挚的哀悼”。

1983年，宋子良也在纽约辞世。独留下宋美龄一个人面对漫长的岁月。

宋美龄——宋家王朝的最后见证人

1991年，宋美龄回到长岛蝗虫谷。她最喜欢的外甥女孔令伟留在了台北，没有与她同行。而孔令仪和丈夫黄雄盛则陪同在她的身边。

宋美龄为了表示不再留恋，把她所有的家当都搬上了飞机。女人的东西总是又多又碎，一不小心就收拾出了 97 箱。所以媒体批评说“香港有九七大限，夫人带走的行李则是九七大件”。关于质疑宋美龄卷带国宝出境的争议也一直不断。但实际上，带走的不过是宋美龄自用的衣料、旗袍、日用品、家具、杂物，甚或最多是些个人的书画、摆设的收藏品。而宋美龄坚持把这些东西带走，出于浓浓的恋旧情结。

回到美国后，每次看病或者办事，宋美龄就要从蝗虫谷前往纽约。每次开车要几个小时，如果遇上大雪封路，就要花更多时间，甚至走到半路就不得不折返回来。而陪她时间较长的工作人员也都逐渐离去。长年伴随她的警卫、侍从只留下了 6 个人，负责她的饮食起居和安全保卫工作，而从 20 世纪 60 年代初期就跟随她的一位老妈子也早在 1993 年去世了。极少的人口继续住在那样一间大房子里，连打扫都很不容易，平日里更是显得特别冷清和孤单。

随着年岁渐长，为了减少麻烦，宋美龄索性把蝗虫谷的别墅卖掉，搬到纽约居住。孔令侃为她购置了曼哈顿上东城葛莱西广场一栋 15 层老公寓的 9 楼和 10 楼，宋美龄自己住在楼上，工作人员住楼下。这栋公寓面对公园、临近东河，住户包括挪威、新西兰和土耳其等国驻联合国大使，纽约市长住所葛莱西官邸也在附近，这里距哥伦比亚大学医院不远，看病方便，颇有闹中取静的风味。难以忘怀都市生活的宋美龄对这个仍具四五十年代风味的东河河边公园环境颇为满意，而住在第五大道公寓的孔令仪和丈夫去探望她也很方便。

宋美龄在晚年又变成一个小女孩，她喜欢坐车外出兜风，喜欢到郊外散步，还喜欢吃水果味的冰激凌。所以有时候，她会让几位司机一起开车到很远的郊外公园，带上自己的随从们一起兜风，她还掏钱请工作人员一起吃冰激凌，像是过节一般快乐。

而平时，她的作息很有规律。早上 9 点以后才起床，晚上 11 点以后才上床。她 1950 年在台湾的时候，曾经正式的跟黄君璧学过画，临帖练书法，从此以后就再也没间断过，每天要练习两个小时。晚上她会看一小会儿电视，或弹半小时钢琴，或跟侍从们聊聊天，了解一点外面的新闻。而在饮食上，她从没有额外的要求，但每天必须就 5 次餐，每一次进餐也只吃五分饱，即使再喜欢吃，也绝不贪食。她对宗教的信仰越发虔诚，每天早餐前都要进行祈祷。

虽然年纪大了，但宋美龄依然还是把美作为自己的人生追求。她的牙齿没掉几个，而头发虽然有些花白和稀疏，但仍然可以长到腰际。她躲藏在自己的 10 楼小天地，检视自己的收藏，回忆过去的一幕一幕，连楼下都很少去。有时干脆就成天躺在床上休息。因为很少活动，她也发福了不少。

1994 年 9 月，宋美龄的干女儿“孔二小姐”孔令伟因为直肠癌住院，宋美龄也迅速自美返台探望。李登辉夫妇等人按照礼仪前往桃园中正机场接机。这次返台，宋美龄一行人已经低调许多，只是包下华航的头等舱。但即便如此，大批民进党人士与地下电台的支持者，还是打着包围机场的口号打算前往冲撞，台湾警方出动了大批镇暴警察才稳住局面。宋美龄在台湾住了约一个星期返回美国。孔令伟在同年 11 月病逝台北，随后遗体运往美国纽约安葬，伤心的宋美龄此后再没有回过台湾。

而孔令侃、孔令杰的相继离世，也让宋美龄常有寂寥之感。只有每年 3 月 20 日宋美龄过生日的时候，宋家的公寓里才能重新回荡起热闹的说笑声，除此之外，她很少见客人，就连过去的老部下来访都不愿下楼相见。而她也始终拒绝做口述历史和撰写回忆录。她表示死后想葬在纽约上州芬克里芙墓园，这里长眠着孔宋家族许多的族人。遗体也不运回台湾或大陆。

美国时间2003年10月23日23时17分（北京时间24日11时17分），宋美龄在美国纽约曼哈顿家中去世，享年106岁。她的死亡没有痛苦，她在睡梦中安然过世。当时在她身边的有她的外甥女孔令仪、外甥女婿黄雄盛、曾孙蒋友常（蒋孝勇之子）及跟随她超过40年的武官宋亨霖。

关于她的后事，也一切按照她生前的愿望办理。尽管台独分子谎称“蒋家希望陈水扁为宋美龄盖旗”，但宋美龄的孙媳断然表示，宋“一生捍卫‘中华民国’，不希望一个不承认‘中华民国’的总统为她覆盖‘国旗’”。已经认祖归宗的蒋经国之子、国民党“立委”章孝严以国民党中常委和前秘书长的身份，委托在美国的友人代为致送花篮。他强调，至于宋美龄的安葬地点，“必须尊重蒋家遗属的决定，不容过多的政治考虑与意识形态干预”。

宋美龄走得十分安详，毫无痛苦，如同平静中完成一个必经的仪式。她的人生就此画上了句号。对一个经历了两个世纪，见识过这个世界最高的权贵，也见识过贫民窟里最苦难生活，看遍了生生死死的女人来说，死亡并不是一件恐怖的事情，反而是对漫长重复生活的解脱。

或许在我们所不知道的世界里，宋家三姐妹又重新相聚，完成她们生前不能完成的愿望。她们或许又能像少年时那样，嬉笑着，拉着手从楼梯上跑下来。如果在她们中间没有政见的偏差，她们是不是始终能像亲密的一家人一样，富足地共同生活，颐养天年？